Post aus Chile

Über das Buch

Der Schriftwechsel Margot Honeckers mit Frank Schumann umfasst einige hundert Mails. Dieser Band bringt eine Auswahl davon. In ihren privaten Zeugnissen zeigt sich Margot Honecker als eine vielseitig interessierte Persönlichkeit mit klaren Positionen, die zu Empathie und Reflexion fähig ist. Auch Selbstironie ist ihr nicht fremd. Ihre Korrespondenz offenbart Seiten an ihr, die weitgehend unbekannt sind.

Über die Autoren

Margot Honecker (1927–2016) stammt aus einer antifaschistischen Arbeiterfamilie in Halle. Sie war Volkskammerabgeordnete seit 1949, Jugendfunktionärin und von 1963 bis 1989 Volksbildungsministerin der DDR. Aus ihrer Ehe mit Erich Honecker ging eine Tochter hervor. Sie lebte seit 1992 bis zu ihrem Tod im politischen Exil in Chile.
Frank Schumann, geboren 1951 in Torgau, Pastorensohn, Abitur und drei Jahre Volksmarine, Journalistikstudium an der Karl-Marx-Universität Leipzig, von 1978 bis 1991 bei der Tageszeitung *Junge Welt*, Ende 1991 Gründung des Verlages edition ost. Seither als Verleger und Publizist tätig.

Post aus Chile

Die Korrespondenz mit

Margot Honecker

edition ost

Vorbemerkungen

Im Jahr 1994 korrespondierten Margot Honecker und ich erstmalig, um die Veröffentlichung der »Moabiter Notizen« zu besprechen. Der Vertrag mit Erich Honecker war zwölf Tage vor seinem Tode im fernen Chile geschlossen worden, und als die Meldung am 29. Mai 1994, einem Sonntag, von den Agenturen verbreitet wurde, trug sie den Zusatz, dass der Verstorbene bis zu seinem Lebensende an seinen Erinnerungen gearbeitet habe.

Kühn, aber bar jeder Rücklagen ließ ich dpa am Montagmorgen wissen, dass eben jene Erinnerungen in der edition ost vorlägen und am 30. Juni in einer Startauflage von 10000 Exemplaren in die Buchhandlungen kommen würden. Die Nachrichtenmacher fragten mit einigem Recht zurück, wer dieser unbekannte Verlag denn sei und ob dies zuträfe.

Honecker hatte jedes einzelne Blatt wie üblich mit seiner Paraphe versehen, ich faxte also die ersten Blätter an die angegebene Nummer zum Beweis, dass ich kein Hochstapler sei.

Nun war die Nachricht auf dem Markt, ob mit Absicht von Margot Honecker lanciert oder nur zufällig erwähnt, egal: Die Jagd nach einem Vorabdruck war eröffnet. Es gab diverse Angebote von einigen konkurrierenden Verlags- und Pressehäusern. Der Inhalt war nebensächlich, nur echt musste er sein. Nach Hitlers angeblichen Tagebüchern wollte man anderthalb Jahrzehnte später nicht schon wieder auf die Nase fallen.

Eine Sekretärin wurde in die Chefredakteursrunde gerufen, sie hatte, wie man mir sagte, einst im Büro des Generalsekretärs gearbeitet und musste nun das verbale Zertifikat ausstellen. Sie musterte kritisch die ihr vorgelegten Blätter und bestätigte schließlich: »Das isser.« Diktion des Textes wie auch die Unterschrift beseitigten alle Zweifel. Dann machte man ein Angebot.

Ich erhob mich und sagte, dass ich mich wieder melden würde. Eine halbe Stunde später saß ich in der Leitung eines anderen Pressehauses und nahm dessen Angebot zur Kenntnis. Dann ging ich wieder dorthin zurück, woher ich gekommen war, nannte den soeben vernommenen Betrag, womit dieses Blatt seinen Einsatz verdoppelte.

Das ging einige Mal so hin und her, am Ende hatte ich die Gelder zusammen, um Honeckers »Moabiter Notizen« überhaupt drucken zu können. Am Ende publizierten und verkauften wir binnen sechs Wochen rund 35 000 Bücher. Alle Umstände zu berichten ist hier weder Platz noch angemessen, nur so viel noch: Als das Buch da war, wurde ich von der Leitung der Bundespressekonferenz ersucht, Honeckers »Moabiter Notizen« bei ihr vorzustellen, immerhin sei er Staatsratsvorsitzender gewesen. Die Präsentation erfolgte justament in jenem Saal, in welchem Schabowski am 9. November 1989 mit dem bekannten Versprecher die Öffnung der Grenzen bekanntgab. Da hieß das Haus noch »Internationales Pressezentrum«, und bis zu seinem Umbau war es Redaktionssitz der Tageszeitung *Junge Welt*, in der ich seinerzeit zu arbeiten begonnen hatte. Es war der Kreislauf des Lebens …

Um 1994 den überraschten Lesern zu erklären, wieso wir ihnen nun plötzlich mit Erich Honecker kämen, stellte ich dem Buch ein paar Bemerkungen voran, in welchen auch die Wendung enthalten war, dass Honeckers Sicht eine sehr subjektive sei. Das war gewiss ein Gemeinplatz, denn jeder Autor urteilt aus seiner Perspektive, aber ich hielt es für notwendig, diesen Sachverhalt zu betonen. Vielleicht wollte ich mich als Verleger nicht dem Verdacht aussetzen, dem bisweilen Verteidiger vor Gericht ausgesetzt sind: Nur weil sie einen Angeklagten verteidigen, meinen manche Zuschauer, sie würden die in Rede stehende Tat billigen.

Zugegeben, Honecker war nicht mein erklärter Freund, aber er hatte meinen Respekt wie jeder, der Mut im Angesicht der Nazis bewiesen hatte. Mit den Wölfen zu heulen ist zu jeder Zeit einfach, sich aber gegen das Rudel zu stellen und dadurch gar das eigene Leben zu riskieren, war tapfer. Luther hatte es vorm Reichstag zu Worms vorgemacht: Hier stehe ich, ich kann nicht anders … Oder Liebknechts Nein vorm Reichstag zu Berlin, als er sich zu Beginn des Ersten Weltkrieges dem nationalen Taumel widersetzte …

Dennoch wollte ich mir als Verleger nicht nachsagen lassen, ich sei Honeckers postume Propaganda-Abteilung. Also schrieb ich diesen Satz so dahin. Und ahnte nicht, welch nachhaltigen Eindruck diese Binse bei Margot Honecker auslösen würde. Sie verstand die explizite Erwähnung Honeckers subjektiver Sichtweise als demonstrative Distanzierung. Andererseits war sie klug genug, darauf nicht herumzureiten. Aber noch Jahre später hielt sie mir im persönlichen Gespräch in Santiago diese Flapsigkeit vor.

Nach diesem Schriftwechsel Mitte der 90er Jahre schlief der Kontakt vorerst ein. Fünfzehn Jahre nach Erich Honeckers Tod hielt ich jedoch eine Neuauflage für angebracht. Denn – wie immer man zu Honecker stand – es war unbestreitbar, dass es sich bei seinen »Moabiter Notizen« um ein zeitgeschichtliches Zeugnis erster Güte handelte. Aus ihnen ließ sich schließen, was der einst erste Mann der DDR dachte, wie er fühlte, was ihn bewegte. Es war *seine* Wahrheit, nicht *die* Wahrheit. Die ganze Wahrheit ist ohnehin nie am Stück zu haben, wie es eben auch keine objektive Geschichtsbetrachtung gibt. Alles ist Ideologie, unparteiisch ist niemand. Selbst jene sind parteiisch, die vorgeben, neutral zur urteilen. Sie sind besonders gefährlich. Hingegen ist eine parteiische Sicht zumindest ehrlich, weil sie nicht demagogisch behauptet, objektiv zu sein.

Margot Honecker und Frank Schumann, Valparaíso 2011

Ich nahm also erneut Verbindung nach Santiago de Chile auf und holte mir Margot Honeckers Zustimmung für eine Nachauflage und die Zusage für ein Vorwort ein. Aus diesem Kontakt entstand schließlich eine langjährige freundschaftliche Beziehung, die erst mit ihrem Tod endete.

Der Schmerz über den Verlust eines vertrauten Menschen wurde nur noch übertroffen vom wütenden Schmerz über die Meldungen und Schlagzeilen, mit denen ihr Tod kommentiert wurde. »Genosse Tod hat sie geholt«, knallte der *Berliner Kurier* auf die Titelseite, und fast meinte man das Hohngelächter zu vernehmen, das aus dem Headliner herausgebrochen war, als er das vermeintlich hintersinnige Gebrabbel kreierte. Der *Bild* musste man angesichts ihrer Sachlichkeit »Margot Honecker Tod mit 89!« geradezu ein Kompliment machen, sie wahrte jene Contenance, die dem sonst so feinsinnigen, von Empathie durchtränkten Herrn Kleber im *ZDF* völlig abging: Er titulierte die Tote als »Miss

Bildung« und sprach es wie »Missbildung«. Haha, wie komisch. Von der »lila Hexe« ging andernorts die Rede, von der »Unbelehrbaren«, die keine Reue gezeigt habe, und dergleichen rüde Titel, die man über den Großen Teich rief. Der Artikel 1 des Grundgesetzes, dass nämlich die Würde des Menschen unantastbar sei, war ausgeschaltet wie der Verstand.

Die Trittbrettfahrer sprangen auf den Zug und lieferten ungefragt ihren Senf, den sonst niemand mehr von ihnen abholt. Zeitzeugen und Wegbegleiter hingegen wurden nicht gefragt: Bei einer 89-Jährigen gibt es naturgemäß kaum noch welche, in diesen Regionen beginnt die Einsamkeit. Und die wenigen, die man um einen O-Ton hätte bitten können, verweigerten in der Regel den Dienst als Feigenblatt. Sie wussten, wozu man sie brauchte.

Margot Honecker war, seit sie einen Computer besaß, im Internet unterwegs. Sie las dort deutsche Zeitungen, verfolgte Foren und Diskussionen und korrespondierte mit vielen Menschen in ihrer alten Heimat. Ich war einer von ihnen. Vielleicht waren die Mails, die wir über den Atlantik schickten, etwas länger als andere, vielleicht bereiteten sie uns gegenseitig mehr Freude als andere Schriftwechsel, vielleicht parlierten wir so offen, weil wir nicht an die Zukunft und an die Drucklegung unserer Korrespondenz dachten. Einmal sagte sie beiläufig zu mir, ohne dass ich danach gefragt hätte, ich könne später, wenn sie mal nicht mehr sei, damit machen, was ich wolle. So weit dachte ich nicht, und im Ernst: Würde sich dafür jemand überhaupt interessieren? Ich war skeptisch.

Als mich schließlich die Nachricht ihres Todes erreichte und ich aus den Tiefen meines Rechners Margots Mails heraufzuholen und zu lesen begann, plötzlich interessante Details entdeckte, die längst vergessen waren, korrigierte ich mich.

In ihren Mitteilungen offenbarte Margot Seiten, die gemeinhin nicht bekannt waren. Natürlich, sie war meist die Prinzipielle, die genau wusste, wie was zu bewerten war, was ihr oft den Vorwurf eintrug, sie hätte, hinter den Anden sitzend (und man meinte eigentlich den Mond), keine Ahnung, was hier in Europa und in Deutschland geschähe. Also möge sie sich mit Urteilen und Ratschlägen gefälligst zurückhalten. Sie habe bis 1989 ihre Chance gehabt. Ja, eine schulmeisterliche Attitüde besaß sie durchaus. Na und: Andere hatten und haben diese auch. Schon Helmut Schmidt vergessen?

Sie war aber auch eine genaue Beobachterin, eine sensible Frau, eine würdevolle Greisin, die sich dennoch nicht wichtiger nahm, als es ihr aufgrund ihres Alters zustand. Sie nahm erkennbar Rücksicht auf die Familie und Freunde, weil sie in der Vergangenheit wiederholt erlebt hatte, dass es so etwas wie mediale Sippenhaftung gab. Üble Nachrede, die ihr galt, kehrte sich gegen ihr Nahestehende. Im Unterschied zu ihr, die durch Prominenz und das Alter in gewisser Weise »geschützt« war, besaßen jene diesen Schutz nicht. Jede noch so beiläufige Andeutung von ihr, verbreitet von einer deutschen Zeitung, konnte Chile erreichen und etwa zu einer Kündigung führen (was tatsächlich einmal geschah), ein halber Satz konnte ganze Existenzen gefährden. (Und weil das noch immer so ist, werden in den hier zitierten Mails intime Bezüge getilgt und Verbindungen zu bestimmten Personen in Deutschland und Chile durch Punkte ersetzt.)

Als ich sie besuchte, dort in ihrem Haus in La Reina, bemerkte ich als Erstes, dass an einigen Stellen ihr dezenter Nagellack abgeblättert war. Das offenbarte, dass sie sich nicht meinetwegen die Nägel lackiert hatte, sondern weil sie es sich selbst wert war. Sie achtete bis zum Schluss auf ihr Äußeres. Als ich ihr Fotos schickte, die ich von ihr gemacht hatte, bemerkte sie amüsiert, sie sei nun in einem Alter, in welchem man sich nicht mehr so gern betrachte, ein wenig eitel sei sie schon.

Kann man eine Würdigung wie diesen Band mit einem Verweis auf lackierte Fingernägel und Koketterie beginnen? Ist das nicht zu banal, deplatziert, unangemessen? Doch, man kann nicht nur, man muss es in diesem Fall sogar. Margot Honecker war so wenig Säulenheilige wie Dämon, keine Furie und kein Tyrann. Das sind die Hirngespinste von

Demagogen, die stets Ausschau halten nach Argumenten, die man dieser DDR und ihrem Personal hinterherrufen zu müssen meint. Sie war ein Mensch mit festen Überzeugungen, natürlichen Empfindungen und mit durchaus liebenswerten Seiten. Ja, sie konnte auch hart sein. Aber das war sie in erster Linie zu sich selbst.

»Des Lebens ungemischte Freude ward keinem Irdischen zuteil«, bemerkte Schiller 1797 in einer Ballade.

Das galt für die irdische Margot Honecker auch.

Frank Schumann

Margot Honecker Santiago,d.10.8.94

Lieber Frank Schumann,
herzlichen Dank für Ihren Brief vom 1. August 94.
Nun darf man Sie wohl doch beglückwünschen zu Ihrer Entscheidung die "Moabiter Notizen"zu verlegen. Sie wissen sicher, daß mein Mann nur wenige Tage vor seinem Ableben davon erfuhr. Natürlich wußte Erich Honecker um die Schwierigkeiten einen Verlag zu finden und Sie können sicher sein, daß er wußte wie das Medienecho aussehen würde in dieser Zeit, die geprägt ist von einer ungeheuerlichen Geschichtsfälschung im Dienste eines großangelegten antisozialistischen Feldzuges. Aber für diese hat er ja nicht geschrieben. Und vielleicht hat das was er noch sagen konnte Bedeutung über den heutigen Tag hinaus.
Für Ihren Vorschlag ein Buch von mir mit ihnen zu machen danke ich. In den vielen Jahren meiner Tätigkeit habe ich nie Wert auf Publizität gelegt und schon garnicht darauf in der Öffentlichkeit als die Frau Erich Honeckers zu agieren. Warum sollte ich das jetzt tun? Die Medienmacher haben mir nach 1989 eine Rolle zugeschrieben, die ich nie gespielt habe. Es war dies wohl so einer Art Sippenhaft geschuldet. Aber wenn man eine Überzeugung hat, kann man damit leben.
Vielleicht- wann, wie und wo, weiß ich heute noch nicht- werde ich meine Gedanken und Erfahrungen niederschreiben.
Aber Interviews selbst mit Leuten, die als loyal gelten gebe ich den "freien" deutschen Medien nicht. Sozialisten sollten sich zwar auch der bürgerlichen Presse bedienen, aber es gibt Zeiten wo man nur ihre verlogene Propaganda bedienen würde.
Ihrem Verlag möchte ich danken für seine Aktivitäten und ihm zum bisherigen Ergebnis seiner verlegerischen Arbeit beglückwünschen. Immerhin, hat diese Veröffentlichung Ihrem Verlag erhebliche Beachtung eingebracht, was sicher auch gut ist für Ihre künftige Arbeit.

Was die von Ihnen erwähnten finanziellen Fragen betrifft, bitte ich Sie weiterhin mit den Bevollmächtigten in Berlin zu handeln, die mit mir im ständigen Kontakt sind.

Mit freundlichen Grüßen
Margot Honecker

Brief Margot Honeckers an Schumann vom 10. August 1994

Von:	Frank Schumann <edition-ost@aaagentur.com>
Datum:	13. September 2010, 15:50
Betreff:	Bücher

Liebe Margot Honecker,

vielen Dank für die Nachricht über den »Sonderbotschafter« Klaus Huhn. Ich hatte diesen Weg nicht gewählt, um damit zu signalisieren, dass ich keinen Briefkasten für bestimmte Post besäße, sondern weil es schließlich Klaus war, der sich engagiert hatte, diesen Kanal überhaupt zu öffnen. Es sollte nicht der gänzlich unbegründete Eindruck entstehen, wir trieben es hinter seinem Rücken. Natürlich können wir gern direkt kommunizieren, was ich sehr begrüße. Und dass es auch problemlos per »Du« geht, finde ich auch sympathisch – schließlich gehörten wir Jahrzehnte der gleichen Partei an, wo es üblich war, dass man vertraulich auf diese Weise miteinander umging.

Nun sind wir beide, vermutlich, in keiner Partei mehr, und auf die gelegentlich an mich gerichtete Frage, welchem Verein ich meinen Beitrag überweise, antwortete ich wahrheitsgemäß: keinem. Gleichwohl verstehe ich mich als parteiloser Kommunist, weshalb ich vor etwa zehn Jahren jener Partei den Rücken kehrte, die sich heute »Die Linke« nennt und angepasst ist wie ein Bettvorleger, dass es einen graust. Wie will man die Gesellschaft verändern, wenn man den Herrschenden nach dem Munde redet in der illusionären Hoffnung, man würde »von denen« akzeptiert werden und dürfe mitspielen? Nun, einige Plätze an den Fleischtöpfen fallen für Opportunisten immer ab, aber das ist keine sonderlich günstige Position, um von dort den Topf umzustoßen. Zumal man sich an die Suppe schnell gewöhnen kann, die man dort löffelt. Wer verzichtet schon freiwillig auf die Diäten, wenn man selbst einem Parteivorsitzenden sagen muss, dass es unanständig ist, einen besonders großen Löffel zu benutzen, wenn es gleichzeitig sehr viele Menschen gibt – deren Interessen man doch angeblich vertritt –, die nicht mal über einen rettenden Strohhalm verfügen, um etwas von dieser Suppe abzubekommen?

Ich freue mich, dass nun auf dem einfachen Wege die »Moabiter Notizen« in Chile eingehen. Ich werde es künftig immer so handhaben, erst ein Buch zu schicken, und dann das nächste, sobald die Eingangsbestätigung kommt. Ich werde morgen das dritte Exemplar auf den Weg bringen, und dann ab und an auch mal ein anderes. Zum Beispiel das von Gerhard Beil, welches ich bereits annoncierte. Am Freitag fand die Trauerfeier in Grünau auf dem Waldfriedhof statt, im kleinen Verwandten- und Freundeskreis, aber wenn ich mich so umschaute, waren wir wohl weit über 100 Personen, die vom einstigen Außenhandelsminister Abschied nahmen. Ex-Außenminister Oskar Fischer war da, den seine Frau und Tochter führen mussten, weil er selbst nicht mehr sehr gesund ist, Werner Großmann, der letzte Chef der Auslandsaufklärung, ging am Stock, und auch Hans Modrow war zugegen, der die Schleife des Parteivorstandes trug. Nun ja, er tat es wohl im Selbstauftrag, denn alles, was irgendwie nach DDR riecht, scheint man im Karl-Liebknecht-Haus nicht sonderlich zu mögen, nicht einmal ihren Ex-Ehrenvorsitzenden, dem man jetzt ein Kämmerchen hoch über dem Hof zugewiesen hat.

Gerhard Beil entstammt dem Jahrgang meiner Mutter, 1926, und wir hatten uns für Montag verabredet, als Hannelore am Freitagmorgen im Verlag anrief und mir mitteilte, dass er tot sei. Nach dem Frühstück hatte er sich vom Stuhl erhoben und war umgefallen. Herzversagen. Nun gab es nicht wenige, denen ich die Nachricht übermittelte, die darauf sagten, dass sei doch ein »schöner Tod«. Ich weiß nicht, was am Tod »schön« sein soll. Vielleicht für den Betreffenden, dem das Martyrium eines langen Leidens erspart bleibt. Aber für die Zurückbleibenden offenbart sich die Lücke, die einer zurücklässt, wenn er denn nicht mehr ist. Und das ist hässlich und bitter.

Am Samstag war ich in Pinnow, wo zu DDR-Zeiten rund 1200 Menschen aus der Uckermark Arbeit und Auskommen fanden, indem sie NVA-Technik warteten. Sie waren in jenem speziellen Sektor der DDR-Volkswirtschaft tätig, der mit der Verteidigung zusammenhing. Wir haben nunmehr ein Buch herausgebracht (»Waffenschmiede DDR«), für das ein ehemaliger Panzerkommandant einige Jahre recherchiert hatte, um herauszufinden, was wir auf diesem Felde leisteten. Herausgekommen ist genau das, was wir immer vermuteten: Wir haben unsere Bündnisverpflichtungen getreu erfüllt, aber nie mehr getan, als unbedingt nötig. Vor allem aber haben wir mit Geist und Leidenschaft und guter Arbeit in solchen Betrieben dafür gesorgt, dass das militärstrategische Gleichgewicht und damit der Frieden erhalten blieb.

Es war berührend zu sehen, wie dankbar diese Menschen die Würdigung ihrer Lebensleistung zur Kenntnis nahmen, diese gedruckte Bestätigung, dass sie nicht nur ordentlich gearbeitet, sondern auch Wichtiges geleistet hatten. Seit zwanzig Jahren hören sie das Gegenteil.

Du wirst sicherlich über Internet, Satellitenfernsehen, Nachrichten und durch Freunde mitbekommen, was sich hierzulande zuträgt und wie sich der Unmut entwickelt. Das meiste findet nicht den Weg in die Medien, aber die Unzufriedenheit ist da und es gärt. Der emanzipatorische Impuls, den die DDR gesetzt hat, wirkt nicht nach – er wirkt. Selbst wenn es bald keine Generationen mehr geben wird, die diese Republik bewusst erlebt haben.
Lass uns darüber gelegentlich austauschen.

Sei herzlich gegrüßt aus Berlin, in welchem es seit heute morgen wie aus Kannen gießt. Es wird Herbst.
Frank

Von:	Frank Schumann <edition-ost@aaagentur.com>
Datum:	23. September 2010, 20:00
Betreff:	Wir werden immer weniger

Liebe Margot Honecker,

vermutlich hat es sich bereits bis Chile herumgesprochen, dass wir einen gemeinsamen Freund verloren haben. Walter Womacka ist am Samstag in Berlin-Buch verstorben, die

Beisetzung wird voraussichtlich am 7. Oktober in Friedrichsfelde stattfinden.

Walter war am 8. August in Loddin auf seinem Grundstück gestürzt und hatte sich den Arm gebrochen. Er wurde in Wolgast operiert und dann nach Greifswald verlegt, wo sein Bett auf dem Flur stand, was ein Skandal sondergleichen ist. Hanni hat ihn von dort nach Buch verlegen lassen. Aber inzwischen war eine Sepsis dazugekommen, schließlich eine Lungenentzündung, Intensivstation – aus.
Einige Tage zuvor war bereits Siggi Hähnel verstorben, der letzte Chef der Berliner Bezirksverwaltung des MfS, auch ein sympathischer, verlässlicher Genosse, und davor Gerhard Beil. Es ist bitter zu sehen, wie sich die Reihen lichten ...

Drei Jahre lang bemühte sich der Freundeskreis »Walter Womacka e. V.«, das Werk in eine Stiftung zu überführen und zusammenzuhalten, wir haben mit Walter regelmäßig darüber gesprochen, und er war auch stets dafür, doch am Ende fehlte ihm immer die Entschlusskraft zu unterschreiben. Wie sich nun zeigt, ist nichts geregelt, und wir wollen nun mit seiner Tochter Uta, die auf Zypern lebt, wohin, wie ich vermute, auch Hanni ziehen wird, alles Weitere besprechen. Das Werk und der Nachlass müssen geschlossen erhalten bleiben.

Mit Hilfe der Wohnungsbaugesellschaft Mitte, die auch Eigentümerin des Haus des Lehrers am Alex ist und deren Mieter Womackas in der Wallstraße waren/sind, haben wir sein Wandbild am Bauministerium in der Breiten Straße, das nun abgerissen werden soll, retten können. Die WBM demontiert derzeit die über 350 Emailleplatten, was mehr als 18 000 Euro kostet, lagert sie ein und wird das Wandbild in Mitte an einem geeigneten Haus* wieder anbringen. Am Wandfries am Haus des Lehrers hat die WBM Trauerflor angebracht und im Haus selbst ein Kondolenzbuch ausgelegt. Zumindest dort geht man angemessen mit Walter Womacka um. Die meisten Blätter aber höhnten selbst nach dem Tode wieder vom »Staats- und Hofkünstler«. Dabei sind manche derart blöd, dass sie nicht einmal den Namen richtig schreiben können.

Der *Kurier* meldete auf Seite 1: »Honeckers Hofkünstler Walter Womacker verstorben«. Ich habe sie darauf nur wissen lassen, dass sie da was verwechselt hätten: es handle sich um den Hofkünstler von Erich Honecka.

Herzliche Grüße aus Berlin
Frank Schumann

PS: Dieser Tage kam wieder ein Bücherpaket als nicht zustellbar aus Chile zurück, es war vom 23. Mai – das hatte ich schon gar nicht mehr auf dem Zettel. Morgen geht wieder ein Buch, diesmal als Briefsendung, raus.

*Womackas Wandbild »Der Mensch, das Maß aller Dinge« ist jetzt in der Friedrichsgracht, Ecke Sperlingsgasse zu sehen.

De:	Margot Feist <mfeist1@yahoo.es>
Enviado:	23. September 2010, 12:47
Asunto:	Grüße

Lieber Frank,

ja, ich wusste es schon, dass es diesen lieben Menschen, guten Genossen und großen Maler nicht mehr gibt. Es hat mich sehr traurig gestimmt. Ich mochte Walter Womacka sehr und werde nicht vergessen, dass er mich in meinem Büro anrief, nachdem bekannt geworden war, dass E. H. zurückgetreten ist, um mir in seiner bedächtigen Art zu sagen, dass sich zwischen uns nichts ändert.

Die Reihen lichten sich, und wir müssen damit leben. Und das in der Hoffnung, dass bald Jüngere einige Lücken schließen. Freilich braucht das Zeit. Wenn wir doch nur endlich aus der Defensive herauskämen, in der wir nach meinem Eindruck noch immer sind.

Diese ewigen Querelen in der »Linken«, und auch in der DKP ist man noch nicht übern Berg. Das lässt viel Raum für den Antikommunismus, der in verschiedenen Spielarten daherkommt, was so neu nicht ist. Aber viele der Jüngeren werden zumindest im Osten nun damit konfrontiert.

Hier ist nach den großen Feierlichkeiten anlässlich des 200. Jahrestages der Unabhängigkeit – die genutzt wurden, um die Einheit des ganzen Volkes zu beschwören – der Alltag wieder eingekehrt. Die Mapuche* sind noch im Hungerstreik, und die Bergarbeiter, die hoffentlich bald das Tageslicht wieder erblicken können, und jene, die mit den Verschütteten solidarisch sind, sorgen sich um die Zukunft ihrer Arbeitsplätze. Da ist nichts von einer »Einheit« zwischen denen da »oben« und denen da »unten« zu spüren. Die Klassenwidersprüche existieren nun mal, sie treten als politische und soziale Konflikte in Erscheinung.

Schade, dass ihr so viel Ärger mit der Versendung der paar Bücher habt. Ich kann mir das nicht erklären, denn ich bekomme oft Post mit falscher Adresse zugestellt.

Herzliche Grüße
Margot

*Ein indigenes Volk im Süden Chiles, das für sein Land kämpfte

De:	Margot Feist <mfeist1@yahoo.es>
Enviado:	12. Oktober 2010, 14:14
Asunto:	Danke

Lieber Frank Schumann,

das dritte Buch ist nun angekommen. Natürlich einverstanden, was unseren Verständigungsweg betrifft.
Die KP Chiles hat mich informiert, dass die »Moabiter Notizen« jetzt auf Initiative italienischer Genossen in Italien veröffentlicht wurden.
Ich hoffe, ihr schlagt euch weiter tapfer.

Beste Grüße
Margot

Von: Frank Schumann <edition-ost@aaagentur.com>
Datum: 11. November, 2010, 20:35
Betreff: Dies & das

Liebe Margot Honecker,

wieder mal ein Zeichen aus dem novembertrüben Berlin. Wie ich sehe, liegt unser letzter Kontakt auch schon wieder einige Wochen zurück, die Zeit eilt in einem Tempo, das schon nicht mehr angenehm ist.

Zwischenzeitlich fand hier das jährliche Grenzertreffen statt, am Wochenende darauf die Zusammenkunft aus Anlass des 50. Jahrestages der Verleihung des Namens »Volksmarine« an die Seestreitkräfte der DDR. (Im Anhang füge ich ein paar Fotos bei. In der Presse erschien dazu nichts. Die Leute von der Boulevard-Presse ließ man nicht rein, die anderen – etwa vom Neuen Deutschland – waren erst gar nicht gekommen. Ich gebe den Dokumentenband der Marine, den wir aus diesem Anlass produziert hatten, morgen in die Post. Er ist nicht uninteressant. Enthalten sind darin auch die Grußadressen von zwei Sowjetmarschällen, vier Armeegeneralen und drei Flottenadmiralen.)

Jedes Mal waren auch Heinz und Ruth Keßler dabei. Ich war gestern bei ihnen in Karlshorst, am Gespräch nahm auch Fritz Streletz teil. Ich werde mit beiden ein Buch zum 13. August 1961 machen, denn das propagandistische Trommelfeuer zum 50. Jahrestag des »Mauerbaus« ist bereits zu vernehmen. Je tiefer dieses Land in die Krise rutscht (wie das ganze System), desto wichtiger sind Nebenkriegsschauplätze, die vom eigentlichen Thema ablenken. Die DDR gibt es nun seit zwanzig Jahren nicht mehr – das ist die Hälfte ihres Lebens –, doch man drischt noch immer auf sie ein, als wäre sie existent und könnte sich brachial zur Wehr setzen. Natürlich lebt das Land in der Erinnerung, aber der Unmut der heute 20-, 30-Jährigen hat wenig bis nichts mit der DDR zu tun, die sie nicht kennen, sondern ausschließlich mit der BRD und deren aktuellem Zustand. Innenminister de Maizière rief dieser Tage zur »Wachsamkeit« auf. Ich sagte darauf, dass wir das damals auch taten – das Resultat ist bekannt, die DDR ging unter. Sein Aufruf lässt hoffen – die nächste Wende ist wohl nicht mehr fern!

Die Herrenreiter sollen sich da jedenfalls nicht so sicher sein, dass sie für immer und ewig im Sattel sitzen.

Wie ärgerlich die Lage ist, illustriert eine kleine Episode vom Montag. Elfriede Brüning wurde 100 und lud in den Roten Salon in der Volksbühne. Es waren sechzig bis achtzig Freunde und Genossen gekommen. Ich saß mit Klaus Höpcke an einem Tisch, ein Professor aus Köln setzte sich dazu. Voller Stolz erzählte er Klaus, den er offenbar kannte, dass er Frau Dr. XY aus Berlin eine Professur an der Uni Köln beschafft habe. Die würde sich mit Kinderliteratur der DDR beschäftigen, das wäre doch ganz toll, nicht wahr?
Sie sei dann also die erste ostdeutsche Professorin im Westen, fragte ich. Wieso, sagte er, die Frau ist doch von der FU. – Die merken nicht einmal die Peinlichkeit ihrer Reden.

An mich ist ein Wunsch von Pfarrer i. R. Uwe Holmer herangetragen worden. Inzwischen krank und verwitwet, wird er im Februar 82. Er möchte nach Chile fliegen, um Margot Honecker noch einmal die Hand drücken, bevor er von dieser Erde geht, sagt er. Dieses Bedürfnis scheint zweifellos von Herzen zu kommen, offenbar sind die Wochen mit euch in Lobetal für ihn ein Schlüsselerlebnis gewesen, das ihn bis ans Ende seiner Tage bewegen wird. Nun weiß ich nicht, ob zuerst der Wunsch bei ihm entstand oder bei Eric Friedler, einem in Australien geborenen Dokumentaristen, der, obgleich keine vierzig, bereits mit Fernsehpreisen überhäuft wurde. Von ihm stammt zum Beispiel der Film über die Nazi-Familie Quandt, der die Autofirma BMW gehört. Der Film wurde vor Jahren unangekündigt ins Mitternachtsprogramm der ARD gekippt und sorgte dennoch für Furore, weil er mit schonungsloser Offenheit die Kontinuität vom Hitlerreich zur Bundesrepublik und deren »Eliten« zeigte. Friedler arbeitete auch an dem Dreiteiler von Heinrich Breloer über die Familie Mann, eine

Mischung aus Dokumentarfilmsequenzen, Schauspielszenen und Zeugenbefragungen. Auf diese Weise entstand eine atmosphärisch sehr dichte, berührende Darstellung, die vermutlich nahe an der Wahrheit war. Dort, bei Breloer, hat Friedler sein künstlerisches Handwerk gelernt.

Nun will er auf diese Weise die Honeckers in Lobetal behandeln. Das soll ein Neunzig-Minuten-Film werden, der im Vorfeld des 100. Geburtstags von Erich Honecker 2012 in der ARD laufen und nach dem gleichen Muster entstehen soll: Zeugen, Szenen, Dokumente. Friedler geht der Frage nach, warum dieses Land, dieses Volk, warum Moskau diesen Mann auf solch schoflige Weise hat fallen lassen. Heute kehrte Friedler aus Tiflis zurück, wo er Schewardnadse zwei Stunden lang interviewt hatte. Er rief mich an, am Samstag wollen wir uns in Berlin treffen, dort werde ich mehr erfahren.

Georgiens Ex-Präsident scheint unter Hausarrest zu stehen, denn das Objekt war hermetisch gesichert, Friedler und sein Team wurden sehr genau untersucht. Schewardnadse, ziemlich krank, gab sich in Sachen Honecker und DDR sehr offen, denn er habe nichts mehr zu verlieren, wie er einräumte. Seine Offenheit, so Friedler, grenzte sichtlich an Arroganz. Das, was Schewardnadse sagte, ist uns gewiss nicht neu, aber er hat es jetzt erstmals explizit in die Kamera gesagt: »Die DDR und Honecker haben uns Ende der 80er Jahre nicht mehr interessiert!« Und auf die Gegenfrage, ob sie für den Staat, dem die Sowjetunion ins Leben geholfen hatte, nicht etwas mehr Verantwortung hätten empfinden und zeigen sollen, meinte er nur: »Die sowjetischen Interessen gingen vor.«

Mit Gorbatschow spreche er nicht mehr, weil der sich um den Friedensnobelpreis bemüht und ihn auch bekommen habe. Die Verabredung sei jedoch gewesen, dass ihn beide kriegen sollten, aber der eitle Gorbatschow habe, um sich allein sonnen zu können, ihn ausgebootet.

Wahrlich, echte selbstlose Staatsmänner, die stets an das Gemeinwohl und nie an sich selbst dachten!

Mit Gorbatschow hat Friedler auch schon das Vorgespräch zum Interview geführt, das so ausschaute: Man könne mit ihm über alles reden – nur nicht über drei Themen: Kohl, die DDR und Honecker. Mit Kohl gäbe es richtigen Streit, den er, Gorbatschow, aber nicht öffentlich mache. Worin dieser bestünde, verschwieg er. Und die Gründe für sein beredtes Schweigen bei den beiden anderen Themen sind wohl auch klar. Er weiß um seine Leichen im Keller. Ich glaube aber nicht, dass es sich bei diesem Reflex um Scham handelt: Gorbatschow ist ein Taktiker und will sich nicht festnageln lassen.

Auch Putin hatte Friedler schon vor der Kamera, der sprach jedoch mehr über seine Dresdner Jahre, und dass die DDR zu billig weggegeben worden sei. Man hätte 150 und nicht nur 15 Milliarden Dollar fordern müssen. Putin stellte eher den militärstrategischen Verlust für Russland und weniger die politische Katastrophe heraus. Aber er zeigte zumindest eine kritische Haltung zur Moskauer Führung zwischen 1985 und 1995 und deren Politik in Bezug auf die DDR.

Friedler führt so ein Interview nach dem anderen, um die zeithistorischen Kulissen für das Kammerspiel von Lobetal zu bauen. Ich bin der festen Überzeugung, dass der Mann mit diesem Film Geschichte schreiben wird: Honecker als Mensch und nicht als Monster. Sein humanistischer Ansatz wird erstmals nach zwanzig Jahren ein völlig anderes Bild von Honecker zeichnen als bislang verbreitet. Darin besteht der Fortschritt.

Nun gebe ich mich keiner Illusion hin: Die antikommunistische Karikatur wird weiter gepflegt werden, und wenn noch so viele Filme über die Quandts gezeigt werden, wird dies nicht zur Abschaffung des Kapitalismus führen. Da muss (und wird) anderes geschehen. Aber all das sind Tropfen, die irgendwann das Fass zum Überlaufen bringen werden.

So, und nun sind Holmer und Friedler zusammengekommen, was wohl nahe lag. Und Friedler hörte dessen warmherzige Erzählungen und sah die Karten aus Chile, er sprach mit den

Kindern, die sich ebenfalls lebhaft erinnerten, und mit einigen Menschen aus Lobetal. Dabei artikulierte Holmer eben jenen Wunsch, der, man ahnt es, auf fruchtbaren Boden fiel. Der *NDR* würde ihm Flug und Aufenthalt finanzieren, auch den meinigen, wenn ich ihn denn begleitete, wozu ich große Lust habe. Friedler käme natürlich auch mit und würde nur drei Fragen stellen, die ausschließlich mit Lobetal zu tun hätten – wenn er denn darf.

Diese Begegnung mit Holmer in Santiago wäre, so scheint mir, ein berührendes Schlussbild in diesem Film. Und da ich inzwischen Friedler vertraue und er sich wohltuend von den Schlagzeilenjägern bei Presse und Funk unterscheidet, werbe ich gern für sein Ansinnen. Ich sehe in diesem Filmprojekt eine realistische Chance, ein freundliches, sympathisches Bild von Honecker zu zeichnen, das sich erfrischend von dem ganzen denunziatorischen Schrott abheben könnte, der bereits über die Mattscheibe lief und noch laufen wird. Auch wenn Friedler mit journalistischen Mitteln arbeitet: Es ist ein Kunstwerk, das bleiben wird. Auch dadurch, dass viele der dort auftretenden Personen möglicherweise nie wieder vor eine Kamera treten werden: Kohl, Genscher, Gorbatschow, Schewardnadse, Modrow ...

Liebe Margot Honecker: Ich teile alle Vorbehalte, alle begründeten Ressentiments gegenüber der Journaille. Nur in diesem einen Falle lege ich sie beiseite. Wollen wir es gemeinsam anpacken, noch in diesem Jahr?

Mit besten Grüßen aus der Hauptstadt
Frank Schumann

De:	Margot Feist <mfeist1@yahoo.es>
Enviado:	13. November 2010, 14:14
Asunto:	Re: Dies & das

Lieber Frank Schumann,

einige Gedanken zu »Dies und das«.

Es scheint so, dass weltweit immer mehr Menschen gewillt sind, sich gegen eine Politik zur Wehr zu setzen, die ihnen das demokratische Recht verweigert, gegen soziale Ungerechtigkeit, gegen drohende Kriege und den aufstrebenden Faschismus ihre Stimme zu erheben. Die Konfrontation zwischen denen, die begonnen haben zu kämpfen, und jenen, die diesen Kampf niederdrücken wollen, auch mit brutaler Gewalt, nimmt zu.

Die miteinander verbündeten Großmächte, das heißt die größten imperialistischen Staaten sind in einen noch härteren Konkurrenzkampf um die Vormachtstellung in der Welt eingetreten, allen voran der deutsche Imperialismus. Alles deutet auf eine noch schärfere Gangart in diesem Kampf um Profite. Dieses kranke System gebärdet sich wie eine verwundete Bestie.

Und je vernehmlicher die Forderung wird, dass man das System ändern müsse, dass eine andere Gesellschaft nötig und möglich wäre (ob man sie nun Sozialismus oder anders nennt), um so höher werden die Wogen des Antikommunismus schlagen. Darum wird die DDR – weil sie ein Zeichen für einen gelebten Sozialismus gesetzt hat, wie unvollkommen er auch gewesen sein mag – weiter unter Dauerfeuer stehen, und mit ihr auch das Personal, das diesen Sozialismus verantwortlich mitgestaltet hat.

So weit »dies«, und nun zum »das«.

Ich hoffe sehr, du tolerierst, dass ich deine warmherzige Empfehlung für den geplanten Film mit meiner kühlen Nüchternheit konfrontiere.

Erstens halte ich es für unwahrscheinlich, dass eine BRD-Fernsehinstitution so großzügig Gelder für einen Film bereitstellt, der ein »positives« Zeichen für Erich Honecker setzt. Auch wenn ein bekannt-berühmter Filmemacher einige positive Lichtlein entzünden könnte: eine gerechte Beurteilung, die ohnehin erst die Geschichte mit sich bringen wird, lässt heute ein Geldgeber, der im Auftrag der derzeitigen Politik zu handeln hat, nicht über die Bühne gehen.

Zweitens: Lobetal als »humanistischer Aufhänger« soll als entscheidende Situation im kämpferischen Leben Honeckers herhalten? Ja, er hat auch diese Episode in seinem Leben mit Würde durchstanden. Lobetal ist als Geschichte eher geeignet, die damals verantwortlichen Genossen in Partei, Regierung und Volkskammer, die zur Jagd gegen unsere Genossen – vor allem gegen Honecker – geblasen haben, an den Pranger zu stellen, weil sie zuließen, dass Erich nach schwerer OP aus dem Krankenzimmer verhaftet und auf die Straße gesetzt wurde. Sie wollten Erich ein weiteres Mal demütigen. Sie irrten sich, er hatte anderes schon im Faschismus ertragen. Dennoch verdienen auch sie Gerechtigkeit. Soll das mit dem humanistischen Akt der Kirchenleute verschleiert bzw. ihre Schuld sichtbar gemacht werden?

Ich fürchte, eine liebevolle Begegnung zwischen dem Pfarrer und mir am Schluss des Filmes soll ein rührendes Bild von Menschlichkeit und Versöhnung vermitteln. Ich betrachte das aber als Ablenkung davon, was sich vor und nach Lobetal zugetragen hat. Damit kein Missverständnis aufkommt: Ich würde gern Pfarrer Holmer die Hand drücken, ich achte ihn und seine verstorbene Frau sehr. Und gewiss hat er sich über ein solches Angebot – wahrscheinlich doch eine Idee Friedlers – ehrlich erfreut gezeigt.

Und nun ein dritter Grund, warum ich meine Mitwirkung definitiv ablehne: In einem Film gemeinsam mit Genscher, Schewardnadse, Gorbatschow und Modrow aufzutreten, mit Leuten also, die die Konterrevolution wissentlich oder/und irrtümlich mit gesteuert haben – das geht gegen mein politisches Gewissen, gegen meine politische Ehre.

Wir kennen uns nicht genug, und ich weiß nicht, ob du für meine Haltung Verständnis aufbringen kannst. Ich habe in meinem langen politischen Leben gelernt, dass man den Dingen auf den Grund gehen muss, sich nicht täuschen lassen darf von manch Gutgemeintem. Wir haben von unseren Gegnern kein Entgegenkommen zu erwarten.

Lieber Frank Schumann, ich weiß, du setzt dich für dieses Vorhaben ein, weil du willst, dass viele Tropfen den Stein höhlen. Das schätze ich sehr, du hast schon viel in dieser Richtung getan. Und es würde mich betrüben, wenn unsere anscheinend unterschiedliche Meinung in dieser Sache unsere genossenschaftliche Beziehung trüben würde.

Mit herzlichen Grüßen
Margot

Von:	Frank Schumann <edition-ost@aaagentur.com>
Datum:	17. November 2010, 12:27
Betreff:	Antwort auf dies und das

Liebe Margot Honecker,

vielen Dank für die umfangreiche Reaktion auf meine Post, insbesondere für die freundlichen Worte zur Arbeit des Verlages und meinem Anteil daran. Es ist in der Tat ein ziemlich schwieriges Unterfangen, und ich bin selber überrascht, dass die edition ost im kommenden Jahr bereits zwanzig wird.

Das Problem ist sehr komplexer Natur. Auf der einen Seite lehnt man den Kapitalismus – egal, in welcher Spielart – aus prinzipiellen Überlegungen ab: er ist menschenverachtend, räuberisch, unvernünftig und ohne Perspektive. Auf der anderen Seite muss man sich auf ihn einlassen, weil niemand außerhalb dieser Gesellschaft existiert. Wir brauchen, zum Beispiel, auch die bürgerlichen Medien, um die Bücher bekannt zu machen, damit sie gekauft und gelesen werden. Denn am Ende, wir wissen es seit Marx, löst sich alles in Ökonomie auf, und darum sind auch Bücher, selbst jene, die unsere Wahrheit enthalten, auch nur eine Ware auf dem Markt. Verlegen kommt nämlich von vorlegen: Ich muss als Verleger den Lektor, den Grafiker, den Setzer, den Drucker etc. bezahlen, wenn sie ihre Arbeit gemacht haben, und dann muss ich zusehen, dass das so vorgelegte Geld wieder durch den Verkauf der Ware Buch zurückfließt.

Nun kommt das nächste Problem: Der Kapitalismus befindet sich in einer allgemeinen Krise. Überproduktion gibt es auch in der Buchbranche, seit Jahren steigt stetig die Zahl der neuen Titel. In Deutschland kommen pro Jahr mehr als 90000 neue (ohne Nachauflagen!) auf den Markt (der Buchhandel macht das Gros seiner Umsätze mit etwa 2000 Titeln, das sind jene Bücher, die sich überall stapeln). Die anderen 88000 werden erst nach Kundenbestellung geordert (deshalb ist die Presse so wichtig, um potenzielle Leser überhaupt zu informieren, was es gibt).

Nun kommt das dritte Moment hinzu: Unsere Leser gehören nicht zu den Betuchten hierzulande, d. h. wir können die Bücher nicht beliebig teuer machen (gut, die Preise kompensieren wir, soweit das geht, durch Selbstausbeutung im Verlag, die Kosten der Druckereien hingegen lassen sich nur bedingt drücken), und die Aufnahmefähigkeit des Marktes ist objektiv auch begrenzt. Sodann gibt es nicht wenige, die uns diesen oder jenen Titel übelnehmen und nicht verstehen, dass wir manches Buch brauchen, um Geld zu verdienen, mit dem wir andere Titel – die wir für politisch notwendig halten – für 9,95 Euro oder noch billiger anbieten können.

Entschuldige, dass ich so weit ausholte, aber diese Zusammenhänge sind manchmal nicht allen bewusst, und einige Genossen, das merke ich immer wieder, weigern sich auch, das zur Kenntnis zu nehmen. Sie tun so, als genüge die politisch klare Botschaft, und schon würde alles von allein laufen. Wir haben, zum Beispiel, unlängst Karl-Eduard von Schnitzlers »Meine Schlösser oder wie ich mein Vaterland fand« gedruckt: Dafür gab es viel Schulterklopfen, aber am Ende waren weniger als 300 Menschen in Deutschland, Österreich und in der Schweiz bereit, dieses Buch auch zu kaufen. Oder: Wir haben 2002 einen Reprint des »Braunbuch« aus dem Jahr 1965 gedruckt. Beifall auf der einen, Schweigen auf der anderen Seite. Nunmehr wurde eine Studie über die Nazi-Vergangenheit des Auswärtigen Amtes veröffentlicht, und in der Rezeption der AA-Studie wird auf das »Braunbuch« verwiesen, auch auf unsere Ausgabe von 2002, und dass offenkundig die Kommunisten nicht so unrecht hatten, denn was dort steht, werde nunmehr durch eigene Forschungen bestätigt. Da sagen alle Genossen hier: Klasse, endlich geben sie es zu, und toll und richtig, dass die edition ost das Buch wiederentdeckt und neu aufgelegt hat. Aber per saldo haben wir mit diesem Buch Schulden gemacht, denn die Nachfrage, auch bei unseren Leuten, war sehr beschränkt. Nach acht Jahren ist unsere Auflage des Braunbuchs endlich abgeflossen. Am Ende waren die Lagerkosten höher als die Erlöse. Und in den Phasen, wenn es ans Zahlen geht, ist man immer ziemlich allein. So allein wie Honeckers zur Jahreswende 1989/90, wenn keiner hilft.

Unsere Mission besteht darin, das Wissen und die Erfahrung der DDR festzuhalten, sie zu dokumentieren und durch dieses Tal zu tragen, in welchem wir uns seit zwei Jahrzehnten befinden, damit nachfolgende Generationen damit arbeiten können. Denn dass diese kapitalistische Gesellschaft, dass diese BRD eines Tages verschwinden wird, ist so sicher wie das Amen in der Kirche. Und für diese Zeit arbeiten wir: indem wir an den Grundfesten dieser Gesellschaft kratzen, indem wir für eine Gegenöffentlichkeit sorgen, indem wir Mut machen und indem wir Wissen für die Zukunft konservieren.

In diesem Kontext stellt sich zwangsläufig die Frage, wie weit man sich auf die Spielregeln der kapitalistischen Öffentlichkeit einlassen kann und muss. Dafür gibt es kein Rezept. Ein heute in Berlin tätiger Verleger wird diese Frage anders beantworten als etwa Margot Honecker in Chile. Insofern hat mich deine Absage keineswegs überrascht, denn die Gründe sind logisch und damit zwingend. Ich hätte vielleicht nicht anders reagiert, befände ich mich in deiner Situation. Der einzige Punkt, in dem unsere Ansichten vielleicht auseinandergehen, und darin folge ich Marx: Ich glaube an die Veränderbarkeit der Welt und der Menschen (obgleich, da hast du recht, die vielen Enttäuschungen der Vergangenheit dem zu widersprechen scheinen).

Ich beobachte bei der nachwachsenden Generation – also jener, die nicht die ideologisch motivierten Konflikte, den staatlich organisierten Klassenkampf gegen den Sozialismus bewusst erlebt hat –, dass sie die antikommunistischen Ressentiments nicht bedingungslos teilt. Die stellen sich hin und fragen sachlich: Was war? Und warum war das so? Die kommen mitunter zu merkwürdigen Schlüssen und Sichten, brechen aber damit objektiv diese tradierten Mauern des Antikommunismus auf, ohne dadurch selbst gleich zu Sozialisten zu werden.

Natürlich greifen die üblichen Kontroll- und Steuerungsmechanismen. Wenn der Redakteur das unbefangen sieht, muss der Chefredakteur diese Sicht nicht teilen und durchgehen lassen, denn auch er hat wieder jemanden vor der Nase, der die Ausgabe des Geldes begründen und deren staatstragende Funktion rechtfertigen muss. Das weiß ich alles, ich bin da keineswegs blauäugig und naiv. Und dennoch kenne ich inzwischen auch Ausnahmen von der kapitalistischen Regel, und nicht erst seit der Iskra wissen wir, dass aus Funken Flammen werden können. Und deshalb puste ich gern in manches glimmende Häufchen, wo andere den Atem anhalten, weil sie nicht glauben mögen, dass daraus ein Feuerchen entstehen, welches ein Licht werfen und sie erleuchten könnte.

Dreimal Ja: Vorsicht ist immer angezeigt. Zu oft schon wurde auch ich in der Vergangenheit enttäuscht. Aber diese gelegentliche Enttäuschung hält mich davon ab, meine Hoffnung und meinen historischen Optimismus vor der Zeit zu beerdigen. Unter wesentlich misslicheren Umständen haben es andere Genossen ebenso gehalten.

Kurzum, liebe Margot Honecker, ich verstehe dich völlig und bin dir keineswegs gram, unser Verhältnis ist weder durch diese Absage noch durch irgendwas getrübt. Es ist, wie es ist, und damit gehen wir zur Tagesordnung über.

Sei herzlich gegrüßt, wir kämpfen weiter.

Frank

De:	Margot Feist <mfeist1@yahoo.es>
Enviado:	28. November 2010, 23:36
Asunto:	Grüße

Lieber Frank Schumann,

entschuldige, dass ich mich mit etwas Verspätung zur Tagesordnung zurückmelde.

Erstens, herzlichen Dank für dein Verständnis und dass du meine Entscheidung akzeptierst und verstehst, dass mich nicht Voreingenommenheit, Vorsicht oder Enttäuschungen so entscheiden lassen, sondern meine politische Sicht und Verantwortung. Manchmal, wenn man nicht so mittendrin im Geschehen steht, fällt es leichter, die Dinge mit Abstand zu betrachten.

Was einen Verlagsleiter heute umtreibt, kann ich mir in etwa vorstellen. Ich könnte mir denken, dass du lieber die Sorgen eines Verlages zu DDR-Zeiten, etwa des Verlages »Volk und Wissen«, tragen würdest. Sorgen hatten wir natürlich damals auch, es flogen uns keine gebratenen Tauben in den Mund, wie man heute manchmal meint. Manchen Kampf habe ich an der Seite unseres Verlagschefs, dem lieben alten Ploog*, um

Papierkontingente, Finanzen, langfristige Planung der Arbeit mit den Autoren, damit die Schulbücher rechtzeitig erscheinen konnten, ausgefochten. Naja, es ging eben um »die Sorgen und die Macht«**.

Ihr schwimmt nun schon seit zwanzig Jahren gegen den Strom, gegen die Macht einer politisch gesteuerten Medienmafia, die das Denkvermögen der Menschen zu übertölpeln versucht. Und es ist gut, dass es euch gibt. Es sind ja nicht nur »Tropfen«, die da ins Bewusstsein dringen. Ihr habt schon eine stattliche Anzahl Bücher herausgebracht, solche, die manchem der Unseren wieder das Rückgrat gestärkt und manchem Unpolitischen die Augen ein wenig geöffnet haben. Vor allem wurde mit vielen eurer Bücher Geschichte aufgeschrieben. Das wird für die Zukunft von Nutzen sein. Ja, wir brauchen Optimismus, denn der Kampf wird härter werden.

Es ist erkennbar, dass die Machthaber unruhig werden, und nicht neu, dass – wenn sie Widerstand spüren und ihre vielgerühmte Demokratie nicht mehr in ihrem Sinne funktioniert – sie rücksichtslos ihre Macht gebrauchen. Auch vor Gewalt schrecken sie nicht zurück. Uns kann dies nicht überraschen, wir wissen es ja nicht nur aus Büchern, sondern für viele von uns ist es erfahrene Geschichte.

Es macht mich immer wieder froh zu erleben, dass wir in schwierigen Zeiten – selbst dann, wenn wir glaubten, allein zu sein – nie allein waren. Es gab sie immer, und sie bleibt immer: die Solidarität unter Gleichgesinnten. Und sie wird wieder zunehmen. Auch international.

Vieles, was derzeit in der Welt geschieht, bereitet Sorge, manches aber gibt mir Hoffnung, wie die zunehmenden Streiks in Europa, der Widerstand der lateinamerikanischen Völker, die ihren eigenen Weg gehen wollen und sich stark machen gegen die Bedrohung der von innen und außen geschürten Reaktion. Und es macht Hoffnung, dass französische Kommunisten wieder an ihre marxistische Tradition anknüpfen wollen, dass in Italien auf Initiative der Kommunisten ein Linksbündnis im Entstehen ist, dass in Rumänien wieder eine Kommunistische Partei entsteht, dass China einen Kurs zu steuern versucht, der die gefährlichen Klippen, die sich aufgetan haben, umschiffen will, und dergleichen Signale mehr.

Ich habe mich sehr gefreut, dass Gerhard Beil das Buch noch schreiben konnte. Es steht nicht nur gegen die jetzigen Lügenberge über unsere sozialistische Wirtschaft, es ist auch ein Beitrag zur Geschichtsanalyse, die sicher künftig auf wirklich wissenschaftlicher Grundlage erfolgen wird. Dank für die Grüße von Hannelore Beil, die ich herzlich erwidere.

Und Dank auch für die neueste Büchersendung. Ich war immer eine Leseratte und ich bin glücklich, dass ich wieder volle Bücherregale besitze, dank meiner Genossen, die mir auch meine geliebten Klassiker nach und nach geschickt haben.

Lieber Frank Schumann, ich wünsche dir weniger Sorgen und noch mehr Spaß beim Schreiben (ich lese gern manchen Pressebeitrag von dir).

Herzlich
Margot Honecker

*Arthur Ploog, 1956 zum stellvertretenden Kulturminister berufen, war zugleich von 1956 bis 1973 Hauptdirektor des Verlages »Volk und Wissen«

**Auch Titel eines Dramas von Peter Hacks aus den frühen 60er Jahren, in welchem gesellschaftliche Widersprüche in der DDR behandelt wurden

Von:	Frank Schumann <edition-ost@aaagentur.com>
Datum:	2. Dezember 2010, 18:41
Betreff:	Schnee aus Berlin

Liebe Margot Honecker,

vielen Dank für deine Post vom 28. November und die freundliche Anteilnahme an unserem Schicksal. Deine Zeilen haben mich sehr berührt. Zum einen offenbaren sie, dass du sehr wohl weißt, worüber du schreibst – es gründet sich auf eigene Erfahrungen. Zum anderen wird sichtbar, wie aufmerksam du verfolgst, was hierzulande und in der Welt geschieht. Das ist heutzutage gewiss leichter – die Emigranten während des Zweiten Weltkrieges, etwa jene in Mexiko, hatten es da schwerer. Gleichwohl lebt man trotz elektronischer und anderer Verbindungen in der Fremde. Unsereiner hat zwar sein Vaterland verloren, aber zumindest die Heimat in Gestalt von Verwandten, Freunden und Bekannten, von persönlicher und von vertrauter Geschichte behalten. Das konnten sie einem nicht nehmen. Insofern, denke ich, haben wir es hier, bei allem Ärger, ein wenig leichter als du. Ich kann mir jedenfalls nicht vorstellen, in einem neuen Land neu zu beginnen. Zumal, wenn dieser Neubeginn zwanghaft und ohne Alternative ist. Wie bist du damit klargekommen? Wie kommst du klar?

Meine Mutter, Jahrgang 1926, musste jetzt umziehen. Sie lebt in Torgau und dort seit dem Ende der 70er Jahre in einem Haus, das wir seinerzeit altersgerechtes Wohnen nannten: ein kleines Zimmerchen mit Balkon, Küche und Bad. Seit der Übergabe wurde im Haus nichts gemacht, jetzt endlich entschloss man sich zur Generalüberholung. So zog sie über die Straße. Die neue Wohnung ist erheblich größer, frisch renoviert und hell. Nur ein Balkon fehlt. Seit drei Monaten lebt sie nun dort, und jeder, der sie besucht, erklärt ihr, dass sie sich wirklich verbessert habe. Doch sie kommt damit nicht klar und sitzt in ihrer Küche, die so groß ist wie das frühere Wohnzimmer, und löst dort ihre Kreuzworträtsel. Das ist alles so riesig und so neu und so fremd, klagt sie.

In solchen Momenten spürt man, wie zutreffend der Volksmund mit der Feststellung ist, man solle einen alten Baum nicht verpflanzen. Um wie viel seelisch schwerwiegender muss dann der Wechsel des Landes und der Kontinente sein?

Es freut mich, dass dir das Buch von Gerhard Beil gefallen hat. Ich habe ihn mehrere Jahre »bearbeitet«, ehe er zu schreiben bereit war. Er sträubte sich zunächst vehement,

dann kamen wir uns näher, und am Ende, so meine ich, waren wir Freunde. Wenn ich Fragen hatte, rief ich ihn an, und wenn ihn etwas bewegte, konsultierte er mich. Und das war nicht gespielt. Er war aufgeschlossen, verlässlich, neugierig und sich seiner Grenzen bewusst. Diese hat wohl jeder, aber nicht jeder ist bereit, es anderen zuzugeben. Wusstest du, dass er in den letzten vier Jahren in einer Neuköllner Grundschule mit einem großen Ausländeranteil von achtzig Prozent eine Art Patenonkel war? In der DDR hatten wir so etwas nicht (weil wir es nicht brauchten), aber hier ist das nützlich. Zweimal in der Woche war er dort für zwei, drei Stunden, um sich mit den Kindern – einzeln und in der Gruppe – zu unterhalten. Sie erzählten von ihren Problemen daheim und in der Schule, er tröstete und gab Hinweise an die Lehrer, die der Sache nachgingen. Es ging meist um soziale Fragen, körperliche Gewalt und Verwahrlosung. Auf diese Weise bekam er sehr genau mit, was in dieser Gesellschaft vorgeht und was eben nicht in der Zeitung steht. So begleitete er eine Klasse von der Stufe eins bis vier. Zuletzt hatte er wieder eine neue erste Klasse übernommen, und bei der Trauerfeier wurden statt Blumen Geldspenden für den Trägerverein dieser Schule erbeten, der diese Betreuung organisiert.

Von dieser Tätigkeit hatten nur wenige Kenntnis, und auch die Lehrer wussten nicht, dass der nette, sehr gepflegt gekleidete, freundliche Herr ein ehemaliger Minister der DDR war. Erst als eine Lehrerin aus dem Osten kam und ihn fragte, ob er *der* Herr Beil sei, und er dies bejahte, wurde die Sache an der Schule publik. Nicht einer mokierte sich, es blieb alles beim Alten, und auch die Lehrer halten bis heute dicht. Ich möchte nicht wissen, was für ein Geschrei entstanden wäre, hätte die Presse geschrieben: Ehemaliger DDR-Minister indoktriniert unsere Kinder!

Gerhard und ich planten vier Bücher. Das erste hatten wir bewusst so angelegt. Er hatte sich zwanzig Jahre rar gemacht, er gab keine öffentlichen Erklärungen, er schwadronierte nicht wie andere. Also, sagte ich, musst du im ersten Buch die Fahne raushängen. Du musst den Genossen, die von dir lange nichts gehört haben, zeigen, wo du heute politisch stehst. In den nachfolgenden Büchern können wir plaudern, im ersten nicht.

Wir gingen gemeinsam in Archive und studierten die Unterlagen. Auch die aus der Gauck-Birthler-Behörde. Dort waren wir überhaupt die Ersten, die Akten zum Außenhandel der DDR anforderten, was uns nicht sonderlich überraschte. Das war Arbeit, und Sensationen und Enthüllungen waren kaum zu erwarten, es gab keine IM zu entlarven und dergleichen. Und deshalb hatte kein »Forscher« sich ihrer bis dato angenommen.

Wir begaben uns auf Entdeckungsreise, denn vieles war seiner Erinnerung entglitten, und manche Einsicht ergab sich erst aus dem Kontext. So etwa, warum in den 80er Jahren Honecker von Österreich, Belgien, Frankreich, Spanien, Holland, Schweden und Finnland eingeladen worden war. Wir betrachteten das als singuläre Staatsbesuche, sagte Gerhard, und erst jetzt wurde ihm bewusst, dass es einen inneren Zusammenhang gab. Dem Westen war Anfang der 80er klar, sagte er, dass die Sowjetunion den Rüstungswettlauf verloren hatte. Dies würde Konsequenzen für das östliche

Bündnis haben, für die Bindekraft der Sowjetunion. Was würde aus der Peripherie werden, etwa aus der DDR? Jener Staat, der den Konkurrenten BRD band? Wenn diese DDR verloren ginge und die Kraft der BRD durch die Zweistaatlichkeit nicht länger gezügelt wäre, gewönne der deutsche Imperialismus die Stärke, mit der er seine Nachbarn überrollen würde. Also, so die Schlussfolgerung in Wien, Paris, Brüssel, Madrid, Amsterdam, Stockholm und Helsinki: stärken wir die DDR, damit sie als Widerpart der BRD fortbestehe.

Das war Strategie, und erinnern wir uns: Mitterrand war noch im Dezember 1989 in Berlin und schloss ein Wirtschaftsabkommen mit der DDR bis 1994!

Ach, zu Gerhard ließe sich noch vieles sagen. Beim nächsten Mal mehr – ich muss jetzt zur *Jungen Welt,* dort findet 19 Uhr eine Veranstaltung statt.

Sei herzlich gegrüßt aus dem verschneiten Berlin
Frank

PS: Am Sonntag legten Generale, Mitarbeiter und Freunde in Friedrichsfelde zum 100. Geburtstag von Heinz Hoffmann einen Kranz nieder. (Die Fotos bekommst du doch auf dem Rechner geöffnet – oder?)

De:	Margot Feist <mfeist1@yahoo.es>
Enviado:	24. Dezember 2010, 14:04
Asunto:	Grüße aus Santiago

Lieber Frank Schumann

wünsche einige ruhige Tage, einen guten Rutsch und ein möglichst gutes 2011. Hoffen wir, dass weltweit Widerstand wächst gegen dieses System, das immer neues Elend und neue Kriege zeugt.

Herzliche Grüße aus dem nun heißen Santiago
Margot

Von:	Frank Schumann <edition-ost@aaagentur.com>
Datum:	24. Dezember 2010, 17:37
Betreff:	Re: Grüße aus Santiago

Liebe Margot Honecker,

Du warst schneller: vielen Dank für die freundlichen Grüße.

Ich wollte mich auch bei dir melden, alldieweil heute wieder Nguy Huu Tam aus Hanoi gemailt hat. Er steht dort einem Verlag vor, der Erich Honeckers »Moabiter Notizen« auf Vietnamesisch herausbringen will. Ich hatte ihm vor zwei, drei Monaten bereits die erbetenen Erklärungen zum Personenregister geliefert, heute jedoch meldete er sich noch einmal und erbat Auskunft, wer Willi Sitte, Ellen Weber, Max Slevogt etc. seien. Die Kollegen scheinen offenkundig sehr gewissenhaft zu arbeiten und wollen ihren Landsleuten genau erklären, wer was war. Natürlich erkundigten sie sich auch nach irgendwelchen Subalternen aus Bundesministerien, die namentlich am Ende von Protokollen aufgeführt sind, da musste ich jedoch die Antwort schuldig bleiben. Vermutlich lesen sie also bereits Korrektur. Ich bat Tam, mir zumindest ein Belegstück für dich zu schicken, denn solche ausländischen Lizenzen laufen stets unter solidarischer Hilfe, da muss man selbst wegen der Belege drängeln.

Der chinesische Armeeverlag mit Auflagen, von denen wir nur träumen, hat in diesem Jahr die »Gefängnisnotizen« von Egon Krenz für das Parteilehrjahr ediert, dafür gab es ein Essen mit dem Militärattaché in der chinesischen Botschaft, in der mal der FDGB-Bundesvorstand saß. Viel haben sie drinnen nicht verändert. Das Essen war gut, und anschließend luden sie uns in die Volksrepublik ein, allerdings müssten wir An- und Abreise selbst finanzieren. Naja, vielleicht irgendwann mal. Ansonsten sind die Genossen dort sehr vorsichtig, was ich auch verstehe: Schließlich befindet sich ihre Vertretung auf »feindlichem« Gelände. Erst nachdem klar war, dass ich aus der DDR komme und ihre Frage, ob ich noch in »der Partei« sei, mit der Gegenfrage beantwortete: in welcher?, sodann aber erklärte, dass ich parteiloser Kommunist sei, war ich als »Genosse« akzeptiert und wurde auch so angeredet. Parteiloser Kommunist, du wirst dich erinnern, war eine in der DDR gebräuchliche Wendung. Wie mir unlängst einer vom Zentralinstitut für physikalische Chemie der Akademie der Wissenschaften erzählte, an der in den 80er Jahren Angela Merkel beschäftigt war, soll diese, wenn sie sich bei einer Auszeichnung übergangen fühlte, in Schreiben an die Institutsleitung darauf hingewiesen haben, dass sie sich als *parteilose Kommunistin* nicht schlechter als die SED-Mitglieder engagiert habe. Woraufhin ihr flugs die Aktivistennadel angesteckt worden sein soll. Wenn ich mal viel Zeit habe, werde ich im Bundesarchiv, das gewiss auch den Nachlass der AdW hütet, nach solchen Briefen graben. Sofern – wie weiland in Stefan Heyms »Der König David Bericht«* beschrieben – andere nicht schneller waren.

Derzeit offenbart sich der hiesige Kapitalismus von seiner erkennbarsten Seite. Und daran hat der Winter schuld. Da alles auf Profit getrimmt wird, gibt es weder Bevorratung noch Reserven, die Durchsichten werden eingespart. Kaum liegt zwei Tage Schnee, bricht das Chaos auf den Flugplätzen, bei der Bahn und auf der Straße aus. In Berlin haben etliche Räumdienste den Bettel hingeschmissen, was aber auch dem System zuzuschreiben ist. Die Winterdienste kassieren unabhängig davon, ob es schneit oder nicht. Diesmal nun hätten sie für das Geld auch arbeiten müssen. Was tun sie? Kündigen. In Reinickendorf, hörte ich einen Stadtrat klagen, hätten sie nach Kündigung ihres Dienstes, der die Wege zu Schulen, Kindergärten und anderen öffentlichen Einrichtungen hätte räumen sollen, vierzig andere Firmen anfragen müssen. Nicht eine war bereit, diese Arbeit auszuführen.

Unlängst hat ein Hermann Sch. bei mir seine Erinnerungen verlegt, der hat in den 60er Jahren in deinem Ministerium gearbeitet. Kennst du ihn? Soll ich dir sein Buch schicken? Und Rudolf P., der mal dein Stellvertreter war, ist auch an mich herangetreten. Er scheint mir zwanzig Jahre abgetaucht gewesen zu sein, nun will er die gegenwärtige Volksverbildung attackieren und unsere Erfahrungen dagegensetzen. Noch kenne ich keine Zeile. Sobald ich hier was vorliegen habe, würde ich dich gern informieren und deinen Rat hören.

Am Montag werde ich mich mit meiner Taube in den warmen Süden verkrümeln. Am 10. Januar bin ich wieder im Büro und hoffe, einige Bücher fürs Frühjahrsprogramm auf der Insel fertiggestellt zu haben.

Bleib gesund und komm gut ins neue Jahr. Es gibt noch viel zu bereden.

Herzlichst
Frank

*Stefan Heyms »Der König David Bericht« behandelt den Umgang mit und die Darstellung von Geschichte durch die Herrschenden

De:	Margot Feist <mfeist1@yahoo.es>
Enviado:	10. Januar 2011, 18:53
Asunto:	Grüße aus Santiago

Lieber Frank Schumann,

Du bist zurück aus dem sonnigen Süden und sicher wieder voll im Betrieb. Ich war auch viel beschäftigt, hatte Besuch aus Deutschland. Die hiesige KP hatte ihr traditionelles Fest zum neuen Jahr, das so ähnlich ist wie die Pressefeste bei uns – »Fiesta de los Abrazos«, Fest der Umarmungen. So an die 30000 Besucher tummelten sich bei Reden, interessanten Vorträgen und einheimischen Speisen.
Inzwischen sind auch die beiden Bücher aus Berlin eingetroffen, vielen Dank dafür.

Du hast angefragt, ob ich einen Hermann Sch. kenne, tut mir leid, ich kann mich nicht erinnern. P. war ein Stellvertreter von mir, hat sich nach 1989 nicht rühmlich hervorgetan. Aber wenn er denn etwas Gutes zustande bringt ...

Bei euch schlagen nun die Wogen hoch, weil das »Gespenst« umgeht. Der Antikommunismus nimmt sowieso einen neuen großen Anlauf, und im linken Spektrum klären sich die Fronten. Wer den Sozialismus der DDR als »stalinistisch« und die SED als »verbrecherische Organisation« charakterisiert, muss sich nicht wundern, wenn Menschen unter Kommunismus etwas Entsetzliches verstehen und in Panik ausbrechen, wenn nur das Wort benutzt wird, wie es Gesine Lötzsch tat*.

Ich freue mich, dass auch Vietnam die »Notizen« herausbringt. Die italienischen Genossen haben mir einige Exemplare ihrer Ausgabe geschickt. Wenn dich der Verlag interessiert, ich habe seine Anschrift. So viel für heute.

Sei herzlich gegrüßt
Margot

* Die stellvertretende Vorsitzende der Linksfraktion im Deutschen Bundestag Gesine Lötzsch hatte Anfang des Jahres in einem *jW*-Beitrag über die Zukunft der Gesellschaft nachgedacht und dabei auch den Begriff »Kommunismus« verwandt. Daraufhin setzte ein Kesseltreiben in den Medien, in der Politik und in der eigenen Partei ein. Und die »Feingeister« unter den Kritikern monierten, dass sie in diesem Kontext nicht ausreichend die Verbrechen des Stalinismus erwähnt habe. Natürlich gern, sagte sie auf der Luxemburg-Konferenz. Und wenn sie künftig das Wort »Christentum« benutze, werde sie die Kreuzzüge, die Hexenverbrennungen und die Kumpanei des Vatikans mit den Hitlerfaschisten ebenfalls erwähnen

Von:	Frank Schumann <edition-ost@aaagentur.com>
Datum:	11. Januar 2011, 16:43
Betreff:	Re: Grüße aus Santiago

Liebe Margot,

vielen Dank für den Willkommensgruß. Ich kam leider gestern nicht mehr dazu, auf deine Mail zu reagieren. Offenkundig hat das halbe Land auf meine Wiederkehr gewartet, denn unablässig klingelten meine drei Telefone im Wechsel. Frau L., die mir sonst die Schreihälse fernhält, konnte mich nicht retten –

zwei Tage vor Weihnachten wurde kurzfristig ein Tumor bei ihr entfernt, sie fällt wohl für ein Jahr oder für immer aus. Bei dieser Gelegenheit bekam man wieder einen Hinweis auf die routinierte Oberflächlichkeit des hiesigen Gesundheitswesens: Das Karzinom, so sagte man ihr, wäre bereits drei bis vier Jahre gewachsen. Wie das möglich sei, fragte sie, denn erst im Vorjahr wäre sie zur Mammografie gewesen und man habe nichts festgestellt. Mit anderen Worten: Ob man nun zur Vorsorgeuntersuchung geht oder nicht – es ist letztlich egal. Es wird kassiert, nicht diagnostiziert.

Themawechsel.

Ich bin ein ums andere Mal überrascht, wie aufmerksam du die aktuellen Diskussionen hierzulande verfolgst, wobei diese wirklich eine Zumutung sind. Das gilt insbesondere für die Reflexe in der Führungsetage der Linkspartei, die sich wieder einmal vor den Herrschenden hierzulande in den Staub wirft (in welchem sie doch schon lange liegt), nur weil jemand aus ihrer Mitte das Wort »Kommunismus« in den Mund genommen hat. Die Debatte, die keine ist, bewegt sich auf derart albernem und niedrigem Niveau, dass einem dazu kaum noch etwas einfällt. [...]

Und man fragt sich weiter: Was haben sie wirklich damals begriffen und von Marx, Engels, Lenin und den anderen gelernt, deren Auffassungen sie doch immer so wort- und vermeintlich kenntnisreich im Munde führten? Ob solche Schwätzer es nun wahrhaben wollen oder nicht: Die zentrale Frage jeder Gesellschaft ist nun mal die der Macht. Das ist keine theoretische, sondern eine ganz praktische Frage, aus der alles andere sich ableitet. Die vermeintlich demokratische Tünche verdeckt heute die real existierenden Klassenverhältnisse, aber sie hebt diese nicht auf. Aber was agitiere ich dich, du weißt das selbst.

Auf den Kanaren, die zu Spanien gehören, beobachtete ich, wie die Inseln mit Bettenburgen und Wohnanlagen zugeknallt werden. Als man diese im letzten Jahrzehnt errichtete, ging man offenbar von der Annahme aus, dass sich die Einwohnerzahl Europas binnen weniger Jahre verdoppeln und jeder zweite EU-Bürger sich eine Ferienwohnung auf den Kanaren kaufen würde. Ein Großteil der Hütten steht leer und wird zum Verkauf angeboten, doch niemand will sie haben. Manche stehen als halbfertige Ruine in der Landschaft, andere schicken sich an, in diesen Zustand überzugehen. Das ist verpulvertes Kapital, geronnene Arbeit, die umsonst verrichtet wurde. Wie sinnvoll hätte man die Mittel einsetzen können. Nicht weniger tragisch ist die Haltung der Spanier, die das Elend begleitet. Es scheint, dass sie sich damit – also auch mit dem Zustand der Welt – abgefunden haben, man hat kapituliert, resigniert, abgeschlossen. Hierzulande ist das nicht anders. Jeder hockt in seiner Nische und ballt, wenn überhaupt, seine Faust nur noch in der Hosentasche oder in Nebenschlachten wie um Bahnhofshallen und Atommüll-Endlager. Dafür erfand die Presse den schönen, aber irreführenden Begriff »Wutbürger«. Das kling so kämpferisch, so renitent, so revolutionär. Heiße Luft in Worthülsen eben.

Gut, ich will dich damit nicht langweilen.

Zwei Fragen/Bitten habe ich noch:

a) die Adresse des italienischen Verlages, der Erichs »Notizen« edierte, hätte ich gern.

b) 1980, als der Verräter Winfried Baumann zum Tode verurteilt wurde, soll dieser ein Gnadengesuch an den Staatsratsvorsitzenden gerichtet haben. Das wurde angeblich abgelehnt, obgleich es nie gefunden, das Urteil aber vollstreckt wurde. Aus der Tatsache, dass das Urteil den handschriftlichen Vermerk Erich Mielkes trägt: »Nach Zustimmung ist entsprechend des ergangenen Urteils der Vorgang abzuschließen«, wird geschlossen, dass der Staatsratsvorsitzende von dem vermeintlichen Gnadengesuch keine Kenntnis gehabt hätte. Nun bin ich mir darüber im Klaren, dass solche Dinge zwischen dir und Erich kaum besprochen wurden, zudem liegt die Sache dreißig Jahre zurück. Dennoch die Frage: Ist dir davon irgend etwas zu Ohren gekommen? Angesichts der nationalen Katastrophe ist dieser Vorgang mehr als banal, was änderte es am Lauf der Welt, ob nun der DDR-Staatsratsvorsitzende ein Gnadengesuch vorgelegt bekommen hatte oder nicht? Gleichwohl wäre das Detail für die Geschichtsschreibung von gewissem Interesse.

Für heute genug. Bis demnächst.

Herzlichst
Frank

De:	Margot Feist <mfeist1@yahoo.es>
Enviado:	13. Januar 2011, 12:59
Asunto:	Re: Grüße aus Santiago

Lieber Frank,

Dank für deine Nachricht. Ich hoffe, du siehst nun wieder einigermaßen durch in deinem Betrieb. Ich bin in Eile, will dir aber schnell deine Fragen beantworten.

Du liegst richtig mit der Annahme: »Gnadengesuche« und andere Angelegenheiten hat Erich nicht mit mir besprochen, anderes zu denken wäre naiv. Er hat seine Arbeit gemacht und ich die meine. Wir haben uns nicht wechselseitig ins Handwerk, nein, nicht gepfuscht, also uns gegenseitig beraten.

Ich kann euch also nicht behilflich sein.

Die Adresse vom italienischen Verleger Alessio Arena:
[...]

Gestern kamen die Bücher an, die du vor Weihnachten geschickt hattest, ganz herzlichen Dank.

Bis bald
Margot

Von:	Verlag <edition-ost@aaagentur.com>
Datum:	4. Februar 2011, 19:41
Betreff:	Ich Schuft …

Liebe Margot,

Klaus machte mich darauf aufmerksam, dass ich mich geraume Zeit nicht bei dir gemeldet habe, was zu der Annahme geführt hätte, ich sei dir gram wegen der Absage. Mitnichten!

Dass ich in den letzten zwei Wochen, oder waren es schon drei?, kein Lebenszeichen um die Erde schickte, ist einzig dem Umstand geschuldet, dass ich bis Mitte des Monats eine Reihe Bücher fertigstellen muss, damit diese im März zur Leipziger Buchmesse gedruckt vorliegen.

Augenblicklich sitze ich am Buch von Heinz Keßler und Fritz Streletz zum 13. August, in dieser Woche habe ich zwei Bücher von Klaus (über Krause und seine Erinnerungen) in die Druckerei gegeben. Wenn ich mit Heinz und Fritz fertig bin, kommen die vier Bände des Militärverlags an die Reihe. Parallel sitze ich an einem Bildband des sowjetischen Fotografen Chaldej, der das berühmte Foto mit der roten Fahne auf dem Reichstag schoss. Dazu gibt es eine hübsche Geschichte, die er überlieferte: Acht sowjetische Kampfverbände bekamen rote Fahnen mit der Aufgabe, diese auf dem Reichstag zu hissen. Keine Einheit kam durch, nur er, Chaldej, der TASS-Fotograf, der nur zweieinhalb Tage in Berlin war. Er hatte aus der Kantine des TASS-Büros in Moskau drei rote Tischtücher mitgenommen, aus denen sein Vater über Nacht Fahnen nähte. Dann schlang er sich diese um den Leib und schleppte sie nach Berlin. Nach seiner Rückkehr in Moskau wurde er bestraft, weil er die Tischtücher geklaut hatte.

Wir haben sein bisher unveröffentlichtes Kriegstagebuch – vierundsechzig handschriftliche Seiten – und viele unbekannte Aufnahmen von ihm, die Chaldej als einen der ganz großen Fotografen des 20. Jahrhunderts ausweisen. Das Buch wird auch im Frühjahr zur Messe kommen. Wenn ich denn

damit fertig werde ... Das einzig sind die Gründe, weshalb ich säumig bin mit Mails und Post und dergleichen.
Ich bitte um Nachsicht und hoffe auf bessere Tage.

Herzlichst
Frank

PS: Inzwischen habe ich P.s Manuskript, leider noch nicht von mir gelesen. Und leider nur auf Papier. Sonst hätte ich es dir zur Begutachtung geschickt. Ich werde ihm am Wochenende einen Brief schreiben und ihn um die elektronische Fassung bitten. An deinem Urteil ist mir sehr gelegen.

De:	Margot Feist <mfeist1@yahoo.es>
Enviado:	4. Februar 2011, 20:42
Asunto:	kein Schuft

Lieber Frank,

wie könnte ich denken, du seist mir gram? Kein Gedanke daran. Ich habe vielmehr ein schlechtes Gewissen, weil ich dir letztens schrieb, dass ich mich bald wieder melden würde und es bis heute nicht tat. Ich hatte an einigen Veranstaltungen der Partei teilzunehmen, was mit einigen Treffen von Freunden verbunden war. Und wie es so geht, es kamen aus Deutschland unabhängig voneinander gleich drei Wünsche für Artikel bzw. Grußworte, über die ich geschwitzt habe bzw. noch sitze. Also wir sind quitt.
Hier ist es nun sehr heiß, dreiunddreißig Grad fast täglich. Ganz Santiago ist an die Küste gefahren, ich wäre jetzt auch gern am Pazifik. Aber wie wir Deutschen so sind: Pflicht ist Pflicht.

Wünsche dir, dass du deine neuen Bücher gut unter die Menschheit bringst.

Herzlichst
Margot

Von:	Frank Schumann <edition-ost@aaagentur.com>
Datum:	6. März 2011, 22:17
Betreff:	Die FDJ und die NVA grüßen

Liebe Margot,

entschuldige die lange Sendepause, die Gründe sind bekannt: Arbeit, Arbeit, Arbeit.

Inzwischen habe ich wieder zwei Büchersendungen in die Post gegeben, in der kommenden Woche gehen drei weitere auf Reisen. (Wie ist dein Bedarf an »Moabiter Notizen«? Brauchst du gelegentlich welche zum Verschenken? Lass es mich bitte wissen.)

Heute waren gleich zwei Jubiläums-Veranstaltungen. Von der letzten, mit der an die FDJ-Gründung vor fünfundsechzig Jahren erinnert wurde, komme ich gerade. Klaus Eichler hat deine Grüße verlesen (s. Foto), die mit großem Beifall aufgenommen wurden. Günter Jahn hielt eine launige Rede, Egon Krenz schloss sich an und verlas eine Grußadresse diverser Komsomolvorsitzender. Es war eine sehr angenehme Zusammenkunft und ein freundliches Wiedersehen mit Menschen, die man aus den Augen verloren hatte. Ich weiß nicht, wie viele Hundert in dieses vietnamesische Restaurant in der Leipziger Straße gekommen waren. Jedenfalls mehr, als der Saal Stühle fasste. Nun ist es nicht meine Aufgabe, die Grüße des Auditoriums zurückzusenden, das wird gewiss noch Klaus tun, der die Fäden am Abend professionell zusammenhielt.

Übrigens, das Interview mit Roberto im *Zeit-Magazin* fand bei allen, die ich am Abend sprach, ungeteilte und wohlmeinende Aufmerksamkeit. Trotz kritischer Nuancierungen war die Wärme spürbar, die er für dich und seinen Großvater empfindet. Das ist von allen sehr aufmerksam und positiv registriert worden.

Heinz Keßler »tanzte« auch auf beiden Hochzeiten und war jedes Mal der bescheidene Star. Bei der NVA, wozu ich demnächst mehr schreiben werde, hielt er eine halbstündige Rede ohne Papier, da er ja kaum noch etwas sieht, und erhielt dafür stehende Ovationen.

Ich ahne schon die Schlagzeilen, die morgen in der bürgerlichen Presse über uns »Nostalgiker« zu finden sein werden. Nun ja, sagte Klaus Eichler treffend: Wir kennen das mit den jähen Wendungen. Es kann auch mal in eine andere Richtung gehen ...

Ich schließe mein Büro und melde mich demnächst wieder.

Herzlichst
Frank

Von:	Frank Schumann <edition-ost@aaagentur.com>
Datum:	7. März 2011, 16:08
Betreff:	Danke

Liebe Margot,

vielen Dank für deine freundliche Reaktion. Ich will gleich darauf reagieren, bevor wieder die hektische Arbeitswoche beginnt. In der Woche darauf findet in Leipzig die Buchmesse statt. [...]

Zum NVA-Treffen noch die avisierte Fußnote:

Das Bemerkenswerteste war die Teilnahme von elf Militärattachés, darunter des chinesischen. Ich kenne den Genossen Wang, einen Brigadegeneral, von einem Essen in der Botschaft, als er von mir die Rechte an Egons »Gefängnisnotizen« haben wollte (für die politische Arbeit in der chinesischen Volksarmee: Passt auf, Genossen, so kann es uns auch ergehen, wenn wir nicht standhaft bleiben, lautete die damit verbundene Botschaft). Wang kam mit Begleitung zum NVA-Treffen, um seiner Anwesenheit mehr Gewicht zu verleihen. Das fand ich völlig in Ordnung.

Weniger klug fand ich die immer mehr um sich greifende Neigung, bei solchen Zusammenkünften Uniform zu tragen. Abgesehen davon, dass mancher nach zwanzig Jahren die Jacke nur noch mit Mühe schließen kann, schwingt dort die (bisweilen hinter vorgehaltener Hand sogar ausgesprochene) Haltung mit: »Wir sind ja 1990 nicht aufgelöst worden, sondern traten der Bundeswehr bei. Wir sind legal, und wir haben als Soldaten deutschen Regierungen gedient.« Diese Denkungsart ist so falsch wie fatal. Einen klitzekleinen Unterschied zwischen der NVA und der Bundeswehr gab es wohl doch. Der scheint mir von manchem inzwischen eingeebnet worden zu sein.

Aber die meisten der Genossen in und ohne Uniform beweisen Haltung und Charakter, sie wissen schon, warum kein DDR-Soldat – im Unterschied zu den »Waffenbrüdern« im Westen – seinen Stiefel in kriegerischer Absicht auf fremder Völker Boden setzte.

Ich freue mich über deine publizistischen Aktivitäten, von denen du berichtest, wiewohl ich es noch mehr begrüßen würde, wenn wir zu einer gewichtigeren Wortmeldung kämen, als es Kolumnen und Interviews objektiv sein können. Sollten wir – nach dem Interview-Buch mit Luis Corvalán, das 2001 in unserem Verlagshaus erschienen ist – nicht einmal eine eigenständige Sache ins Auge fassen? [...]

Ich meine auch deshalb Eigenständiges, weil inzwischen P. sein Manuskript mit dem Hinweis zurückgezogen hat, er müsse es dringend überarbeiten, weil manche Urteile doch ein wenig oberflächlich und ungerecht seien (ich fragte nicht: welche?, weil ich die Antwort nach der Lektüre selber kannte. Er kam mir mit seiner Forderung lediglich zuvor.) Wir brauchen noch immer Substanzielles zur Volksbildung der DDR, denn diese hier verdient den Namen nicht und gerät immer mehr in die Grütze.

Am Donnerstag war ich bei Heinz Keßler und Fritz Streletz zur Abstimmung des Manuskriptes ihres Buches zu 1961. Heinz machte so eine Andeutung, als ob er diesmal nicht, wie üblich, in die Karibik reisen würde. War es der Konspiration wegen? Ich werde ihn mal fragen, denn ich hatte ihm gesagt, dass das Buch fertig sein müsse, bevor er Ende des Monats auf Reisen geht. Wir wollen es gern am 21. Mai vorstellen, an jenem Tag vor zwanzig Jahren wurden Heinz und Fritz inhaftiert. So ließen sich zwei Anlässe nützlich miteinander verbinden.

Sei herzlich aus Berlin gegrüßt (blauer Himmel und Sonnenschein, aber nur fünf Grad über Null. Nachts geht es noch immer runter auf minus acht Grad).

Frank

De:	Margot Feist <mfeist1@yahoo.es>
Enviado:	8. März 2011, 13:29
Asunto:	Re:Danke

Lieber Frank,

ich war inzwischen auch fleißig. Wiljo Heinen, der zum 125. Geburtstag von Ernst Thälmann ein Büchlein herausbringt, bat um einen Beitrag. Für die DKP-Zeitung *Roter Brandenburger* schrieb ich Kolumnen, und in der nächsten Nummer der *Marxistischen Blätter* erscheint demnächst ein Interview von Gerd Dauermilch mit mir. Nachdem die DKP – um es vornehm auszudrücken – sehr zurückhaltend mir gegenüber war, scheint sich nun »Vernunft« durchzusetzen.

Hier geht die Sommerzeit zu Ende. Meine chilenischen Genossen kommen aus dem Urlaub zurück und bei mir vorbei, um zu hören, was es an Neuigkeiten gibt. Und es scheint fast sicher, dass ich Ende März nach Kuba fliegen kann. Raus aus dem chilenischen Alltag. Es ist für mich dort doch wie ein bisschen zu Hause zu sein.

Über die Fotos habe ich mich gefreut. Ich kann mir denken, dass es gute Treffen waren. Sie »trösten« ein wenig über den stressigen politischen Alltag hinweg.

Mein Roberto hat sich für dieses Interview in der *Zeit* breitschlagen lassen. Er hatte mir nichts davon gesagt, wahrscheinlich weil über ihn so ein Humbug veröffentlicht wurde. Ich bin nicht sehr froh darüber. Roberto hat eine schlimme Zeit hinter sich gebracht, wie so viele von uns nach 1989. Er wurde sehr krank, nachdem er in Chile angekommen war. Er ist sehr intelligent, aber nicht ganz gesund. Ich hoffe nur, dass sie ihn in Ruhe lassen.

Ich freue mich nun schon auf die Büchersendung und hoffe, dass sie noch vor meiner Abreise ankommt.

Mit herzlichen Grüßen
Margot

Von:	Frank Schumann <edition-ost@aaagentur.com>
Datum:	19. März 2011, 12:10
Betreff:	Schöne Grüße von der Buchmesse

Liebe Margot,

gestern war Klaus Huhn auf der Buchmesse in Leipzig. Nachfolgend einige Impressionen. Wenn du bei der Eingangshalle genau hinschaust, findest du auch die Fahne der Eulenspiegel Verlagsgruppe. Und auf dem einen Foto kauft Täve bei Klaus ein Buch.

Abends las Klaus im Karl-Liebknecht-Haus in Leipzig. Und da er die Treppen nicht mehr steigen kann, öffnete man jenen Raum, in welchem 1871 Karl Liebknecht zur Welt kam.

Herzlichst
Frank

De:	Margot Feist <mfeist1@yahoo.es>
Enviado:	19. März 2011, 15:54
Asunto:	Grüße zurück

Lieber Frank,

Dank für die Grüße und Fotos. Ich hoffe, Leipzig ist gut für unsere Verlage, zumindest seid ihr präsent. Für Klaus ist Leipzig sicher anstrengend und zugleich Anerkennung für sein unermüdliches Schreiben gewesen.

Ich habe schon mal, aber nicht gründlich, im geplanten Buch von Heinz Keßler und Fritz Streletz gelesen. Interessant, weil mir vieles bisher unbekannt war. Der Titel »Ohne die Mauer hätte es Krieg gegeben« ist vielleicht nicht ganz treffend, die Kriegsgefahr scheint mir im Text nicht ausreichend belegt. Die zunehmende Konfrontationspolitik der Westmächte und der ewige »Kriegsherd« Westberlin kommen sehr knapp weg. Aber das ist nur ein erster Eindruck, ich kann mich irren. Ich werde es noch mal gründlicher lesen.

Nun ist der Krieg in Libyen* eingeläutet, sie kommen nicht anders aus ihrer Krise raus. Aber mit diesem Schritt lenken sie das Feuer auf sich. Auf Dauer lassen sich die Länder ihre Souveränität nicht nehmen und auch nicht das Öl.

Herzlichst
Margot

*Die USA, Großbritannien und Frankreich griffen am 19. März 2011 aus der Luft libysche Städte an und verhängten eine Luft- und Seeblockade über das Land. Deutschland hatte die Mitwirkung an diesem NATO-Einsatz, der angeblich die »oppositionellen Streitkräfte« unterstützen sollte, verweigert. Seit Wochen gab es von westlichen Geheimdiensten initiierte und geschürte Unruhen in Libyen, Tunesien, Ägypten, Algerien und Syrien, die in den westlichen Medien demagogisch als »Arabischer Frühling« oder »Arabellion« verkauft wurden. Tatsächlich ging es darum, vornehmlich souverän agierende Regierungen durch USA-freundliche Regimes zu ersetzen.

Von: Frank Schumann <edition-ost@aaagentur.com>
Datum: 19. März 2011, 15:05
Betreff: Re: Grüße zurück

Liebe Margot,

vielen Dank für die rasche Reaktion und dafür, dass du bereits ein kritisches Auge auf das Manuskript geworfen hast. Ich werde noch einmal nachlesen, ob möglicherweise dein Eindruck begründet ist und die Kriegsgefahr 1961 nicht überzeugend deutlich wird. Ich meine, dass dies sichtbar werden sollte – bis hin zu der Anfrage an F. J. Strauß, Orte in der DDR zu benennen, auf die Atombomben geworfen werden sollten. Aber als Außenstehender liest man natürlich anders. Danke jedenfalls für den Hinweis.

Leipzig war insofern nützlich, als wir dort wieder einmal Flagge zeigen konnten. Unser Stand befand sich schräg gegenüber von dem der *Jungen Welt,* das *ND* hatte sich in den Tiefen der Halle 5 verkrümelt und zudem Klaus von seiner Gästeliste gestrichen, Täve hingegen luden sie ein. Der zeigte sich solidarisch und tingelte mit ihm zwischen *jW*- und unserem Stand hin und her, zog Medien und Kameras auf sich. Am Abend war er bei Riverboat. Nach Mitternacht brachte der *MDR* noch einen 15-minütigen Beitrag über unser DEFA-Buch von Knut Elstermann. Über mangelnde Aufmerksamkeit, zumindest bei einigen Titeln, konnten wir uns nicht beklagen. Selbst Adolf Hennecke wurde umfangreich wahrgenommen und – nun halt dich fest – in der *Bild* weitaus freundlicher besprochen als etwa in der *Freien Presse* oder der *Sächsischen Zeitung*. Manchmal versteht man die Welt nicht. Gleichwohl: Wir dringen nur mäßig durch, die Massenmedien setzen (und verschweigen) die Themen – wir können nur kleine Lichtlein setzen, die allerdings, wie man auf der Messe wieder sah, von der Leserschaft auch so wahrgenommen werden.
Der Zuspruch, der uns zuteil wurde, macht Mut.

Die Reise war für Klaus, da hast du recht, ziemlich anstrengend. Er sagte, es sei seine letzte gewesen, fortan wolle er allenfalls noch Lesungen in Berlin abhalten. Die Autofahrt war lang genug, so dass ich von ihm einen ausführlichen medizinischen Exkurs erhielt. Er spielt zwar alles herunter, aber da er stets ausführlich über alle Gebresten spricht, ist ihm sein Gesundheitszustand keineswegs gleichgültig. Das Handköfferchen, das er stets mit sich führt, ist gefüllt mit Pillen und Pülverchen. Solange er aber Themen und Arbeit hat, wird er getrieben und bleibt uns erhalten. Hoffentlich.

Ja, sie haben nunmehr Libyen den Krieg erklärt, wobei das deutsche Kapital vermeintlich geschickt laviert, indem es so tut, als hielte es sich raus – in der Hoffnung, am Ende beim Beseitigen der Trümmer mit Aufträgen großzügiger bedacht zu werden als jene, die die Trümmer schufen. Dass die Franzosen Vorreiter sind, lässt sich auch damit erklären, dass Sarkozy Mitwisser beseitigen muss. Hier geisterte kurzzeitig eine Meldung durch die Medien, wonach ein Sohn Gaddafis erklärt haben soll, dass Libyen den Präsidentenwahlkampf des Franzosen zu Teilen bezahlt habe. »Wir waren es, die seinen Wahlkampf finanziert haben, und wir haben Beweise dafür«, sagte Seif el-Islam am Mittwoch im Fernsehsender *Euronews*. Libyen habe sich französische Hilfe für die Bevölkerung versprochen, »aber wir sind enttäuscht worden«. Sarkozy hatte sich in der vergangenen Woche als erster Staatschef offen auf die Seite der libyschen Opposition gestellt, die er als »rechtmäßige« Vertretung des Landes anerkannte.

So, nun will ich vor die Tür treten und den größten Mond seit Jahren bestaunen, wie es heute in den Nachrichten hieß. Auch so etwas gibt es noch. Und Knut, der Eisbär, ist tot und trifft die deutsche Nation ins Mark – noch stärker als Erdbeben, Tsunami und explodierte Atomreaktoren im fernen Japan.

Bleib gesund und halt dich wacker,

herzlichst
Frank

De:	Margot Feist <mfeist1@yahoo.es>
Enviado:	2. April 2011, 23:09
Asunto:	Grüße aus Varadero

Lieber Frank,

ich sende dir Sonntagsgrüße aus dem sonnigen Kuba. Ich kam nicht mehr dazu, mich bei dir von Santiago aus für die Büchersendungen zu bedanken. Ich habe nun hier ausreichend Stoff zum Lesen. Ich genieße zusammen mit meinen Freunden die Sonne und das Meer. Muss auch nach allem Alltagsstress mal sein.

Herzlichst
Margot

PS: Fritz Streletz lässt fragen, ob du das Material bekommen hast.

Von:	Frank Schumann <edition-ost@aaagentur.com>
Datum:	17. April 2011, 19:56
Betreff:	Herzlichen Glückwunsch zum Geburtstag

Liebe Margot,

es könnte ja sein, dass du heute noch mal in die Kiste guckst: Sei herzlichst gegrüßt und gedrückt zu deinem Geburtstag.

Die Blümchen anbei stehen an der Oder und unter Naturschutz. Es sind Adonisröschen, die im April an den Hängen bei Lebus und Mallnow erblühen. Sie brauchen einen besonderen Boden und sehr viel Sonne, das alles finden sie nur da, und in diesem Jahr blühen sie besonders üppig. Meine Taube und ich fahren jeden April an die Oder, um den gelben Blütenteppich zu besichtigen. Das tun von Jahr zu Jahr mehr Menschen, und in Seelow, Küstrin und überall, wo es im Oderbruch Soldatengräber und Denkmale für die gefallenen Sowjetsoldaten gibt, finden sich frische Blumen. Das zeigt: Die Befreiungstat und die Befreier sind nicht vergessen. Die Erde an der

Oder wurde im Frühjahr 1945 in des Wortes unmittelbarer Bedeutung mit Blut getränkt. Das Dorf Mallnow, wo diese Adonisröschen blühen, wechselte damals siebenundzwanzig Mal den »Besitzer«, d. h. Wehrmacht und Waffen-SS haben zwei Dutzend Mal die Rotarmisten aus dem Dorf wieder verdrängt, womit die ganze Sinnlosigkeit offenbart ist: Der Krieg war längst verloren, und dennoch mordeten sie weiter.

Nun, damit will ich deinen Ehrentag nicht überschatten, wiewohl wir an jedem Tage mit unserer Geschichte konfrontiert sind. So etwa mit der Invasion in der Schweinebucht, die sich heute zum 50. Male jährt – und pünktlich ist der spotless-Band von Klaus erschienen. Heinz und Fritz kannst du mit der Nachricht überraschen, dass am Freitag auch ihr Buch aus der Druckerei kam. Es geht natürlich erst in den Handel, wenn sie wieder daheim sind und es gesehen haben. Wir suchen noch einen geeigneten Ort für den 20. Mai, um dort auf einer Pressekonferenz mit der Vorstellung ihres Buches an ihre Verhaftung vor zwanzig Jahren zu erinnern.

Ich packe beide Bücher ein – dann bekommst du sie unmittelbar nach deiner Rückkehr in Santiago.

Liebe Margot, auch wenn dies alles mehr oder weniger geschäftsmäßig klingt, sei versichert, dass alle im Verlag heute besonders an dich denken und dir symbolisch die Hand reichen. Irgendwann wird's auch mit einem richtigen Händedruck klappen. Bleibe tapfer, kämpferisch und gesund – es gibt noch einiges hienieden zu erledigen.

Herzlichst
Frank
im Namen der gesamten Verlagsmannschaft

De: Margot Feist <mfeist1@yahoo.es>
Enviado: 27. April 2011, 22:07
Asunto: Danke

Lieber Frank,

Dank für deine Geburtstagsgrüße, die mich zwar noch in Kuba erreichten, für die ich mich aber bereits aus Santiago bedanke.

Ich bin noch ganz erfüllt von den Ereignissen, insbesondere im Umfeld des VI. Parteitages der KP. Es waren Tage des Kampfes zur Stärkung des Sozialismus auf Kuba. Die Teilnahme an der Eröffnung des Parteitages und an der Parade und Demo der kubanischen Jugend und Bevölkerung war nicht nur ein emotionales Erlebnis. Ich empfand den Parteitag auch als Bereicherung meiner politischen Erfahrungen. Er suchte Antworten auf die Frage, wie unter den aktuellen Bedingungen die Vervollkommnung des Sozialismus in Angriff genommen werden muss. Die nicht gelösten und durch die Krise hinzugekommenen Probleme wurden offen diskutiert. Raúl Castro, der das Erbe von Fidel angetreten hat, sagte, dass der Parteitag bereits ein Jahr vor seiner Eröffnung begonnen hatte. Auf zigtausenden Versammlungen von Kommunisten und Parteilosen wurde diskutiert, wie man beispielsweise die Wirtschaft effektiver gestalten kann.

Die nächste Wegstrecke wird nicht leicht werden. Aber da sie es verstanden haben, die ganze Partei, die ganze Gesellschaft zu mobilisieren, werden sie es schaffen. Der Generationswechsel wird in behutsamen Schritten, aber dennoch konsequent vollzogen. Ins ZK wurden junge Kräfte gewählt, alte erfahrene Kämpfer bleiben noch mit ihnen. Es geht bei dem Wechsel nicht nur um Personen, es geht um die Stärkung der kollektiven Führung in der Gesellschaft, und darunter verstehen die kubanischen Genossen die Stärkung der Rolle der Partei als der führenden Kraft in der Gesellschaft.

Aber das kannst du alles selbst in den Veröffentlichungen (sicher in der *Granma*) herauslesen.

Und vielleicht triffst du auch Heinz und Fritz. Sie haben den Rechenschaftsbericht von Raúl an den Parteitag bei der Hand. Sie werden sicher von ihren, von unseren Eindrücken erzählen. So viel erst einmal.

Ich bin nun dabei, mich wieder in den Alltag hier einzufädeln.

Sei herzlich gegrüßt
Margot

Von:	Frank Schumann <edition-ost@aaagentur.com>
Datum:	20. Mai 2011, 18:00
Betreff:	Pressekonferenz mit Heinz und Fritz

Liebe Margot,

heute Morgen fand die angekündigte Pressekonferenz zur Vorstellung des Buches »Ohne die Mauer hätte es Krieg gegeben« statt. Zwei Dutzend Journalisten waren erschienen, auch ausländische Presse war da. Den Rest des Raumes in der Weitlingstraße füllten Genossen.

Die beiden Autoren waren gut, sehr überzeugend, Fritz mit fünfundvierzig Minuten ein wenig zu lang. Gleichwohl waren sich die meisten der Anwesenden bewusst, dass die beiden so eine Bühne vermutlich nie wieder haben werden. Insofern war der gemeinsame Auftritt historisch und freigestellt von der Gefahr der Unterbrechung. Nur einer, Sch. von der *Bild,* ein Ossi (wer sonst), gefiel sich als Provokateur.

Draußen war der »Verband der Opfer des Stalinismus« aufmarschiert, die klassischen Trittbrettfahrer solcher Zusammenkünfte, weil sie sich sicher sein können, dass sie – wegen der »Ausgewogenheit« – stets wahrgenommen und zitiert werden. Deren Präsenz rief auch die Polizei auf den Plan, die sich jedoch dezent zurückhielt und unsere Pressefrau wissen ließ, man werde nur eingreifen, wenn's Krawall gebe. Den gab es natürlich nicht, denn nachdem die »Opfer« – die sich »verhöhnt« fühlten – genügend oft fotografiert worden waren und ihren Senf abgeliefert hatten, trollten sie sich.

Morgen (am Samstag) wird die Presse voll sein mit den üblichen Texten. Hier schon mal eine Probe (das ist der von der *Leipziger Volkszeitung* im Wortlaut wiedergegebene *dpa*-Bericht), den Rest findest du gewiss im Internet.

Herzlichst
Frank

»Buch zum Mauerbau von Ex-DDR-Militär Streletz: ›Wir sind dem Humanismus verpflichtet‹

Berlin. Braungebrannt vom letzten Kuba-Besuch, mit Goldrandbrille und hellem Anzug gab sich Ex-DDR-Militär Fritz Streletz zackig. Der 84-Jährige stellte zusammen mit dem früheren DDR-Verteidigungsminister Heinz Keßler am Freitag in Berlin das gemeinsame Buch ›Ohne die Mauer hätte es Krieg gegeben‹ vor. Während beide in einem Treff früherer Funktionäre im Stadtteil Lichtenberg den Mauerbau vor 50 Jahren als notwendig verteidigten, protestierte draußen die Vereinigung der Opfer des Stalinismus.

Einstige Mitstreiter der Ex-Militärs waren dagegen begeistert vom Auftritt ihrer einstigen Chefs. Es gab Zwischenapplaus. ›Störer‹ mit unliebsamen Fragen seien durch eine brillante Argumentation vertrieben worden, meinte einer stolz. Die Fronten waren klar.

Der Zeitpunkt der Buchvorstellung war nicht zufällig gewählt. Auf den Tag genau vor 20 Jahren wurden Streletz und Keßler wegen ihrer Mitverantwortung für die Mauertoten verhaftet und später zu Gefängnisstrafen verurteilt, die sie aber nicht komplett absitzen mussten. An die Verhaftung wollten sie erinnern, und dass sie hinter Gittern wie Kriminelle behandelt worden seien. Und: Kurz vor dem 50. Jahrestag des Mauerbaus vom 13. August 1961 solle das Buch ›der historischen Wahrheit Bahn brechen‹, wie der 91-jährige Keßler sagte. Der greise Ex-Armeegeneral, der schlecht sehen kann, zeigte sich über-

zeugt: Es sei notwendig und richtig gewesen, die Grenze zu ›befestigen‹. Ansonsten hätten sich die Konflikte zwischen den damaligen Militärbündnissen in Ost und West weiter zugespitzt. Er wisse, dass ›beträchtliche Teile‹ der Linkspartei seine Auffassung teilten.

Ansonsten führte Streletz das Wort. Die Grenze habe auch aus ökonomischen Gründen geschlossen werden müssen. Bis zum Mauerbau seien 2,9 Millionen DDR-Bürger in den Westen gegangen. ›Das war ein kostenloser Zufluss von Humankapital für die BRD.‹ Zum Erhalt des Friedens in Europa seien ›viele Härten, viel Leid und viele Unannehmlichkeiten‹ unumgänglich gewesen. Jeder Tote an der Grenze sei einer zu viel gewesen, sagte der einstige Sekretär des Nationalen DDR-Verteidigungsrates nicht besonders nachdenklich. DDR-Soldaten hätten auf ›Grenzverletzer‹ nur als ›absolute Ausnahme‹ geschossen – zur ›Verhinderung eines unrechtmäßigen Grenzdurchbruchs‹, so Streletz mit Überzeugung. ›Es war das Ziel, Menschen zu schonen.‹ Er sei stolz, einen Beitrag zur Sicherung des Friedens und zu einer Wende ohne Blutvergießen geleistet zu haben, monologisierte der 84-Jährige weiter. Die Zahl der Mauertoten würde aufgebauscht. Doch es sei nicht ›unsere Art‹, die Toten aufzurechnen. ›Dafür achten wir die Menschen viel zu sehr. Wir sind dem Humanismus verpflichtet.‹

Für Streletz ist vieles ›so genannt‹ – der Mauerbau, die Einheit, Gedenkstätten, die Bürgerrechtler. ›20 Jahre danach werden Hetze, Verleumdung und Kriminalisierung der Grenztruppen unvermindert fortgesetzt‹, lautete das Fazit des Mannes, der nach eigenen Worten 25 Jahre im Ministerium für Nationale Verteidigung für ›besondere Vorkommnisse an der Grenze‹ verantwortlich war. Streletz meinte, er sehe sich als ehemaliger sozialistischer Militär. ›Ich kann aufrecht gehen und hadere nicht mit meinem Schicksal.‹ Seine gallige Einschätzung des wiedervereinigten Deutschlands: Zwei Gesellschaften unter einem Dach – die Guten im Westen und die zum Teil Unbelehrbaren im Osten. Einen Zwischenruf, Streletz solle sich nicht als Opfer darstellen, wies er ab: ›Gehen Sie doch raus, Sie zeigen gerade ihr wahres Gesicht.‹

Die Vereinigung der Opfer des Stalinismus äußerte sich entsetzt über die Glorifizierung der Vergangenheit. Keßler und Streletz seien verantwortlich, dass an der Grenze auf Menschen wie auf Hasen geschossen wurde, sagte Ronald Lässig. ›Das war kein Schutzwall. Die Mauer hat Menschen von der Freiheit abgeschreckt.‹ Am 13. August 1961 wurde mit dem Mauerbau die deutsche Teilung besiegelt, die nach mehr als 28 Jahren erst am 9. November 1989 zu Ende ging.«

De:	Margot Feist <mfeist1@yahoo.es>
Enviado:	21. Mai 2011, 14:19
Asunto:	Buchvorstellung »Ohne die Mauer hätte es Krieg gegeben«

Lieber Frank,

hab Dank für die schnelle Information über die Buchvorstellung von Fritz und Heinz. Es freut mich sehr, dass die Lesung gut gelaufen ist, und ich hoffe nun mit dir auf die Verbreitung des Buches. Ich habe mir auch den Link mit dem Beitrag in der *Berliner Abendschau* im Internet angeschaut und fand den Tenor erstaunlich neutral. Vielleicht liegt das daran, dass sich immer mehr Menschen mit den inzwischen bekannt gewordenen Dokumenten beschäftigen. So war in der Freitagsausgabe des *ND* ein Artikel von Prokop zum Thema Mauerbau, der allerdings nicht auf die Lesung eingeht.

Herzlichst
Margot

Von:	Frank Schumann, <edition-ost@aaagentur.com>
Datum:	22. Mai 2011, 09:38
Betreff:	Buch zum Mauerbau

Liebe Margot,

der Beitrag von Siegfried Prokop stützt in der Tat die Argumentation von Heinz und Fritz, man kann da mitgehen. Insofern könnte man meinen, es handele sich unausgesprochen um eine flankierende Maßnahme des *Neuen Deutschland*. Dies aber war Prokops Seite mitnichten. Zu unserem Buch und der Pressekonferenz brachte das *ND* auf Seite vier lediglich die verkürzte *dpa*-Meldung unter der Überschrift »Ex-DDR-Militärs verteidigen Bau der Mauer«. Damit umschifften sie die Notwendigkeit eines eigenen Beitrages.

Eine Stunde vor Mitternacht lief auf *Deutschlandradio Kultur* der nachfolgende Beitrag *(www.dradio.de/dkultur/sendungen/fazit/1463820)*. Auch nicht viel besser als das übliche Gewölle. Zum Hinweis auf die Wirtschaftsflüchtlinge hätte die Ergänzung von Fritz gehört, dass seit 1990 drei Millionen Ostdeutsche in den Westen gewechselt sind. Warum wohl? Etwa auch wegen der im Osten herrschenden politischen Verhältnisse?

Sei herzlich gegrüßt
Frank

De:	Margot Feist <mfeist1@yahoo.es>
Enviado:	27. Mai 2011, 00:11
Asunto:	Mauerbuch

Lieber Frank,

herzlichen Dank, die beiden Bücher sind angekommen. Habe im »Mauer-Buch« zu lesen begonnen, nun gründlicher. Du hast dich, wie ich glaube, sehr engagiert, ich kannte auch das Rohmanuskript. Auch wenn wir die gut genährte Propaganda von rechts nicht schlagen können, es bleibt, dass Dokumente geschaffen werden, die heute manchem die Augen öffnen und die für eine künftige wahrheitsgemäße Geschichtsbetrachtung nötig und nützlich sind. Also weitermachen. Das »Mauerthema« wird uns noch lange beschäftigen, denn es ist – wie der 17. Juni 1953 – unsere »weiche Stelle« und darum Schwerpunkt der Angriffe auf die DDR. Sie beherrschen ihr Propagandisten-Einmaleins. Gegen Emotionen kommt man mit Fakten nicht an. Fritz und Heinz argumentieren, sie reden von militärischen Kräftegruppierungen, von Planungen und Absichten – von denen es demagogisch heißt, dass sie längst bekannt seien. Und dann steht einer auf und sagt nur »Peter Fischer« oder »Chris Gueffroy«. Damit ist jeder, der die Zusammenhänge um die Mauer erklärt und damit objektiv rechtfertigt, erbarmungslos entwaffnet und an den Pranger gestellt. Da kann man ruhig auf die vielen an der Staatsgrenze ermordeten DDR-Grenzsoldaten hinweisen. Die zählen alle nicht, weil man Tote nicht gegen Tote aufrechnen darf. Was wir ja nicht tun. Jeder Tote ist einer zu viel. Jeder an der Mauer Erschossene hatte eine Mutter, einen Vater, die um ihren Sohn trauern. Der Grenzer wie der Grenzverletzer. Doch das spielt keine Rolle. Die DDR hat die Mauer gebaut und Menschen erschossen, basta. In Jerusalem gibt es eine Mauer, dort wird geschossen. An der Grenze zwischen den USA und Mexiko gibt es einen Streckmetallzaun, an dem geschossen wird. In Ceuta, der spanischen Exklave in Nordafrika. Selbst in Deutschland. Im Internet heißt es, dass seit 1952 von der westdeutschen Polizei an die fünfhundert Menschen erschossen worden sind. Bei der Zahl wurde angemerkt, sie enthalte nicht mehr die Opfer einer »versehentlichen Tötung« seit 1983. Das heißt: Die offizielle Statistik lügt. Über die Polizistenmorde erregt sich in Deutschland kein Mensch. Nur über die »Mauertoten« werden Krokodilstränen vergossen. Niemand zwang Menschen, über die Mauer zu steigen, sie wussten, was passieren könnte, sie gingen wissentlich ein Risiko ein. Die »versehentlich« von Polizisten Erschossenen wussten nicht, was ihnen geschah. Es war ein Versehen. Man hatte das Opfer verwechselt oder so. Das ist Tragik. Kann man das vergleichen mit Fällen, wo Vorsatz im Spiel war?

Ich wünsche auch diesem Buch von euch, dass es viele Leser findet.

Herzliche Grüße
Margot

Von:	Frank Schumann <edition-ost@aaagentur.com>
Datum:	6. Juni 2011, 19:56
Asunto:	Himmelfahrt und Höllenritt

Liebe Margot,

nun bin ich schon wieder eine Woche säumig, was weniger der unerträglichen Hitze geschuldet ist (worauf ich noch zu sprechen kommen werde), sondern ausschließlich der üblichen Arbeitshetze. Wir pflegten in DDR-Tagen auch nicht unbedingt zu schlendern, und ich erinnere mich schamvoll etwa jener Tage, da meine Familie vorm Berliner Verlag im Auto auf mich wartete, um in den Urlaub zu fahren, während oben in der 8. Etage der Fahrer und Vater noch Zeitungsseiten redigierte. Doch es gab immer noch Freiraum und Luft zum Atmen, während man heutzutage ein unablässig Getriebener ist. Selbst wenn man sich verweigert, was ich zunehmend auch tue: Zu telefonieren ist mir inzwischen ein Gräuel, und ich bin dankbar, dass beim Einbruch im Verlag zwei Tage vor Ostern auch mein Handy gestohlen wurde.

Ärgerlicherweise habe ich aber auch zwei Festnetzanschlüsse, die insbesondere am Montagvormittag und am Freitagnachmittag im Fünfminutentakt läuten. Die Mehrheit der Anrufe sind unnütz, und die gestellten Fragen ließen sich von jedem im Hause auch beantworten, doch es ist inzwischen hierzulande üblich, dass man nur noch mit »dem Chef« verkehrt und nicht mit vermeintlich Subalternen. Selbst in solch winzigen Details merkt man die Veränderung der Gesellschaft und der Menschen, die in ihr leben (müssen).

Auch Genossen, denen man unverändert zugesteht, aus anderem Holze zu sein, sind davon infiziert: Sie spielen auf der Klaviatur des Rechtsstaats und tröten bereits wie die anderen. Aha, sage ich dann, bist du auch schon angekommen – worauf sofort protestiert wird: nie in diesem Leben!

Ich hatte heute wieder einen solchen Fall.

Der Genosse, inzwischen jenseits der Achtzig, stand von 1958 bis 1990 an der Grenze, zuletzt war er im Grenzkommando Mitte Politoffizier. Er stammt aus der Neumark, was jenseits der Oder liegt und seit 1945 polnisch ist. In jenem Jahr verlor er seine Eltern. Sowjetsoldaten beschäftigten ihn in verschiedenen Kommandanturen. Er trat in die polnische Gewerkschaft ein, 1952 auch in die PVAP, und wurde in Stolp, was heute Słupsk heißt, Hauptamtlicher der Partei und zuständig für nationale Minderheiten. Er besuchte Gewerkschafts- und Bezirksparteischulen, aber irgendwann wollte er als Staatenloser doch einen Ausweis und ging darum 1958 in die DDR und dort zur Grenzpolizei.

Nun fährt er, inzwischen Witwer, seit dreizehn Jahren immer in ein polnisches Sanatorium und reist dazu mit einer halben Kompanie an, weshalb er – zumal er Polnisch spricht – dort sehr willkommen ist. Als er sein Jubiläum hatte, marschierte die ganze Verwaltung und das Ärztepersonal auf wie in den besten Tagen der deutsch-polnischen Freundschaft. So weit, so gut. Jetzt aber machte sich das Sanatorium anheischig, die Truppe mit dem eigenen Bus aus Potsdam abzuholen und wieder zurückzubringen. Und zwar gratis. (Nicht, weil sie sonst ihr Haus nicht vollbekämen – sie haben eine Auslastung von fünfundneunzig Prozent –, sondern weil man sich mag.) Das Angebot wurde dankbar angenommen.

Jetzt aber trat das deutsche Reiseunternehmen auf den Plan, das – mit einer der vielen Krankenkassen verbandelt – sich nunmehr ums Geschäft gebracht sah, denn bisher fuhren sie die Truppe. Wir werden dagegen juristisch vorgehen, die Polen dürfen die gar nicht abholen! (Und das nennt sich EU!)

Was aber macht unser Genosse? Er marschiert zum Rechtsanwalt, wie es eben jetzt Brauch ist. Und der hält erst mal die Hand auf und wird womöglich mehr kosten als die ganze Fahrt nach Polen.

Warum, frage ich also meinen Oberstleutnant a. D., machst du das? Die können euch mal, für das Gemosere gibt es kein Gesetz.

Er redete was von Gerechtigkeit und diesem ganzen Schmarrn, den man täglich um die Ohren gehauen bekommt.

Welche Kasse zahlt den Aufenthalt in Polen?

Die meisten zahlen aus der eigenen Tasche, sagt er (und nebenbei: Wer nicht General oder beim MfS war, bekommt eine ordentliche Rente, wobei, um mich nicht falsch zu verstehen, jeder Ostrentner betrogen und bestohlen wird, weil ein Arbeitsjahr in der DDR bei der Rentenberechnung weniger wert ist als eines im Westen, und wenn man alt genug geworden ist und im »Dritten Reich« tätig war – egal, ob als Schlosser oder als KZ-Aufseher –, der kriegt sogar noch mehr, denn ein Arbeitsjahr bei den Nazis ist rentenmäßig so viel wert wie drei anständige Arbeitsjahre in der DDR).

Gut, sage ich, wenn die meisten von euch sowieso selber zahlen – warum lasst ihr euch dann von diesem Reiseunternehmen derart ins Bockshorn jagen? Wieso meinst du, deshalb extra einen Winkeladvokaten beschäftigen zu müssen?

Ach, die Angst, die sie verbreiten, funktioniert. Und der Irrglaube, dass ein Rechtsanwalt für Gerechtigkeit sorgen werde, trägt Früchte.

Themawechsel: Heute las ich in der Zeitung, dass die Berliner Staatsanwaltschaft die 67-jährige Inge Viett (das war eine von der RAF, die bei uns unterkam, ich kenne sie persönlich: das ist eine kluge Kommunistin, sehr sympathisch) anklagen möchte, weil sie auf einer Veranstaltung bei der *Jungen Welt* in diesem Jahr Anschläge gegen Bundeswehrfahrzeuge angeblich »gebilligt« habe. Natürlich wird das Verfahren nie eröffnet werden (wobei: im deutschen Rechtsstaat sollte man nie nie sagen: Selbst für den größten Unsinn findet sich immer ein Richter, der Klage erhebt).

Aber was ist der Zweck dieser Meldung? Man will die Leute einschüchtern und verängstigen, sich weder mit der *Jungen Welt* noch mit zwielichtigen Gestalten wie jener Viett einzulassen oder überhaupt das Maul aufzumachen. Die Nachricht hätte nur aus einer Zeile bestehen können, doch man blies sie mit allen Verbrechen auf, für die Inge Viett zu zwölf Jahren verurteilt worden war, wovon sie etwa die Hälfte abgesessen hat. Das läuft vermutlich alles unter dem Stichwort »wehrhafte Demokratie«.

Zum Schluss – entschuldige, ich bin mal wieder wütend und darum mitteilsam – noch was zur Hitze: Am Wochenende war ich zum 85. meiner Mutter in Sachsen. Wenn man über Land fährt, kann es einen grausen. Der Mai war zu trocken, die Wintergerste ist bereits notreif. Die gelben Halme sind keine dreißig Zentimeter hoch, und oben hängt die reife, aber mickrige Ähre. Die Ernte wird schlecht ausfallen, doch bis auf die Bauern interessiert das niemanden hierzulande: Da kaufen wir eben Weizen in Kanada und Soja in Argentinien ...

Und die Händler haben eine Begründung, die Preise hochzuschrauben, und selbst wenn im nächsten Jahr die Ernte üppig ausfallen sollte, bleiben die Preise oben. Auf die Lebensmittel, die in der Welt gehandelt werden, wird von den reichen Ländern kräftig spekuliert. Von den sieben Milliarden Menschen, die gegenwärtig die Erde bevölkern, schwimmt eine Milliarde auf der Suppe, während der »Rest« Not leidet und hungert.

Nun, hierzulande erleichtert man sich das schlechte Gewissen, indem man zwanzig Euro für ein Waisenkind in der »Dritten Welt« spendet, den Müll trennt oder auf dem Kirchentag in Dresden betet. Wie die dort am Wochenende wieder missioniert haben: Es konnte einen grausen! Aber damit fange ich jetzt nicht auch noch an.

Übrigens, unser aktuelles Buch zum Überfall auf die Sowjetunion (»Der Fall Barbarossa – der Krieg gegen die Sowjetunion in unbekannten Bildern«) kommt selbst in den bürgerlichen Medien gut an, wie du hier auf *Spiegel online* nachlesen kannst *(einestages.spiegel.de/static/topicalbumbackground/22826/waffenspaziergang_gen_russland.html)* Vor allem die dreißig Bilder musst du dir mal anschauen!

Die Russen haben mich am 10. Juni zu ihrem Nationalfeiertag in die Botschaft eingeladen. Zum Tag des Sieges war ich zwar dort, aber das war etwas anderes. Russland ist nicht die Sowjetunion.

Bleib gesund und meld dich wieder, wann du magst.

Herzlichst
Frank

PS: Ich gebe mal wieder einige Bücher in die Post.

De:	Margot Feist <mfeist1@yahoo.es>
Enviado:	8. Juni 2011, 15:51
Asunto:	Pfingstgrüße

Lieber Frank,

wenn Ärger dein Mitteilungsbedürfnis anregt, dann ärgere dich ab und an – damit ich etwas über eure Alltagsgeschichten erfahre. Aber nun kommen ein paar arbeitsfreie Tage, die sollst du genießen.

Bei euch ist Wärme eingezogen und bei uns die Kälte. Der Winter in Santiago ist wie ein um mehrere Monate verlängerter Berliner November, den ich nie mochte: nasskalt und trübe. Das Haus, in dem ich lebe, belegt die Behauptung, dass die Chilenen keine »richtigen« Häuser bauen können. Ohne Keller, mit einfachen Fensterscheiben, und im Wohnzimmer gibt es lediglich eine winzige Elektroheizung, mit der zwei Etagen erwärmt werden sollen. Das erklärt, weshalb bei den meisten Chilenen der Fernseher im Schlafzimmer steht – weil man dort im warmen Bett liegt. Erst nach 10 Uhr steigt die wärmende Morgensonne über die Anden, dann wird es binnen zwei Stunden warm. Im Sommer schnellt die Temperatur von zehn auf über dreißig Grad, denn in der Nacht sinken die Temperaturen empfindlich. In Chile gibt es mehrere Klimazonen, was nicht überrascht, es ist ein vielleicht zweihundert Kilometer breiter Küstenstreifen, der sich von Nord nach Süd über fast viereinhalbtausend Kilometer hinzieht. Santiago liegt mittig, hier pendelt das Thermometer, und man braucht schon einen stabilen Kreislauf. Nachts, wenn ich um drei Uhr die Flüssignahrung für Erich in der kalten Küche wärmen musste, habe ich manchmal gezittert wie Espenlaub.

Am Sonntag feierte die KP Chiles in einem Theater ihren 99. Gründungstag. Viele junge Leute nahmen teil, es herrschte eine begeisterte Stimmung, die das Gemüt erwärmte, ansonsten waren wir alle zu Eiszapfen erstarrt. Zu Hause angekommen, kroch ich erst mal unter eine warme Decke, denn mein Nachtspeicheröfchen gibt am Nachmittag nicht mehr viel Wärme ab. Draußen ist es so kalt nicht. Aber da man die Bude nicht heizen kann – es sei denn, man gehört zu den wohlhabenderen Ständen –, ist der Winter hier scheußlich. Heute jedoch lässt sich die Sonne ein wenig blicken, das macht gleich bessere Stimmung.

Was du über die Anpassung der Menschen an die Verhältnisse schreibst, erlebe ich auch hier immer wieder. Einst sehr revolutionäre Sozialisten erkennt man nicht wieder, wenn sie ins Geschäftsleben eingetreten sind oder ein Abgeordnetenplätzchen erobert haben. Da freut man sich, wenn man erlebt, dass junge Leute auf den Plan treten, die zwar noch wenig Orientierung haben, nichts von Parteien wissen wollen, aber irgendwie die »Verhältnisse« zu ändern suchen, und das geschieht nun in fast allen Regionen unserer aus der Balance geratenen Welt. Die Chance für starke linke Bewegungen ist durchaus da, aber ebenso wahrscheinlich erscheint mir das Erstarken nationalistischer und faschistischer Bewegungen. Die Armut wächst, die Kriege eskalieren und der Noch-Wohlstandsbürger verkriecht sich in sein Schneckenhaus und will wieder einmal nicht sehen, dass alles auch ihn betrifft.

Die Presse braucht man, um zu erfahren, was in der Welt läuft, aber man muss mehr und mehr zwischen den Zeilen lesen, um zu verstehen, was tatsächlich gemeint ist. Dieses Theater um den Besuch der Kanzlerin in den USA* soll zudecken, dass es den USA darum geht, Großdeutschland nicht aus dem Boot der Supermacht springen zu lassen. Denn dieses Deutschland ist erneut auf dem Wege, anderen die Vormachtstellung in der Welt streitig zu machen.

Ich bemerke, ich bin schon wieder einmal dabei, statt eines Briefleins einen Artikel zu schreiben.

Ich wünsche dir und deiner Familie ein paar schöne Pfingsttage.

Herzlichst
Margot

*Angela Merkel war am Vortag in Begleitung von fünf Bundesministern in den USA eingetroffen. Es war, wie es hieß, die größte und höchstrangige deutsche Delegation seit der Amtszeit von Helmut Kohl. Der Kanzlerin wurde die höchste zivile Auszeichnung, die Freiheitsmedaille, verliehen. Bei den Gesprächen ging es um Nordafrika, Afghanistan, die Weltwirtschaft sowie um die Lage in Deutschland und den USA, hieß es allgemein. Außenminister Westerwelle musste sich beispielsweise rechtfertigen, warum sich die BRD beim Vorgehen in Libyen der Stimme im UN-Sicherheitsrat enthalten habe.

Von:	Frank Schumann <edition-ost@aaagentur.com>
Datum:	8. Juni 2011, 18:39
Betreff:	Re: Pfingstgrüße

Liebe Margot,

vielen Dank für deine rasche und umfangreiche Antwort. Ich finde, schon von Berufs wegen, »Artikel« besser denn Brieflein. Auf diese Weise erfährt unsereiner, wie kalt es bei euch ist, wenn der Regen wie hier im November übers Land geht. Gemeinhin kriegen die meisten Menschen dann ihre Herbstdepression, doch hierzulande (aber wo nicht auf der Welt heutzutage?) ist es inzwischen wurscht, welche Jahreszeit herrscht: Um Depressionen zu kriegen, muss man nicht bis zum Jahresende warten.

Auf der anderen Seite gibt es immer wieder Momente, in denen man sich fragt: Eh, Alter, warum bläst du Trübsal und siehst alles so gruselig grau? Heute Nacht war mal wieder so ein Moment. Mein zweiter Junge (ich hab deren drei), Baujahr 1979 und noch DDR-schul- und ferienlagergestählt, kam nach drei oder vier Wochen aus dem tiefen Osten. Er war in Baku und dann in Moskau, weil man von Baku nicht nach Jerewan fliegen kann: Aserbaidshan und Armenien versperren sich gegenseitig die Grenzen, also muss man über die russische Hauptstadt fliegen, wenn man von dem einen Ende des Kaukasus an dessen anderes gelangen möchte. Dann war er in Petersburg und anschließend in Riga. Er machte auf dem Weg nach Hamburg, wo er seit zehn Jahren lebt und arbeitet, Station in Berlin und berichtete bis Nachts um zwei, und die Nachrichten waren – stärker als vordem – von der Frage durchzogen: Du warst doch auch oft in der Sowjetunion, wie war das damals bei denen und bei uns? Das ist auffällig, denn gemeinhin stellt der Nachwuchs solche Fragen nicht. Wir machten da keine Ausnahme und fühlten uns erst gedrängt, den Vätern und Großvätern Fragen zu stellen, als diese nicht mehr waren. Da aber war es zu spät.

Es scheint mir keine Ausnahme zu sein: Unsere Kinder, die erst in der Endphase der DDR geboren wurden, beginnen sich merklich für unsere Vergangenheit zu interessieren. Offenbar auch ein Reflex auf Lügen und Unsinn, die sie täglich erfahren und denen sie zunehmend mit Zweifeln begegnen.

Aber ich will auf etwas anderes hinaus.

Er traf in Baku einen 28-jährigen Briten, der seit einigen Jahren wegen eines Motorradunfalls im Rollstuhl sitzt. Der hat sich vorgenommen, von Tokio allein und in seinem Gefährt bis London zu rollen. Mein Sohn begleitete ihn vierundzwanzig Stunden lang, der junge Mann ist vom Brustwirbel abwärts gelähmt. Die Tortur war beachtlich: keine abgeschrägten Bordsteine, keine Auffahrten oder Lifte zum Überwinden von Treppen, keine Behindertentoiletten etc. Und dennoch strahlte der Mann, wie mir Willie erzählte, einen bewundernswerten Optimismus aus, dessen Maß und Anlass Außenstehenden und Gesunden unverständlich ist. Der Rollstuhlfahrer schreibt Tagebuch über seine halbe Weltreise, an dem ich natürlich interessiert bin, was Willie – sonst wär's nicht mein Sohn – ihm blind signalisierte: Mein Vater hat einen Verlag, der könnte aus dem Tagebuch ein Buch machen.

Mal sehen, ob wir zueinander kommen.

Auch das ist die Welt. Man glaubt alles zu kennen und zu wissen, und dann biegt immer mal wieder eine Überraschung um die Ecke.

Was Merkel und die deutsche Schleimspur betrifft, die man in Washington legte, gehen unsere Auffassungen kaum auseinander. Man möchte, dass sie nicht von der Fahne geht, um sie unverändert kontrollieren und in die Planungen der NATO stärker einbinden zu können. Dazu lockt man sie auch wieder mit einem ständigen Sitz im UN-Sicherheitsrat. Das Thema war seit Jahren durch und tot, gestern kam es wieder aufs Tapet.

Auf der anderen Seite: So potent sich der deutsche Imperialismus gegenwärtig auch geriert – die Luft ist raus, der nächste große Knall deutet sich an. Die liquiden Mittel der meisten Menschen und Firmen nehmen ab, das Land ist dicht an der Pleite, und der Export, mit dem sie die statistischen Löcher stopfen, bricht derzeit richtig ein.

Gottlob hat man Nebenkriegsschauplätze wie die EHEC-Infektion*, mit der man eine Hysterie lostrat.

Sei herzlich gegrüßt
Frank

PS: Das Buch von Heinz und Fritz verkauft sich wie geschnitten Brot, es wird wohl demnächst die dritte Auflage fällig. Nun hat sich auch der *Stern* zum Interview angemeldet, wozu ich die beiden unbedingt überreden muss. Natürlich bin ich entschieden dafür, sich rar zu machen und nicht in jedes Mikrofon zu sprechen, aber der *Stern* wird vor allem im Westen verbreitet, und da wir im gedruckten Interview wirklich steuern können, was kommt und was nicht, betrachte ich das als gute Gelegenheit, unsere Position deutlich zu machen.

*Ab Mai 2011 kam es zuerst in Norddeutschland (Hamburg, Schleswig-Holstein), später auch in anderen Bundesländern und Staaten zu massenhaften Durchfallerkrankungen durch das Darmbakterium EHEC. Es starben dreiundfünfzig Menschen. Im Juli 2011 ebbte die von medialer Hysterie begleitete Epidemie ab.

Von:	Frank Schumann <edition-ost@aaagentur.com>
Datum:	3. Juli 2011, 21:31
Betreff:	Lebenszeichen

Liebe Margot,

ich habe mich einige Zeit nicht gemeldet (du dich aber auch nicht). Ich hoffe, dass bei dir alles in Ordnung ist, bei mir kenne ich die Gründe und muss also nicht klagen.

Hier und wohl weltweit braut sich offensichtlich einiges zusammen. Deutschland ist fast so im Eimer wie Griechenland und die anderen Staaten, doch die Regierungspropaganda funktioniert. Wenn man Berlin verlässt, bekommt man die miese Lage jedoch mit. Unsere Vertreter sind nun seit drei Wochen mit dem Herbstprogramm unterwegs. Unser Mann in Sachsen, Thüringen und Sachsen-Anhalt berichtete: »Es sieht tatsächlich verheerend aus (ökonomisch und stimmungsmäßig) ... das überaus schlechte Weihnachtsgeschäft mit dem sich anschließenden ebenso schlechten Frühjahr (bis zu dreißig bis vierzig Prozent Umsatzrückgang!) lässt in ALLEN Buchhandlungen die Alarmglocken schrillen!

Es wird von Existenzangst gesprochen (so nachhaltig erstmals nach der Wende!), es werden vereinbarte Termine abgesagt (selbstauferlegter Einkaufsstopp), es kommt zu Schließungen (Gondrom Plauen, Hugendubel Cottbus) ... generell ein absolut zögerlicher / minimalistischer Einkauf. Ein Buchhändler formulierte treffend: wenn ein Titel NUR DEN HAUCH von Unverkäuflichkeit hat, wird dieser nicht bestellt! Also, momentan in jeder Hinsicht ein überaus kompliziertes Arbeiten ...« Da rollt was auf uns zu.

Dieser Tage erfuhr ich, was ich schon ahnte. Einige Wissenschaftler wurden in Stellung gebracht, um zum 100. von Erich eine Honecker-Biografie vorzulegen. So unter anderem Prof. Dr. Martin Sabrow in Potsdam und ein Bernd Schäfer, der zur Zeit in den USA lebt. Auch beim *Spiegel* in Hamburg braut sich was zusammen, offenkundig planen die einen Überfall auf dich (sofern sie nicht schon aufgekreuzt sind).

Wir selbst suchen schon seit über einem Jahr einen marxistischen Historiker, der eine objektive Honecker-Biografie in unserem Sinne schriebe – bisher ohne Erfolg. Es sieht ganz so aus, als wäre es das Vernünftigste, dass ich mich dieser Aufgabe unterwerfe. Denn ohne eine solche Arbeit von uns wird garantiert im nächsten August viel Mist erscheinen, und das darf nicht unwidersprochen bleiben. Würdest du mich dabei unterstützen? Könnte ich mal in Santiago vorbeikommen und dich konsultieren? Im Prinzip habe ich in den letzten zwanzig Jahren genug Material gesammelt, doch einige Aspekte fehlen noch, die nur du liefern kannst. Was meinst du? Wir dürfen dieses Feld nicht preisgeben, wir müssen unsere Haltung zu Erich Honecker klar und mit Substanz zum Ausdruck bringen.

Schließlich: Ich habe noch fünf Büchersendungen auf den Weg gebracht, die sukzessive bei dir eintreffen sollten. Ich fliege am Dienstagmorgen nach Portugal, wo der Antikommunismus nicht so hoch im Kurs steht wie hierzulande. Dort gibt es in jedem Ort ein Büro der Partei und eine Fahne hängt davor, dass es eine Lust ist, wie ich mich schon mal vor Jahren überzeugen konnte. Drei Wochen will ich mit meiner Taube im Norden Urlaub machen. Ich gehe augenblicklich ganz schön auf dem Zahnfleisch ...

Herzlichst
Frank

De: Margot Feist <mfeist1@yahoo.es>
Enviado: 4. Juli 2011, 16:38
Asunto: Re: Lebenszeichen

Lieber Frank,

bevor du nach Portugal reist, ein Lebenszeichen von mir.

Wart ihr eigentlich beim UZ-Pressefest? Ich finde, die DKP-Presse propagiert zu wenig die Produkte eurer Verlage. Ich kann mich natürlich irren.

Natürlich sollten die deutschen Kommunisten den 100. Geburtstag von Erich nicht dem Gegner überlassen. Dass sich bislang kein Historiker finden ließ, ist nicht erstaunlich nach dem, was in den letzten zwanzig Jahren als sogenannte Geschichts-Aufarbeitung abgelaufen ist. Ich hörte (weiß allerdings davon sehr wenig) von zwei Wissenschaftlern, die recht solide Beiträge zu unserer Geschichte, auch zum VIII. Parteitag und zu Erich, veröffentlicht haben, ein Dr. Erich Kundel und ein Dr. Eckhard Trümpler, die beide für Publikationen der Brandenburger DKP schreiben.

Nun erhole dich erst einmal richtig mit deiner Taube. Man betrachtet ausgeruht die Welt etwas freundlicher.

Herzlichst
Margot

Von: Frank Schumann <edition-ost@aaagentur.com>
Datum: 4. Juli 2011, 20:25
Betreff: Aw: Lebenszeichen

Liebe Margot,

danke für deine Nachricht kurz vorm Abflug.

Am letzten Tag vorm Urlaub türmt sich besonders viel auf dem Tisch, was unbedingt noch erledigt werden muss, als wär's der letzte Arbeitstag für immer. Drei Wochen sind schneller vorüber, als man denkt, und was liegenbleibt, läuft auch nicht weg. Das hockt auch noch bei der Wiederkehr und grinst einen an, wenn man um die Ecke biegt.

Beim UZ-Pressefest waren wir nicht, wenngleich wir stets mit unseren Büchern und Autoren präsent sind. Grund ist folgender: Wenn wir als Verlag unsere Bücher selbst anböten, die sonst auf den Tischen der Buchhändler liegen, machten wir ihnen objektiv Konkurrenz. Das nimmt uns mancher übel, denn Heerschauen der Partei sind für viele ein wichtiges Geschäft. Deshalb halten wir uns dezent zurück und lassen die Buchhändler, die wir ja das ganze Jahr über brauchen und auf die wir angewiesen sind, ihre Provision verdienen.

Heinz hatte einen großen Auftritt, und die Bücher reichten kaum hin, so sehr war er gefragt. Das freut nicht nur den Autor.

Dass die DKP uns ein wenig stiefmütterlich behandelte, will ich weder bestätigen noch dementieren. Trotz Ostausdehnung ist es eine Westpartei, die ihre dortigen Getreuen pflegt. In Berlin und Brandenburg ist sie zwar stark, in den übrigen ostdeutschen Regionen aber kaum präsent. Auch im Westen bröckelt es, weil sie in diesem linken sozialdemokratischen Gewusel, meiner Beobachtung nach, noch keine klare Linie gefunden hat. Das klassische Muster vom Teilen und Herrschen funktioniert eben. Solange an der Spitze von Parteien, die sich links nennen, Profilneurotiker Nabelschau betreiben, wird sich kaum eine geschlossene politische Kraft formieren, die sowohl die Massen erreicht als auch tatsächlich die Ordnung, in der sie handelt, politisch infrage stellt. Parteien gehören hierzulande mit zu den größten Arbeitgebern: Sie werden darum das System, das sie nährt, nicht zur Disposition stellen. Wer sägt schon an dem Ast, auf dem er sitzt?

Zur Honecker-Biografie: Ich hätte es gern, wenn diese Arbeit ein Vertreter der jüngeren Generation schriebe, die nicht den – sagen wir ruhig – ideologischen Ballast mit sich trägt. Denn was ist die Folge? Die einen schlagen sich absurderweise selbstkritisch vor die Brust und meinen, sich in Sack und Asche hüllen zu müssen, und die anderen sind selbst unkritisch dort, wo man kritisch sein muss, und meißeln an einem Denkmal. Sie rechtfertigen und wehren ab, was menschlich verständlich, aber politisch falsch ist. Die Zeit des Wundenleckens ist vorbei, es geht darum, sich mit den Erfahrungen der Vergangenheit in die politischen Auseinandersetzungen der Gegenwart einzubringen. Beim Fußball heißt das Umschaltspiel, also die Umkehrung: von der Verteidigung in den Angriff übergehen.

Wenn mein Freund Gerhard Beil noch lebte, wäre er ein trefflicher Honecker-Biograf: Er war einerseits dicht dran, andererseits politisch und intellektuell bei Sinnen, um sowohl differenzieren als auch souverän Schwarz Schwarz und Weiß Weiß nennen zu können. Aber er ist leider nicht mehr, wie so viele, deren Hilfe und Rat wir uns immer sicher sein konnten. Dass Erich Honecker in den frühen 80er Jahren vielleicht eine nukleare Katastrophe verhindert und den Weltfrieden gerettet hat, als er sich um die »Koalition der Vernunft« bemühte und sich gegen die Politik Moskaus stellte, gehört zu seinen Leistungen, die herausgearbeitet werden müssen, weil sie verschwiegen werden. Das wird die bürgerliche Geschichtsschreibung gewiss unter einem Schuttberg von kleinlichem Gekreisch begraben. Dessen bin ich mir sicher.

Auch wenn du diplomatisch-geschickt auf meine Frage, was du von einer Visite in Santiago hieltest, nicht eingehst, was gemeinhin als Absage zu verstehen ist, wiederhole ich sie dennoch. Da ich nun entschlossen bin, diese Biografie selbst zu schreiben, möchte ich alle Quellen und Zeugen nutzen, die noch zu befragen sind. Insbesondere die Jahrzehnte vor dem VIII. Parteitag, die Zeit in der FDJ und in Ulbrichts Sekretariat, sind schon von erheblicher Bedeutung. Über vieles kannst nur du Auskunft geben. Überleg es dir doch einmal, bitte. [...]

Zum Schluss noch ein aktuelles Foto. Jetzt haben sie doch auf den leeren Platz, wo einst der Palast stand, ein UFO neben den Dom gepflanzt, genannt Humboldt-Box, wo man von oben für teures Geld einen Blick auf die Baugrube werfen kann.

Dort sind zwar noch die Archäologen zugange, doch sie wollen ums Verrecken wieder das Hohenzollernschloss entstehen lassen. Das Monstrum leuchtet in der Dunkelheit, das Licht schwindet und wird stärker, als atme die Box ...

Bleib gesund und meld dich wieder.

Herzlichst
Frank

Von:	Frank Schumann <edition-ost@aaagentur.com>
Datum:	4. August 2011, 09:49
Betreff:	Wieder da

Liebe Margot,

nach vierwöchiger Sendepause melde ich mich wieder zurück. Ich hoffe, dass es dir gut geht – trotz des Winters bei euch.

Bei meiner Rückkehr fand ich eine Büchersendung aus Vietnam vor. Sie enthielt die Belegstücke der vietnamesischen Ausgabe der »Moabiter Notizen«. Ich hatte vor Jahresfrist den Genossen dort, wie bekannt, die Rechte für eine solche Ausgabe gratis überlassen. Nun haben sie mit der Übersendung gleich die Frage verbunden, ob sie auch eine Ausgabe von »Ohne die Mauer hätte es Krieg gegeben« in Vietnam herausbringen könnten. Dagegen ist nun wirklich nichts einzuwenden.

Ich gebe ein Buch der vietnamesischen Ausgabe in die Post und hoffe, dass sie dich erreicht. [...]

Derzeit läuft, wie erwartet, die mediale Hetz- und Hasswelle in Bezug auf den 13. August 1961. Es ist unerträglich, was uns diesbezüglich zugemutet wird. Die einzig klare Gegenposition vertreten Heinz und Fritz, die vorgestern durch Egon Bahr Unterstützung erfuhren. Bahr brachte bei der Vorstellung des Buches eines namhaften US-Publizisten (Frederick Kempe: »Berlin 1961. Kennedy, Chruschtschow und der gefährlichste Ort der Welt«) die gleiche Argumentation, was einige Journalisten, die auch auf unserer Pressekonferenz waren, sichtlich irritierte, wie sie mich wissen ließen. Sie wollen einfach nicht bestimmte Fakten zur Kenntnis nehmen.

[...] In der Mittwochausgabe brachte die *Berliner Zeitung* als Aufmacher auf Seite 1 die Ergebnisse einer Forsa-Umfrage, wonach drei Viertel der Ostdeutschen mindestens Verständnis für die Mauer erklärten. Das *ND* hingegen vermeldete das Ergebnis einer Umfrage der *SUPERillu,* bei der achtzig Prozent die Mauer abgelehnt hätten, was also genau das Gegenteil von dem war, was Forsa ermittelt hatte. [...]

Zu Portugal: Das war wie eine Reise in die Vergangenheit. Die Mentalität der Portugiesen ist der der Ossis sehr ähnlich. Das hängt wohl mit der Größe und der Zahl der Köpfe zusammen, denn da existiert eine annähernde Gleichheit. Ihre Wessis leben bei ihnen im Osten – die übermächtigen Spanier benehmen sich wie unsere westdeutschen Landsleute: anmaßend, großkotzig, dominant. Die historischen Altstädte sind im Kern saniert, man hat aber viel Leerstand und Ruinen, und an fast jedem zweiten Haus hängt ein Verkaufsschild. An der Peripherie gibt es riesige Gewerbegebiete mit geräumten Werkshallen. Die mit EU-Fördermitteln und Niedriglöhnen in den 90er Jahren angelockten internationalen Konzerne sind inzwischen nach Rumänien, Moldawien, Belarus etc. weitergezogen, weil dort die Löhne noch niedriger sind und es neue Fördermittel abzugreifen gibt. Sodann finden sich dort auch gigantische Einkaufstempel mit Parkflächen so groß wie fünf Fußballfelder, auf denen sich drei Autos verlieren. Ähnlich verhält es sich mit den Autobahnen, von denen sie in den letzten Jahren zweitausendsiebenhundert Kilometer in die Landschaft gossen. Auch sie werden kaum befahren wegen der Mautgebühren.

Nun wollen die Banken die den Portugiesen aufgenötigten Kredite plus Zinsen zurück, die aber das Land kaum aufzubringen vermag. Es gibt nur wenig Industrie, die Landwirtschaft ist unterentwickelt, mit ihren Handtuchfeldern können sich allenfalls die Familien ernähren, die die Äcker bestellen.

Bis 1974 lebte Portugal von seinen Kolonien, seither von der EU, und nun ist brutaler Zahltag.

Im Juni wurde ein neues Parlament gewählt, was an den hängengebliebenen Plakaten feststellbar war. Auf den meisten Plakaten prangte »CDU«, was mich ein wenig irritierte. Wie sich aber herausstellte, handelte es sich um eine Allianz der Kommunisten mit den Grünen, die allerdings nur auf acht Prozent kam. Gleichwohl ist die PCP als einzige politische Kraft im öffentlichen Bild präsent. Sie hat in fast jeder Stadt ein Büro, aus dem stolz und trotzig die rote Fahne heraushängt, und auch die Jungkommunisten sind kregel, wie man an den vielen Losungen an Brückendurchfahrten und Häuserwänden sehen kann. Auf der langen Treppe, die in Coimbra zur Universität hochsteigt, hatten sie ihren Protest gegen die Politik der Banken und die Kriege der NATO gepinselt, was über Hunderte von Metern zu erkennen war. Allein die Ausführung der Schrift über die vielen Stufen war eine physische Meisterleistung, die Respekt verlangt. Ich werde dir bei Gelegenheit ein paar Fotos mailen. Jetzt bin ich zeitlich unter Druck – ich muss nach Suhl. Dort treffen sich die Grenzer im Hotel FRIZ, wo ich unsere Grenzerbücher vorstellen und ein wenig Parteilehrjahr machen werde.

Ein letztes Moment. Auf die Frage, ob ich dich bezüglich der Honecker-Biografie befragen dürfte, hattest du noch nicht reagiert, was so oder so zu verstehen ist. Wir sind in unseren Planungen inzwischen ziemlich weit. Konntest du dir vorstellen, dass ich Anfang September mal kurz nach Chile käme, um dich zu befragen? Du müsstest dir keine Umstände machen – ich stiege in einem Hotel ab und würde lediglich zum Gespräch an deine Pforte klopfen. Es wäre mir sehr daran gelegen, bereits am Anfang der Arbeit dich zu konsultieren und mit unseren Überlegungen vertraut zu machen.

Und bei der Gelegenheit könnte ich auch ein Paket Bücher mitbringen. Das wird hoffentlich ohne Übergepäck abgehen. Beim Rückflug aus Portugal musste ich doch tatsächlich für fünf Kilo fünfundsiebzig Euro nachzahlen. Ich hatte einen

Pflasterstein aus Guimares, der europäischen Kulturhauptstadt 2012, mitgenommen, der wog genau so viel. Das war eine teure Klamotte. Aber nunmehr mit eigener Geschichte.

Beim nächsten Mal mehr, ich muss jetzt los.

Bleib gesund und halt dich wacker.

Herzlichst
Frank

De:	Margot Feist <mfeist1@yahoo.es>
Enviado:	5. August 2011, 18:48
Asunto:	Gruß

Lieber Frank,

bin in Eile, erst mal so viel, die Bücher sind in den letzten Tagen eingetrudelt (die Post ist nicht das, was sie einmal war). Hab herzlichen Dank, Dank auch für deinen interessanten Bericht über Portugal.

Was sich hier in Chile tat und tut, hast du vielleicht der *Jungen Welt* entnommen, die *FAZ* bringt heute einen Artikel über die gestrigen Ereignisse*.

Ich melde mich wieder.

Herzliche Grüße
Margot

*Seit 2006 protestierten in Chile Schüler und Studenten gegen die reaktionäre Schulpolitik. Nach dem Ende der Pinochet-Diktatur waren Schulen und Universitäten zu großen Teilen privatisiert worden. Bereits während der Diktatur waren öffentliche Schulen den Kommunen übertragen worden. Diese waren oft arm, weshalb auch die Bildungseinrichtungen schlecht waren und stetig schlechter wurden. Und die Hochschulabsolventen begannen ihr Berufsleben mit riesigen Schulden, weil sie ihre Ausbildung mit Krediten finanziert hatten. Im August 2011 gewann der Massenprotest sichtlich an Breite, als die Geografiestudentin Camila Vallejo von der Universidad de Chile zur Sprecherin der Studierenden gewählt worden war. Vallejo, Jahrgang 1988, beendete 2013 ihr Studium mit Auszeichnung und gehört dem Parlament an.

Von: Frank Schumann <edition-ost@aaagentur.com>
Datum: 5. August 2011, 21:07
Betreff: Studentenprotest

Liebe Margot,

hab Dank für deine kurze Nachricht im Charakter eines Zwischenbescheids. Die Meldungen über die Studentenproteste in Chile habe ich sehr aufmerksam verfolgt. Die Sache wird hoffentlich kein Strohfeuer gewesen sein und weitergehen.

Der Skandal ist ja ein mehrfacher, doch die Krone ist der Umstand, dass ein Gesetz aus der Pinochet-Zeit angezogen wurde. In Madrid gab es vergleichbare Unmutsbekundungen, doch das Thema ist aus den Medien, was nicht bedeutet, dass sich die Proteste erledigt hätten. Das aber ist eine probate Methode, den Druck aus dem Kessel zu nehmen: nichts dagegen machen, nicht darüber berichten, dann erledigt sich der Protest von allein. Wir werden sehen, wie sich die Sache weiter entwickelt.

Bis Sonntag dann,

herzlichst
Frank

De: Margot Feist <mfeist1@yahoo.es>
Enviado: 10. August 2011, 16:25
Asunto: Nach dem Zwischenbescheid

Lieber Frank,

Gestern demonstrierten erneut im ganzen Land Schüler, Studenten und Lehrer für ihr Recht auf Bildung. Tags zuvor gingen die Eltern mit ihren Kindern auf die Straße. Sie trugen Losungen wie »Ich möchte lernen, ohne dafür bezahlen zu müssen!« Die Bergarbeiter der Kupferminen bekundeten ihre Solidarität mit den Forderungen der Studenten. Die Studentenbewegung fördert den ganzen Unmut, der in der Gesellschaft schlummert, zutage.

Es ist wie überall: Die ökonomische Krise hat eine soziale Krise bewirkt, und die produziert nun mal soziale Unruhen. Und das ängstigt natürlich »die da oben«, und so machen sie denn weiter mit ihrer schon fast dümmlichen Propaganda zu Mauer und Stasi und an den Sorgen der Menschen vorbei.

Aber das brauche ich dir ja nicht zu sagen, du willst wissen, ob ich für deinen Besuch in Chile bin.

Natürlich, Frank, ich freue mich immer, wenn Genossen mich besuchen kommen. Du bist gern gesehen, kann ich doch so einmal mit dir direkt reden, dich näher kennenlernen.

Leider kann ich dich nicht in meiner Bleibe unterbringen, denn das Bett ist wieder von meinem Enkel belegt. Ansonsten findest du bei mir offene Türen.

Die Reise ist für dich teuer und zeitaufwendig, aber das ist dein Problem. Ich möchte dich nur warnen, dass du dir nicht zu viel erwartest, was mein »Hintergrundwissen« betrifft. Erich war in jeder Beziehung sehr diszipliniert, er sprach nicht über Dinge aus der Führung.

Ich kann Auskunft geben über die Gründerjahre der FDJ, da war ich noch ganz an der Basis. Der einzige noch lebende Zeuge von der Gründung ist Heinz Keßler, der mit Erich und anderen die Geburtsurkunde der FDJ unterzeichnet hat.

Also mach dir keine zu großen Hoffnungen. Es versteht sich aber, dass ich dir behilflich sein werde, wo ich es kann.

Also, nun konkret, was sind deine Terminvorstellungen?

Herzliche Grüße
Margot

De:	Margot Feist <mfeist1@yahoo.es>
Enviado:	22. August 2011, 13:54
Asunto:	Gruß

Lieber Frank,

eine neue Woche beginnt, bei dir hat sie schon früher begonnen (fünf Stunden Zeitunterschied). Hier scheint schon ab und zu mal die Sonne, das weckt die Lebensgeister. Bleibt es bei dem von dir angekündigten Termin, 2. September? Ich wüsste es gern wegen der Planung.

Herzlich
Margot

Von:	Frank Schumann <edition-ost@aaagentur.com>
Datum:	23. August 2011, 16:14
Betreff:	Bitte um rasche Reaktion

Liebe Margot,

ich hatte den Mund wohl ein wenig zu voll genommen, hätte aber ahnen können, dass trotz Krise fast alle Flieger über den Großen Teich am 2. September nahezu ausgebucht sind. Das einzige, was noch zu kriegen war (und erst einmal bis morgen blockiert ist), war ein Ticket via Paris. Den gleichen Flug gibt es am 20. September für die Hälfte des Geldes. Ich verstehe die Logik nicht, aber Kapitalismus ist ja nicht logisch.

Nu isses wie es is, und ich stehe vor der Entscheidung: 2. oder 20. September. Ich weiß aber nicht, wie du zeitlich disponiert bist. Wenn du am 20. September etwas anderes vorhast, dann buche ich den Flug am übernächsten Freitag. Wenn du sagst, ich sei dir am 20. September ebenso willkommen, komme ich lieber drei Wochen später. Wie siehst du das?

Meldest du dich bitte gleich?

Herzlichst
Frank

De: Margot Feist <mfeist1@yahoo.es>
Enviado: 23. August 2011, 17:50
Asunto: Antwort

Lieber Frank,

mir ist später auch lieber, also ab 20. September jederzeit Ankunft möglich. Hier ist morgen und übermorgen Nationaler Streik, zu dem der CUT (Dachverband der Gewerkschaften) aufgerufen hat.

Du musst mit deiner Zeit und deinem Geld planen. Vielleicht machst du noch einen anderen Flug aus, du kannst dir ja Zeit lassen.

Herzlichst
Margot

Von: Frank Schumann <edition-ost@aaagentur.com>
Datum: 1. September 2011, 20:46
Betreff: Weltfriedenstag

Liebe Margot,

bevor ich müde nach Hause wanke, will ich mich noch kurz melden. Denn mit Schrecken habe ich festgestellt, dass schon wieder eine Woche vorüber ist. Ich habe das Gefühl, als laufe die Zeit immer schneller, je älter man wird. Die letzten zwanzig Jahre waren weg wie nichts. Nun kann man zwar sagen: Die beste Zeit unseres Lebens lag davor, und was danach kam, war nicht mehr ganz so rosig, doch auch das ist verronnene Lebenszeit, die nicht wiederkehrt.

Inzwischen ist mein Jüngster wieder aus Japan zurückgekehrt, er war auch in Fukushima* und hat dort vierzehn Tage als Freiwilliger gearbeitet (da gibt es tatsächlich so etwas wie Internationale Brigaden, wobei darunter auch etliche Millionärssprösslinge aus Australien und den USA waren, die sonst nicht wissen, wie sie den Tag verbringen sollen. Egal, wenn sie etwa Nützliches tun, sollte man sich nicht darüber mokieren). Sie verteilten in den abgelegenen und vom Erdbeben zerstörten Dörfern Lebensmittel. Nun ja, wir hatten Freundschaftsbrigaden und dergleichen, um durch tätige Solidarität ein Gefühl für andere Völker und fremdes Leid zu bekommen, jetzt geschieht dies eben auf diese Weise. Erstaunlich (und auch wieder nicht: Japan ist schließlich ein kapitalistisches Land), wie wenig staatlich organisierte Unterstützung es dort gibt. Da müssen junge Leute aus der ganzen Welt kommen, um Salat und Milch zu verteilen.

Als Fritz nach neunzehn Stunden Flug via Moskau auf dem Beifahrersitz hockte, strich er über seine Unterarme, von denen sich die Haut löste, und sagte lakonisch: Entweder ist es Sonnenbrand oder verstrahlt.

Natürlich hatten sie ihren Geigerzähler stets dabei, aber was weiß man schon davon? Hatte ich dir erzählt, dass er bis zum Sommer 2010 ein ganzes Jahr in Japan weilte? Ich schickte ihn damals nach Hiroshima und nach Nagasaki, um nachzuschauen, ob das 1981 beim Staatsbesuch von Erich Honecker im dortigen Friedenspark aufgestellte DDR-Denkmal noch stünde. Es steht. Darüber schrieb Fritz im spotless-Band. Den werde ich dir wohl geschickt haben.

Themawechsel: Bei der Lage der Dinge wird die Partei in Berlin zu den Wahlen am 18. September ein Ergebnis um zehn Prozent einfahren.** Die Basis ist verärgert, die Sympathisanten gehen von der Fahne. Die Spitze der Partei ist angepasst, angekommen, glaubt mitspielen zu dürfen und begreift nicht, dass dies naiver Köhlerglaube ist: Nie wird man drüben jemanden akzeptieren, der ostdeutschen Stallgeruch hat! Frau Merkel? Deren Wiege stand in Hamburg und nicht in Templin. Wobei sich die Frage stellt, wieso ein Pastor aus Hamburg in den 50er Jahren in ein Kaff in der Uckermark, also in die »Zone«, zieht? Wenn man sich die Karte anschaut und weiß, wo dort welche Einheiten der NVA und der Sowjets stationiert waren, dann erkennt man: Sein Pfarrhaus stand in der Mitte. Da keimt der Verdacht, den einige hier äußerten, dass er nicht freiwillig kam, sondern geschickt worden sein könnte. Und vielleicht – wenn's sich denn so verhalten hat wie orakelt – haben »die Organe« das herausbekommen und seiner Tochter gesagt: Wenn du nicht unterschreibst, wird's nichts mit dem Studium und Papa geht als Spion in den Knast. Ein Freund von mir, der für den KGB arbeitete (was er mir aber erst vor zwei, drei Jahren offenbarte), wusste, wie »die Freunde« arbeiteten. Merkels Entwicklung und etliche Indizien, die ihm sehr vertraut waren, deuten darauf hin, dass sie eine ähnliche Karriere wie er selbst durchlaufen haben könnte. Nun, wir werden es erfahren beim Großen Schlachten in der CDU: Irgendwann wird gewiss einer der Königsmörder auch diese Karte ziehen.

Bis zum 20. sind noch ein paar Tage hin. Ich werde demnächst Feinplanung, Fragen und Vorschläge schicken. Ich würde ganz gern auch einige Orte in Santiago aufsuchen wollen, die mir wichtig sind: von der Moneda, in der Allende starb, bis hin zu Nerudas Grab auf der Isla Negra. Das wird doch alles mit dem Taxi erreichbar sein. Würdest du mich, wenn's für dich nicht zu beschwerlich ist und diese Bitte nicht ungehörig erscheint, als Reiseführer begleiten?

Bleib gesund und halt dich tapfer.

Herzlichst
Frank

*Durch Erdbeben vor der Küste der japanischen Hauptinsel Honshu, die einen Tsunami auslösten, kam es am 11. Februar 2011 zum Super-GAU in den Kernkraftwerken Fukushima I und II. 170000 Menschen mussten evakuiert werden. Sie wurden in Containerdörfern außerhalb der Sperrzone untergebracht.
**Es waren am Ende 11,7 Prozent. Die Verluste im Osten betrugen 8,7, im Westen 2,6 Prozent. Damit konnte die seit zehn Jahren tätige Regierungskoalition von SPD und PDS/Linke nicht mehr fortgesetzt werden. Die SPD koalierte mit der CDU.

De:	Margot Feist <mfeist1@yahoo.es>
Enviado:	2. September 2011, 14:55
Asunto:	Reise

Lieber Frank,

erwarte deine Feinplanung, versteht sich, dass wir einige historische Plätze aufsuchen. Einer meiner Freunde hält sich schon mit Auto für den Besuch aus Berlin bereit. Ich schreibe so kurz, weil meine rechte Hand angeschwollen ist, wahrscheinlich verursacht durch einen dummen Griff – etwas überanstrengt.

Herzlich
Margot

Von:	Frank Schumann <edition-ost@aaagentur.com>
Datum:	5. September 2011, 20:58
Betreff:	Wochenbeginngruß

Liebe Margot,

wir – meine Taube und ich – haben das letzte Sommersonnenwochenende für einen Besuch der Gedenkstätte Ravensbrück genutzt. Ich war 1987 zum letzten Male dort, es gab damals eine Friedensmanifestation, über die ich für die *Junge Welt* berichtete. Seinerzeit war noch der größte Teil des einstigen Frauen-KZ nicht zugänglich, weil dort eine sowjetische Panzerreparaturbrigade arbeitete. Inzwischen ist auch dieser Teil begehbar, wobei die meisten Baracken abgeräumt sind. Nur noch der staubige Schotter auf dem Appellplatz und einzelne Gebäude, die restauriert werden, sind zu sehen.

Wir waren angenehm überrascht. Die Gedenkstätte befindet sich in einem exzellenten, gepflegten Zustand, es gibt am Eingang eine neu errichtete Infobox, und was das Erstaunliche ist: Alle Informationstexte – in deutsch und englisch – sind frei von denunziatorischen, abfälligen Bemerkungen zu den vierzig Jahren DDR, wie man sie von vergleichbaren Orten kennt. Das ist alles sehr sachlich gehalten. Natürlich, wird mancher einwenden, an einem solchen Ort verbietet sich derlei Polemik, doch diese Art Pietät ist den Geschichtsrevisionisten hierzulande fremd. Brandenburg, man merkt es auch in Sachsenhausen und am Zustand der sowjetischen Soldatenfriedhöfe, macht da eine rühmliche Ausnahme, weshalb man auch deshalb seit Jahren, und nun wieder verschärft, die Messer wetzt von wegen »kleine DDR«.

Nein, es war ein angenehmes Gehen dort am Seeufer, wobei dies nicht die rechte Bezeichnung für das Schreiten über ein blutgetränktes Areal ist. Man weiß bis heute nicht, wie viele Menschen hier ihr Leben ließen. Die Zahlen schwanken zwischen achtundzwanzigtausend und zweiundneunzigtausend, doch am Ende ist die Ziffer, die den Massenmord benennt, egal: Jede Tote war eine zu viel, jede Einzelne Opfer eines Verbrechens, das in einer verbrecherischen Gesellschaft wurzelte.

Erfreulich auch die Zahl der Besucher, wobei es sich zumeist um Busreisende aus Nachbarländern handelte, was meine Taube mit dem Hinweis entschuldigte, dass unsere Landsleute – Schulklassen inklusive – unter der Woche diesen Ort aufsuchen. Ich wollte ihr glauben, behielt jedoch meine Zweifel.

Auf dem See trieben, wie schon immer Brauch, rote Rosen. Zu DDR-Zeiten, als langstielige Rosen rar waren, weil sie nicht aus Afrika oder Südamerika eingeflogen wurden, tanzten rote Nelken auf den Wellen als Gruß an die Gemordeten, nun also Rosen, die sich dort im Wasser erstaunlich lange halten.

Ich hänge vier Motive an die Mail, als stillen Gruß von einem grausigen Ort und als Beleg dafür, dass doch noch nicht alles den Bach hinunter ist, was die DDR geschaffen hat. Denn diese Gedenkstätte ist unser Werk, die Plastiken sind von Will Lammert und Fritz Cremer, und der Spruch von Anna Seghers, in wuchtigen Stein gemeißelt: »Sie sind unser aller Mütter und Schwestern. Ihr könntet heute weder frei lernen noch spielen, ja, ihr wäret vielleicht gar nicht geboren, wenn solche Frauen nicht ihren zarten, schmächtigen Körper wie stählerne Schutzschilde durch die ganze Zeit des faschistischen Terrors vor euch und eure Zukunft gestellt hätten.«

Dann fuhren wir von Fürstenberg hinüber nach Feldberg, das bereits im Mecklenburgischen liegt, und fanden an den Laternen die Wahlplakate der Neonazis, dass einem übel werden konnte. Kaum eine andere Partei (woher nur das Geld für diese Volksverhetzung?) warb derart massiv wie die NPD, dass selbst den Hoteliers und Restaurantbesitzern mulmig wurde: Sie leben schließlich vom Tourismus und damit auch von jenen Ausländern, denen laut Plakat die Braunen gute Reise wünschten: Ausländer raus! Am Tag darauf wurde gewählt, und dieses Geschmeiß, du hast es im Internet oder wo auch immer erfahren, sitzt erneut im Landtag zu Schwerin und inzwischen auch in jedem Kreistag von Meckpomm. In manchen Dörfern wählte jeder Dritte diese gefährlichen Brandstifter.

Das, so sagte ich zu meiner Taube auf dem Rückweg, ist Deutschland: auf der einen Seite ordentliche Gedenkstätten, die an die Naziverbrechen erinnern, und auf der anderen ordentliche Nazis, die man in die Parlamente wählt. Das nennt sich Demokratie und Pluralismus.

Ich solle nicht immer so zynisch sein, antwortete sie erregt, was ich bestritt. Es handele sich um Verzweiflung …

Was macht deine Hand, ist sie wieder besser?

In den nächsten Tagen folgt die Planung.

Herzlichst
Frank

De:	Margot Feist <mfeist1@yahoo.es>
Enviado:	6. September 2011, 16:00
Asunto:	Wochenbeginngruß zurück

Lieber Frank,

besten Dank für den anschaulichen Bericht über euren Wochenendausflug. Warte nun auf deine Planung.

Die Hand lässt grüßen, hat sich gebessert, verlangt aber nach Möglichkeit noch Schonung.

Herzlich
Margot

Von:	Frank Schumann <edition-ost@aaagentur.com>
Datum:	6. September 2011, 16:43
Betreff:	Skandal

Liebe Margot,

du wirst vielleicht die Veitstänze an der Spitze der Linkspartei mitbekommen haben: Sie hatte Glückwünsche an Fidel Castro zu dessen 85. Geburtstag geschickt, wofür sie von CDU, FDP und Grünen attackiert wurde. Erika Steinbach sprach von einem »unglaublich peinlichen Brief« (ausgerechnet sie, der im Umgang mit den östlichen Nachbarn nun wahrlich nichts peinlich ist). »Im Bundestag sitzen Antidemokraten«, erklärte sie, womit sie objektiv recht hat – allerdings meinte sie die Absender des Briefes. Volker Beck (Grüne) warf der Linkspartei in der *Bild* »Denkmuster aus dem Kalten Krieg« vor. Die bürgerliche Presse trommelte und bekam dabei Schützenhilfe aus der Linkspartei: »Mir steht es bis hier oben«, wurde Landesparteichef Lederer im *Tagesspiegel* zitiert. »Es drängt sich der Eindruck auf, dass hier einige ihre sektenmäßigen Rechnungen auf dem Rücken der wahlkämpfenden Landesverbände austragen wollen.« In vier Wochen wird in Berlin gewählt.

Und dabei ist doch schon alles klar, wie in der *Hannoverschen Allgemeinen* zu lesen war: »Für die SPD hat sich die Linke auf Bundesebene ›endgültig disqualifiziert‹. Die Partei sei nicht bloß regierungsunfähig. ›Sie hat auch nicht die moralische Substanz zu regieren‹, kommentierte der Parlamentarische Geschäftsführer der SPD-Bundestagsfraktion, Thomas Oppermann, die Entwicklung der Linkspartei.«

Morgen stellen Rainer Rupp und zwei Genossen von der Aufklärung das Buch »Militärspionage« vor (ist bereits zu dir unterwegs). Das ist eine gemeinsame Veranstaltung unseres Verlages mit dem *Neuen Deutschland*. Weil die dort aber kalte Füße hatten, machten sie eine »Außenstelle« im Karl-Liebknecht-Haus auf, das auch die Parteizentrale beherbergt. In den dortigen Saal passen nicht halb so viele Leute hinein wie in den Münzenberg-Saal im *ND*-Gebäude, und das *ND*, obgleich doch Mitveranstalter, würde – so wohl die dortige Überlegung – vom Verdacht freigestellt, sich mit den »Stasi-Leuten« gemein zu machen, obgleich sie in der vergangenen Woche die Veranstaltung zweimal im Blatt beworben hatten. Doch das *Neue Deutschland* scheinen die Spitzengenossen nicht zu lesen, umso aufmerksamer die *Junge Welt*, die gestern eine Doppelseite vorab aus dem Buch brachte. Da läuteten sofort die Alarmglocken. Sie mache von ihrem Hausrecht Gebrauch (als wenn ihr das KL-Haus alleine gehörte), erklärte sie uns soeben, und sagte die Veranstaltung morgen im KL-Haus ab. Das wäre eine Provokation, schob sie nach.

Der *Tagesspiegel* bekam davon Wind. Unter der süffisanten Titelzeile »Kalter Krieg und kalte Füße« hieß es: »Die Veranstaltung ›ND im Club‹ der parteinahen Zeitung *Neues Deutschland* war seit Wochen geplant. Der zu jahrelanger Haft verurteilte DDR-Topspion Rainer Rupp alias ›Topas‹ sollte an diesem Mittwochabend im Rosa-Luxemburg-Saal der Parteizentrale im Karl-Liebknecht-Haus auftreten. Nach *Tagesspiegel*-Informationen wurde die Raumzusage auf Weisung von Lötzsch zwölf Tage vor der Berliner Abgeordnetenhauswahl zurückgenommen, ›Topas‹ und seine Fans müssen ins *ND*-Verlagsgebäude umziehen.«

Und weiter: »Der Berliner Bundestagsabgeordnete Stefan Liebich sagte dem *Tagesspiegel,* zwar könne das *Neue Deutschland* selbst entscheiden, zu welchen Veranstaltungen es mit Blick auf seine Leserschaft lade. Etwas anderes sei es, wenn etwas in Räumen der Partei organisiert werde. ›Nach den Diskussionen der vergangenen zwanzig Jahre müsste auch dem Letzten klar geworden sein, dass die Hauptverwaltung Aufklärung des MfS etwas anderes ist als ein James-Bond-Film.‹ Man dürfe auf sie – wie auch auf andere Spione – keinen romantischen Blick haben, sondern müsse aufklären, ›schließlich wollen wir Geheimdienste auflösen‹. Eine Parteisprecherin betonte, es handele sich um ›keine Veranstaltung der Partei Die Linke‹.«

Das ganze Geeier hatte einen zentralen Kern. »Dass es bei der Veranstaltung mit Rupp eher um ein Lob für den DDR-Geheimdienst gehen soll, zeigt sich auch an Vorberichten zu der Buchpräsentation in der linksradikalen *Jungen Welt.* Dort heißt es, die Nachrichtendienste der DDR hätten ›einen wesentlichen Beitrag‹ dazu geliefert, ›dass der Kalte Krieg nicht zu einem heißen wurde‹. Der Stasiunterlagenbeauftragte Roland Jahn sagte dagegen dem *Tagesspiegel:* ›Die Hauptverwaltung Aufklärung war integraler Bestandteil des Unterdrückungsapparates Staatssicherheit, der menschenrechtswidrig gearbeitet hat‹.«

Zum Hintergrund jedoch, falls dir nicht bekannt: Rainer Rupp (»Topas«) saß damals als Kundschafter in Brüssel. Die Sowjetunion hatte – als unmittelbare Reaktion auf das NATO-Manöver »Able Archer« im Herbst 1983 – ihre Atomwaffen in der DDR bereits scharf gemacht, weil sie von einem unmittelbar bevorstehenden Überfall durch die NATO ausging. Nur wenige Minuten trennten uns vom großen Knall. Selbstkritisch räumte der damalige Vize-Chef der CIA, Robert Gates, später ein, der Fehler der US-Nachrichtendienste habe darin bestanden, »das wahre Ausmaß der sowjetischen Ängste nicht erfasst zu haben«. Rupp allein verhinderte die nukleare Katastrophe, indem er aus dem NATO-Hauptquartier Entwarnung meldete, dass kein NATO-Angriff bevorstünde.

Berlin informierte umgehend Moskau, und dort stoppte man in letzter Minute den Countdown. (Das war übrigens in jener Phase, als Honecker erklärte, dass das Teufelszeug aus Deutschland verschwinden müsse.) Rupp wurde Anfang der 90er Jahre verraten und zu zwölf Jahren verurteilt, wovon er die Hälfte absaß. Im Buch »Militärspionage« berichten er und andere über die damaligen Zusammenhänge.

Und dieser Mann wird nunmehr von der Führung der Linkspartei als »Provokateur« bezeichnet und vor die Tür geschickt. Da bleibt einem glatt die Luft weg.

Wir hängen die Sache nicht an die große Glocke, denn wer die lachenden Dritten sein würden, wissen wir.

Herzlichst, bis morgen
Frank

De:	Margot Feist <mfeist1@yahoo.es>
Enviado:	13. September 2011, 00:42
Asunto:	Grüße

Lieber Frank,

da hast du wieder arbeitsreiche, aber auch interessante Tage gehabt. Solche wünschte ich mir auch öfter.

Ich erwarte dich also am 23. Dann sind hier die Feiertage vorbei. Der 18. September ist Nationalfeiertag, der Tag der Befreiung von den Spaniern. Die ganze Woche bis zum 20. ist Fiesta Patria, da wird viel gegessen und getrunken und das normale Leben kurz ausgeblendet.

Schreib mir bitte, wenn du deine Konzeption schickst, wann du zurückfliegst, damit ich mit meinem chilenischen Genossen, der uns behilflich sein wird, ein wenig den Besuch der historischen Stätten in der Stadt planen kann, und vielleicht bist du auch interessiert, den Hafen von Valparaíso kennenzulernen.

Einen ganz profanen Mitbring-Wunsch habe ich: Kannst du mir Schlaftabletten (leichte zum Einschlafen) mitbringen? Schlafstörungen habe ich schon von Kindheit an. Hier muss ein Arzt verschreiben, und allein für den Besuch des Arztes muss ich bezahlen. [...]

Die Hand funktioniert wieder normal.

Herzlichst
Margot

De:	Margot Feist <mfeist1@yahoo.es>
Enviado:	17. September 2011, 14:55
Asunto:	Guten Flug

Lieber Frank,

ich erwarte dich also am Mittwoch. Dein Programm besprechen wir dann. Scheint mir zunächst ziemlich umfangreich für die paar Tage.

Es ist vernünftig, keine Bücher mitzuschleppen, die ich schon habe. Übrigens auch keine Lebensmittel – deren Einfuhr ist hier streng verboten.

Bis bald
Margot

Von:	Frank Schumann <edition-ost@aaagentur.com>
Datum:	17. September 2011, 15:29
Betreff:	Re: guten Flug

Liebe Margot,

vielen Dank für die rasche Reaktion. Also werde ich die Thüringer Wurst und den Dresdner Stollen (die gibt es tatsächlich schon in der Kaufhalle, wie ich heute früh feststellte – und das bei fünfundzwanzig Grad Außentemperatur!) nicht mitbringen.

Hier die Liste jener Bücher aus unserem Hause, von denen ich meine, dass sie dich interessieren könnten, aber nicht weiß, ob du sie bereits besitzt. Der Einfachheit halber mache an jene, die bereits auf deinem Regal stehen, einen Haken oder ja/nein (das gilt auch für jene, die dich nicht interessieren) und schicke die Mail so zurück:

Allertz: Sänger und Souffleur. Biermann, Havemann und die DDR
Baumgarten/Freitag: Die Grenzen der DDR. Geschichte, Fakten, Hintergrunde
Michael Benjamin: Das Vermächtnis. Zeugnisse eines Sozialisten
Bilak: Wir riefen Moskau zu Hilfe. Der »Prager Frühling« aus der Sicht eines Beteiligten
Blessing: Die Schulden des Westens
Blessing: Der Osten hängt am Tropf
Blessing u. a.: Es reicht
Buchholz: Anspruch und Wirklichkeit. Wie der Bundesbürger den Rechtsstaat erlebt
Buchholz: Unrechtsstaat DDR? Rechtsstaat BRD? Ein Jurist antwortet
Doernberg: Fronteinsatz. Erinnerungen eines Rotarmisten, Historikers und Botschafters
Eichner/Schramm: Top-Spione im Westen. Spitzenquellen der DDR-Aufklärung berichten
Emmerich: In guter Verfassung? Warum das Grundgesetz auf den Prüfstand gehört
Fischer: Als Diplomat mit zwei Berufen. Die DDR-Aufklärung in der Dritten Welt
Friedmann: Ulbrichts Rundfunkmann. Eine Gerhart-Eisler-Biografie
Gaus: Diverse Gespräche zur Person (mit Gaus habe ich insgesamt sieben Bücher gemacht)
Graff-Hennecke: Ich bin Bergmann, wer ist mehr?
Graf: Interessen und Intrigen. Wer spaltete Deutschland?
Graf: Mein Leben. Mein Chef Ulbricht. Meine Sicht der Dinge.
Grossmann/Schwanitz: Fragen an das MfS

Gruntova: Die Wahrheit über Oskar Schindler
Hartmann: DDR-Legenden. Der Unrechtsstaat, der Schießbefehl und die marode Wirtschaft
Hartmann: Die DDR unterm Lügenberg
Hartmann: Die Liquidatoren
Huhn: Einmarsch der Verbrecher
Huhn: Raubzug Ost
Krenz: Gefängnisnotizen
Krenz: Widerworte
Pätzold: Die Geschichte kennt kein Pardon
Pätzold: Streitfall Geschichte
Prokop: Alfred Neumann, Ulbrichts Favorit
Reichelt: Die deutschen Kriegsheimkehrer. Was hat die DDR für sie getan?
Reuß: Kriegsgefangen im Zweiten Weltkrieg
Schramm: Flucht vor der Junta
Wagenknecht: Aló Presidente. Hugo Chávez und Venezuelas Zukunft
Wagenknecht: Kapitalismus im Koma
Wagenknecht u. a.: Armut und Reichtum heute
Wolff: Einigkeit und Recht. Die DDR und die deutsche Justiz
Wolff: Verlorene Prozesse

Dazu gibt es noch diverse Autobiografien von Womacka, Recknagel, Eberhard Esche, Annekathrin Bürger, Ursula Karusseit, Ekkehard Schall, Otto Mellies, Professor Dathe, Jutta Müller, Geschonneck, Klaus Feldmann, Herbert Köfer, Sigmund Jähn etc., spotless-Bände (von Klaus und anderen), Hörbücher und so weiter.

Ich vermute, dass du etliche davon bereits kennst, aber die anderen schleppe ich gern mit.

Brauchst du noch »Moabiter Notizen«?

Herzlichst
Frank

De: Margot Feist <mfeist1@yahoo.es>
Enviado: 17. September 2011, 17:34
Asunto: Danke

Lieber Frank,

brauchst nur zwei mich interessierende und nicht vorhandene Bücher mitzuschleppen: Stefan Doernbergs »Fronteinsatz« und die Biografie von Ursula Karusseit.

Tschüss
Margot

De: Margot Feist <mfeist1@yahoo.es>
Enviado: 17. September 2011, 20:21
Asunto: Bücher

Lieber Frank,

das ist nicht falsche Bescheidenheit, bei Büchern bin ich eher unbescheiden.

Walter Womackas Buch habe ich von ihm selbst bekommen, auch manches andere haben mir die jeweiligen Autoren geschickt.

Mir fällt noch ein: Wenn du dich mit Taxi auf den Weg machst, nimm am Flughafen keines der »Räubertaxis«. Diese Fahrer stehen mit ihren Pappschildern am Eingang, um die ankommenden Passagiere lautstark zu empfangen. Vor der Tür warten die seriöseren Taxis.

Im Fall aller Fälle rufe die 273 2542 an.

Margot

Von: Frank Schumann <edition-ost@aaagentur.com>
Datum: 28. September 2011, 14:50
Betreff: Gruß und Dank

Liebe Margot,

nachdem ich mich bei Klaus, Heinz und Fritz (der heute übrigens seinen 85. hat) zurückgemeldet habe, nun endlich auch an dich die Nachricht über die geglückte Landung auf dem Alten Kontinent. Auf dem Flugplatz in Santiago hatte ich noch ein Gespräch mit einer chilenischen Studentin, die dort vier Tage in der Woche als Servierkraft jobbt, um sich das Studium zu finanzieren. Sie hatte ein Jahr in Heidelberg Ernährungswissenschaften studiert, kehrte aber nach Chile zurück, weil es ihr in Europa zu kalt war ...

Nach fünf aufregenden Tagen ist meine Festplatte im Kopf so voll wie der Chip in der Kamera (knapp zweitausend Fotos). Ich bin dir so dankbar, dass du uns so freundlich aufgenommen und einen Blick auf Chile, auf Erich und auf dich eröffnet hast, wie ich es kaum zu erhoffen gewagt hatte. Du kannst versichert sein, dass ich mit dem Gehörten und Gesehenen sehr sorgsam umgehen und kein Schindluder treiben werde. Mit der *jW* habe ich verabredet, dass wir am Samstag in acht Tagen das Interview mit Patricio Palma* bringen werden (das ich noch schreiben muss und ihm dann zur Autorisierung maile). Eine Fotoreportage von der Schüler- und Studentendemonstration wird es auch geben.

In den nächsten Tagen werde ich ausführlich diese Reise reflektieren und berichten, jetzt muss ich erst einmal alles sortieren, Bilder bearbeiten, Texte skizzieren etc., damit im Tagesgeschäft nichts untergeht. Hier nur ein paar erste Motive, die dir hoffentlich gefallen werden.

Ich umarme dich herzlich, vielen, vielen Dank für alles
Frank

* Patricio Palma, Jahrgang 1942, war in der Regierung der Unidad Popular unter Allende Minister für Handel und Industrie, studierte Geschichte an

der Karl-Marx-Universität Leipzig, promovierte unter Prof. Manfred Kossok, kehrte 1987 nach Chile zurück und gehört seit 2004 dem Politbüro des ZK der KP Chiles an.

De:	Margot Feist <mfeist1@yahoo.es>
Enviado:	28. September 2011, 15:55
Asunto:	Gruß

Lieber Frank,

es freut mich, dass ihr gut angekommen seid.

Soeben rief mich Heinz an, der sich über die von dir überbrachten Grüße von hier gefreut hat.
Ich habe mir gedacht, dass du viel Unerledigtes vorgefunden hast, und was du dir hier aufgeladen hast, ist ja nicht gleich zu verdauen.

Ihr habt mich ein wenig gestresst, aber das ist schon vergessen. Es bleibt eine sehr angenehme Zeit mit euch, und ich danke dir für deinen Besuch, für dein Interesse, für die Mühe, die du dir aufgeladen hast.

Aber es ist ja alles für einen guten Zweck.

Herzlichst
Margot

Von:	Frank Schumann <edition-ost@aaagentur.com>
Datum:	28. September 2011, 18:22
Betreff:	Re: Gruß

Liebe Margot,

vielen Dank für deine rasche und das Herz wärmende Reaktion. Wir haben uns wechselseitig einiges abverlangt, wohl wahr, aber wie selten hat man dazu Gelegenheit?

Einer der Ersten übrigens, der sich heute meldete, war Hans Modrow. Er erkundigte sich nach der Reise und deinem

Befinden, wobei die Frage, so glaube ich, wohl weniger auf deinen Gesundheitszustand denn darauf zielte, was du über ihn gesagt haben könntest. Ich habe ihm geantwortet, was du auch gesagt hast: Er hat seine Meinung und du die deine. Damit habest du die Differenz zu erkennen gegeben, die zwischen euch objektiv herrscht. Ansonsten hättest du dich wie über jeden anderen sachlich und respektvoll, weder abfällig noch besonders kritisch geäußert.

Inzwischen habe ich auch mit Gotthold Schramm telefoniert, das ist der Herausgeber von »Flucht vor der Junta«. Ich ließ ihn wissen, auf welch großes Interesse dieses Buch in Chile stieß, was ihn natürlich sehr erfreute, und wie schwierig es wäre, das Buch dort herauszubringen. Er kennt eine Genossin in Argentinien und wird sie in dieser Sache konsultieren. Vielleicht kennt sie eine Möglichkeit, wie wir hier vorankommen könnten.

Herzlichst
Frank

De:	Margot Feist <mfeist1@yahoo.es>
Enviado:	30. September 2011, 15:01
Asunto:	Antwort und Grüße

Lieber Frank,

Du warst also schon sehr fleißig, deine Vorschläge leuchten mir ein. Als guter Beobachter hast du ja wahrgenommen, dass ich nicht leichtfertig »Blanko-Schecks« unterschreibe.*

Zu den von dir vorgeschlagenen »Letzten Notizen«: Ich habe Erichs Aufzeichnungen nicht noch einmal gelesen und bin mir auch nicht sicher, ob sie sich zur Veröffentlichung eignen. Auch wenn ich deinem politischen Urteil vertraue, möchte ich trotzdem vorher lesen, was veröffentlicht werden soll, denn Erich hatte für mich geschrieben, diese Notizen waren nicht für die Öffentlichkeit bestimmt.

Im Hinblick auf das Gesprächsbuch »Zum Lernen in der DDR«, das du in Verbindung mit meinem Geburtstag machen willst, bin ich noch skeptisch. Mir gefällt die Schnelligkeit nicht. Und die Ankündigung schon für die Frühjahrsmesse 2012? Ich verstehe, dass ein Verleger so agieren muss, aber warum die Eile? Lass doch das Datum weg (der 85. Geburtstag ist doch eigentlich kein runder) und uns Zeit nehmen, um eine nicht akademische, aber doch solide Sache zu machen. Bitte überleg dir das noch mal.

Hier wechselt sich weiterhin kalt und warm ab, die letzten Tage hatten wir schon an die dreißig Grad.

Herzlichst
Margot

PS: Dank für die Fotos, aber in meinem Alter beguckt man sich nicht mehr so gerne. Du siehst: Ich bin auch eitel.

*Margot Honecker hatte Schumann überraschend einen Aktenordner mit handschriftlichen Aufzeichnungen Erich Honeckers übergeben, die dieser in der Haft in Berlin-Moabit angefertigt hatte, ferner eine Vielzahl persönlicher Dokumente, darunter Personalausweise und Reisepässe – leihweise und mit dem Hinweis, dass Schumann allein entscheiden könne, ob und in welcher Weise damit gearbeitet werden sollte.

Von:	Frank Schumann <edition-ost@aaagentur.com>
Datum:	2. Oktober 2011, 17:16
Betreff:	Adresse

Liebe Margot,

ich benötige deine Hilfe. D. hatte mir seine E-Mail-Adresse aufgeschrieben, doch sie scheint nicht zu funktionieren. Egal in welcher Schreibweise ich sie verwende, die Mail kommt stets zurück. Entweder leitest du die Anlage an ihn bitte weiter, oder er soll mir eine Mail an meine Adresse schicken, damit ich ihm bei der Antwort das Interview für Patricio zum Autorisieren anhängen kann. Bist du bitte so lieb?

Ich war gestern in Hannover, um mit meiner Taube meinem Jüngsten die Studentenbude einzurichten. Fritz hat außerhalb der Stadt eine Einraumwohnung in ländlicher Idylle gefunden – wer in Tokio in einem fensterlosen, vier Quadratmeter großen Loch gehaust hat, der übersteht auch das. Die ersten vierzehn Tage Studienbetrieb hat er schon weg, das läuft alles sehr merkwürdig ab und hat nichts mit dem zu tun, was wir mal Studium nannten. Das scheint mir einerseits punktuell wie Klippschule, andererseits sehr unsortiert und chaotisch. Was mit diesem Bachelor-Master-Quark nach drei Jahren rauskommt, werden wir sehen.

Nachher will ich mal zu Klaus, und morgen gegen zehn lädt das Ostdeutsche Kuratorium von Verbänden zur alternativen Einheitsfeier. Fritz und Heinz wollen dort auch signieren.

Herzlichst
Frank

De:	Margot Feist <mfeist1@yahoo.es>
Enviado:	11. Oktober 2011, 16:13
Asunto:	allerlei

Lieber Frank,

Dank für die lieben Geburtstagsgrüße, die ich erst heute erwidere. Ich war mit Genossen außerhalb Santiagos, die mir zu unserem gemeinsamen Geburtstag* eine Freude machen wollten.

Ich hätte dich gern noch mit Carlos und Marta bekannt gemacht, aber die Zeit reichte nicht aus. Marta ist die Schulfreundin von Gladis Marin** und sie hat Gladis bis zu deren Tod begleitet. Marta und Ehemann Carlos lebten über zehn Jahre bei uns in Jena. Sie haben sich über dein Interview mit Patricio in der *Jungen Welt* sehr gefreut.

Ich habe es natürlich ebenfalls aufmerksam gelesen und finde es außerordentlich gut. Wie du sagst, es ist für beide Seiten sehr nützlich.

Camila*** wird wohl vorerst nicht hier wegkönnen, so wie ich es sehe. Die Studenten haben eine landesweite Umfrage (Wahl mit Wahlzetteln und Urne) für ein Plebiszit zum Bildungswesen abgehalten – mit großartiger Beteiligung der Bevölkerung. Die Bewegung geht also weiter. Und Camila ist sehr aktiv und sehr klug. Sie kritisiert die heutige Politik und schlägt eine Brücke in die Vergangenheit, benennt, was schon einmal in Chile erreicht worden ist. Das macht sie nicht zur Verklärung der Geschichte, sondern um zu zeigen, was möglich ist, wenn man politisch breite Bündnisse schließt wie damals die Unidad Popular. Wir können für das Heute und für die Zukunft etwas bewirken, wenn wir nicht nur unter uns bleiben. Also unter uns Kommunisten. Das ist ihre Botschaft, die auch verstanden wird.

[...]

Was macht unser junger Freund Eric****? Hat er Chile schon verdaut?

Ich wünsche dir für den Rest der Woche alles Gute. Ich muss meine Tochter betreuen, die sich, weil es hier noch mal recht kühl geworden ist, eine Bronchitis zugezogen hat.

Umarmung
Margot

*Gemeint ist der 7. Oktober, der Jahrestag der DDR, damals »Republiksgeburstag« geheißen
**Gladis Marin (1941–2005), Anfang der 70er Jahre Generalsekretärin des Kommunistischen Jugendverbandes, nach dem Putsch 1973 zunächst im Exil in Europa, seit 1978 im chilenischen Untergrund. Die langjährige Generalsekretärin der KP Chiles erhielt ein Staatsbegräbnis, dem Sarg folgten etwa eine Millionen Menschen
***Camila Vallejo war von Schumann zur Rosa-Luxemburg-Konferenz im Januar 2012 in Berlin eingeladen worden
****Eric Friedler, den Schumann als technischen Assistenten nach Chile mitgenommen hatte, sollte die Gespräche für das Buch dokumentieren

De:	Margot Feist <mfeist1@yahoo.es>
Enviado:	20. Oktober 2011, 14:22
Asunto:	Grüße

Lieber Frank,

bin gesund, pflege Tochter und Enkelin, die sich die Weisheitszähne, die nicht wachsen, herausoperieren lassen musste. Mit angeschwollenem Gesicht kann sie nur Suppe schlürfen, die die Oma kochen muss, weil Sonja wegen der Ansteckungsgefahr nicht an sie heran darf.

Hier wird weiter demonstriert. Alles ist ein bisschen turbulent, aber es hält mich fit.

Ich wünsche dir schöne Tage mit deiner Taube in Amsterdam.

Herzlichst
Margot

De:	Margot Feist <mfeist1@yahoo.es>
Enviado:	20. Oktober 2011, 21:27
Asunto:	Grüße

Lieber Frank,

habe meine Oma-Pflichten für heute hinter mich gebracht. Ist nichts Neues für mich, auch als ich noch ministerielle Entscheidungen treffen musste, war ich stets gefragte Oma.

Es geht bei beiden wieder aufwärts, so dass es in der nächsten Woche für mich wieder einen normalen Tagesablauf geben wird. Ich bin nur etwas in Unruhe, weil mein Bruder* sich morgen einer unausweichlichen Darmoperation unterziehen muss. Und das in seinem Zustand. [...]

Deine Plaudereien stören mich gar nicht, im Gegenteil. Leider hatten wir zu wenig Zeit fürs Plaudern. Wie immer im Leben saß uns die Zeit im Nacken, und das scheint wohl so zu bleiben. Ich habe dir einige Fragen, die dein (unser) Projekt betreffen, noch nicht beantwortet, aber du wirst nach deiner Rückkehr aus Amsterdam sicher darauf zurückkommen.

Saludos
Margot

*Manfred Feist (1930–2012) leitete in der Nachfolge von Werner Lamberz die Abteilung Auslandsinformation im ZK der SED von 1966 bis 1989, Mitglied des ZK und des Weltfriedensrates. Seit 1995 durch einen Schlaganfall halbseitig gelähmt

De:	Margot Feist <mfeist1@yahoo.es>
Enviado:	8. November 2011, 16:05
Asunto:	Belege eingetroffen

Lieber Frank,

die neue Woche ist schon wieder fast in der Mitte und ich habe mich noch immer nicht für die schönen Wochenend-Fotos bedankt. Was ich hiermit nachhole.

Nun sind auch die Belegexemplare der *jW* für die chilenischen Genossen eingetroffen, vielen Dank. Ich leite sie weiter.

Es ereignet sich so viel in dieser turbulenten Welt, dass man Mühe hat, auf dem Laufenden zu bleiben. Vieles macht besorgt, aber noch viel mehr stimmt hoffnungsvoll.

Ich wünsche dir eine einigermaßen erträgliche Arbeitswoche – mit herzlichen Grüßen aus dem mal warmen, mal kühlen Santiago.

Margot

De:	Margot Feist <mfeist1@yahoo.es>
Enviado:	18. November 2011, 20:30
Asunto:	Gedankenübertragung

Lieber Frank,

setzte mich soeben an den Computer, um zu sehen, wer sich gemeldet hat, und dachte, du könntest eigentlich auch mal wieder von dir hören lassen. Und siehe …

Bei mir ist alles wie bisher, die Alltagssorgen sind nicht erhebend, da ist mir wohler, wenn ich zu meinen Büchern flüchten kann. In den letzten Wochen habe ich viel gelesen, auch manches, was ich früher schon mal gelesen hatte, unter anderem Günter Gaus' »Kein einig Vaterland«, das du 1998 gemacht hast. Ich sondierte ein wenig Literatur für einen neugierigen Engländer, der in der DDR studiert hatte und sich für vieles interessiert, was in Deutschland geschah und geschieht.

Auch in den Ulbricht-Büchern* habe ich gelesen, allerdings mit etwas gemischten Gefühlen.

Mir macht ein wenig Sorge, ob das nun entzifferte Unleserliche von Erich wirklich ein eigenständiges Buch werden kann. Ich habe davon so wenig in Erinnerung und nicht noch einmal gelesen, bevor ich es dir anvertraute. Ob ich ein Vorwort dazu schreiben kann und will, hängt natürlich vom Inhalt des Buches ab. Ich habe nie – wie Lotte über Walter Ulbricht auch nicht – *über* Erich geschrieben. Das Vorwort für die »Moabiter Notizen« gehörte zur politischen Aussage des Buches.

Ich weiß, ich bin ein wenig unbequem, wenn es um Veröffentlichungen geht, Klaus weiß ein Lied davon zu singen. Er hat mir übrigens gebeichtet, dass ihn die Fahrt nach Leipzig zur Messe, über die du auch geschrieben hattest, ziemlich geschafft habe.

Ich wünsche dir ein gutes Wochenende. Fährst du wieder nach Liebenwalde? Im dortigen Schloss Liebenberg** war einer meiner ersten Lehrgänge, einberufen für Jugendfunktionäre vom ZK, geleitet von Paul Verner. Ich war, glaube ich, noch in Halle tätig zu jener Zeit.

Nun aber Schluss für heute.

Sei herzlichst gegrüßt
Margot

*»Lotte Ulbricht. Mein Leben. Selbstzeugnisse, Briefe und Dokumente« (2003) und »Lotte und Walter. Die Ulbrichts in Selbstzeugnissen, Briefen und Dokumenten« (2003), beide herausgegeben von Frank Schumann

**Schloss und Gut Liebenberg unweit von Liebenwalde mit einem Park von Lenné gehörte einst den Eulenburgs. Dort jagte der Kaiser, fanden sich später adlige Antifaschisten, 1936 heirateten in der Schlosskapelle Libertas, die Enkelin von Philipp Fürst zu Eulenburg, und Harro Schulze-Boysen. Beide wurden 1942 als Mitglieder der »Roten Kapelle« hingerichtet. Nach dem Krieg wurde Liebenberg Parteischulungsheim, nach der Jahrtausendwende übernahm die Deutsche Kreditbank Schloss und Gut und sanierte es gründlich. Die weitläufige Anlage mit Hotel, Museen, Ausstellungen, Kirche, Gutshof und Galerie ist inzwischen ein stark besuchter Kulturort im Löwenberger Land

De: Margot Feist <mfeist1@yahoo.es>
Enviado: 20. November 2011, 23:55
Asunto: Vorwort

Lieber Frank,

vielen Dank, gut, dass wir uns so gut verstehen. Mir war klar, dass du schnell reagieren wirst, um meine Zweifel einzudämmen. Ich erkenne in dem, was du im Vorwort-Entwurf schreibst, deine aufrichtige Absicht, die Aufzeichnungen so zu publizieren, dass das Bild von Erich, was in die Welt gesetzt wurde und wird, einen Kratzer bekommt, indem man ihn ein wenig menschlich näherzubringen versucht. Mehr kann man ohnehin nicht erreichen.

Abgesehen davon, dass ich mir von übermittelten Leseproben noch kein Bild machen konnte, bewegt mich nach wie vor die Frage, was die Aufzeichnungen politisch aussagen. Erichs Erklärung vor Gericht (auch in dieser Zeit geschrieben) könnte die Publikation womöglich politisch bereichern. Mich bewegt die Frage nach der politischen Botschaft, weil ich dich so verstehe, dass du die »Letzten Aufzeichnungen« nunmehr anstelle der angedachten Biografie bringen willst.

Ich übergab dir eine dicke Materialsammlung, die Auskunft über die Zeit vor und nach Moabit (Berlin, Moskau, Santiago) gibt. Was gedenkst du damit anzufangen?

Ich schlage vor, dass du die Vorbemerkungen schreibst und ich vielleicht nur ein kurzes Wort zum Geleit. Aber das können wir noch erörtern.

Ich schreibe dir das, weil ich nicht an Herzdrücken sterben will, und weil ich mir sicher bin, dass wir beide die Offenheit lieben und uns vertrauen.

Eine Umarmung
Margot

De:	Margot Feist <mfeist1@yahoo.es>
Enviado:	21. November 2011, 12:16
Asunto:	Ich bin belehrbar

Lieber Frank,

hab Dank für die Aufklärung des Missverständnisses. Ich habe inzwischen die Anmerkungen, nachdem ich die Leseproben ausgedruckt habe, genauer gelesen, sie waren auf dem Computerbildschirm nicht gut zu sehen. Sie lassen deine Absicht erkennen, manches einfließen zu lassen, was seine Aufzeichnungen nicht aussagen können.

Du siehst, ich bin belehrbar, wenn auch nicht immer gleich. Du willst, dass ich kritisch lese – das werde ich tun.

Eine Bemerkung zum Buch von Herbert Mies*, das ich von ihm bekommen habe. Zwischen ihm und Erich bestanden keine persönlichen Missverständnisse, wie er schreibt. Es handelte sich um grundsätzliche Meinungsverschiedenheiten. Erich und die mit ihm noch klar sehenden Genossen waren mit Herberts Kurs in Bezug auf Gorbatschow und dessen Politik nicht einverstanden. Die Kritik an dem Kurs war im Interesse der DKP.

Wenn du aufmerksam unter dieser Sicht das Buch liest, kannst du das erkennen, wenngleich Herbert versucht, die Tatsachen unter den Tisch fallen zu lassen.

So, ich will dich nicht von der Arbeit abhalten

Herzlich
Margot

*Herbert Mies, Jahrgang 1929, war von 1973 bis 1990 Vorsitzender der DKP. 2009 erschienen in der edition ost seine Erinnerungen »Mit einem Ziel vor Augen. Vom Jung- zum Altkommunisten«

De: Margot Feist <mfeist1@yahoo.es>
Enviado: 2. Dezember 2011, 19:39
Asunto: Oma muss Ordnung schaffen

Lieber Frank,

ich wünsche dir ein erholsames Wochenende nach sicher sehr arbeitsreichen Tagen. Wir schwitzen, wie üblich in der Vorweihnachtszeit, bei vierunddreißig Grad. Bin pausenlos dabei, Post zu beantworten und für hiesige Veröffentlichungen (ein geplantes Buch über Corvalán und die »Moabiter Notizen« auf Spanisch) Vorworte zu schreiben.

Da Tochter und Enkelin Geburtstag hatten (Vivi am 30. November und Sonja am 1. Dezember) gab es eine gemeinsame Geburtstagsfeier. Die Große muss heute arbeiten, die Kleine zur Uni und Oma Geschirr abwaschen und wieder für Ordnung sorgen.

Sei herzlich gegrüßt
Margot

Von: Frank Schumann <edition-ost@aaagentur.com>
Datum: 2. Dezember 2011, 21:23
Betreff: Herrlich, 34 Grad! Die hätte ich auch gern

Liebe Margot,

wie schön, dass du neben der ganzen Arbeit noch an mich gedacht hast. Ich hätte mich am Wochenende dazu gewiss noch aufgerafft, es gibt ja nach Tagen Sendepause stets einiges auszutauschen. Und sei es nur, um über den trüben November zu lamentieren, der seit gestern Dezember heißt. Das Wetter ist mistig und unerträglich, kein Regen, nur immer Nebel und Nacht, wenn die Uhr drei schlägt.

Christa Wolf ist gestern gestorben, wie du gewiss mitbekommen hast. Sie haben in den Medien Leben und Werk gewürdigt, pflichtschuldig und mit subtiler Schmähung.

Kurt Pätzold, der Historiker, den du gewiss aus der *jungen Welt* kennst, mailte mir dazu heute aus Stuttgart: »Wie die Brüder mit der toten Christa Wolf umgehen, das rechtfertigt jeden Kinnhaken und Arschtritt, der ihnen verpasst wurde und den sie noch abbekommen sollen.«

Damit hat er völlig recht. Zu Lebzeiten haben sie ihr den Nobelpreis verweigert, nach dem Tode wollen sie mit ihr noch einmal die ganze DDR treffen. [...]

Der trübe Tag heute begann heiter. Ich marschierte, wie gewohnt und mit der Gewandung, in der ich auf die Welt kam, ins Bad – da steht eine Japanerin vorm Spiegel: »Hallo, I'm Nikki.«

Da hatte doch mein Jüngster, der in der Nacht aus Hannover kam, eine Begleiterin mitgebracht, wovon meine Taube und ich nichts bemerkt hatten. Sie dürfte inzwischen am Himmel über Sibirien hängen, denn nach drei Tagen Europa befindet sie sich wieder auf dem Heimweg. Nun reicht die Globalisierung also schon bis in meine Badewanne ...

Apropos Welt. Hier melden sie, dass sich die Studenten in Chile wieder in die Hörsäle begeben hätten, die Proteste flauten ab. Sollten die Aufmüpfigen wirklich müde geworden sein? Natürlich ist es nahezu unmöglich, Protest über Monate aufrecht zu halten, die Herrschenden setzen meist auf die Zeit, die in solchen Fällen immer für sie arbeitet. Gleichwohl: Die *Junge Welt* will unverändert Camila Vallejo zur Luxemburg-Konferenz im Januar einladen. Ich werde bei Patricio und D. in dieser Sache noch einmal nachforschen, ob sie es nicht doch einrichten kann.

[...]

Morgen wollen wir kurz ins Havelland. Ein Autor hat mich zum Grillen eingeladen, und da ich ihn schon seit Monaten vertröste, muss es endlich sein. Zumal er vier Tage später seinen 70. Geburtstag begeht. Aber wenn ich alle Einladungen dankbarer Autoren annähme, müsste ich ständig auf Tournee gehen und die Manuskripte der anderen blieben liegen, die ich mir dadurch zu Feinden machte. So kann ich denn wählen zwischen Pest oder Cholera, zwischen unhöflicher Absage von Einladungen oder dem Liegenlassen von Arbeit. Verärgert werden immer welche. Außerdem muss ich langsam Erichs Tagebuch fertigstellen.

In diesem Zusammenhang: Egon erwähnte gestern eher beiläufig, als ich erzählte, dass du das Pilzesuchen in den hiesigen Wäldern vermisstest, dass sich Erich 1986, also nach Tschernobyl, einen Geigerzähler besorgt habe, weil er den Angaben der Freunde über das Maß der Verstrahlung nicht sonderlich vertraute. Stimmt das? Ich will's nicht ausschließen, weil es irgendwo menschlich-verständlich klingt. Aber vorsichtshalber frage ich mal nach.

So, das soll's wieder gewesen sein. Ich wünsche dir ein geruhsames und mir ein arbeitsreiches Wochenende, an dem ich hoffentlich viel abtragen kann.

Sei herzlich umarmt
Frank

PS: Was ist das für ein Buch über Corvalán, kommt es in Chile heraus?

PPS: Und nicht zu vergessen: Du musst ja auch noch ein Vorwort für Erichs Tagebuch schreiben resp. umarbeiten ...

De:	Margot Feist <mfeist1@yahoo.es>
Enviado:	4. Dezember 2011, 14:56
Asunto:	Guter Wochenbeginn

Lieber Frank,

ja, wenn das mit der Globalisierung bis zu den Badezimmertüren so weiter geht, laufen vielleicht in nächster Zukunft ein paar kleine Japaner in deinen Gemächern herum ...

Zu deinen Fragen. Die hiesige Studentenbewegung resigniert nicht, aber es gibt natürlich Ermüdungserscheinungen, das ist normal nach insgesamt sechsundvierzig Donnerstag-

Märschen innerhalb eines reichlichen halben Jahres. Die Regierung machte einige Pesos locker, das ist aber auch alles.

Die Studentenorganisationen haben sich bislang auf die Linie geeinigt: zurück zum Studium bei Beibehaltung der Mobilisierung. Die Regierung hat für die Schulen kaltblütig entschieden, dass alle Schüler dieses Schuljahr nachholen müssen, was für die Familien ein schwerer Schlag ist: Sie müssen ein weiteres Jahr Schuldgeld aufbringen.

Die Studentenvertretungen werden diese Woche neu gewählt. Camila kandidiert wieder, neben ihr weitere fünf Studenten, die jeweils andere Listen und andere Meinungen über Strategie und Taktik des weiteren Vorgehens vertreten. Es ist also noch vieles offen.

Zu Egons Geigerzähler: Vielleicht weiß er mehr als ich. Wenn Erich aus verständlichen Gründen sich einen angeschafft haben sollte, müsste er auch in meinem privaten Bereich aufgetaucht sein. Ist er aber nicht. Weiß Egon nichts anderes über uns zu berichten? Wenigsten weiß er nun, dass ich das Pilzesuchen im deutschen Wald vermisse.

Das Corvalán-Buch* wird von einer kleinen Gruppe, zu der auch D. gehört, vorbereitet. Derzeit wird noch diskutiert, welche Beiträge der verschiedenen Genossen, die mit Corvalán zusammen waren, aufgenommen werden sollen und welche nicht. So wird sich die Veröffentlichung noch etwas hinziehen. Wir sind in Chile! [...]

Das Vorwort habe ich unter Nutzung deines Angebotes schon einmal geschrieben, warte aber auf deine nächste Sendung überarbeiteter Aufzeichnungen. In Ordnung?

Wünsche dir eine gute Woche.

Herzlichst
Margot

*Luis Corvalán (1916–2010) führte seit 1958 die KP Chiles als Generalsekretär und war einer der führenden Organisatoren und Führer der Unidad Popular. Nach dem faschistischen Putsch 1973, den die CIA maßgeblich initiiert hatte, kam Corvalán auf die KZ-Insel Dawson. Er wurde durch die internationale Solidarität freigekämpft und 1976 gegen den sowjetischen Dissidenten Bukowski ausgetauscht. 1988 kehrte Corvalán nach Chile zurück. Bis zu seinem Tode gehörte er dem ZK an

De:	Margot Feist <mfeist1@yahoo.es>
Enviado:	19. Dezember 2011, 12:13
Asunto:	Weihnachten ante portas

Guten Tag, lieber Frank,

nun leuchten bald die Lichtlein am Baum und damit die Aussicht auf ein paar ruhige Tage. Der Jahresabschluss hat wahrscheinlich viel Stress mit sich gebracht, aber die Arbeit übers Jahr hat sich sicher gelohnt. Ich bedanke mich für die Büchersendungen und staune, was ihr so alles herausbringt.

Bei mir gibt es nichts Neues. Am Wochenende herrschte viel Trubel, als die Urenkelin ihren elften Geburtstag feierte. Hier kommt nun mit der Ferienzeit auch so eine Art politische »Saure-Gurken-Zeit«. D. hat mir gesagt, dass er deine Anfrage wegen der Reise Camilas weitergeleitet hat. Zur Zeit werten die Studenten die Wahlen aus.

In Gedanken schlendere ich mit euch über den Berliner Weihnachtsmarkt.

Für heute liebe Grüße
Margot

Von:	Frank Schumann, <edition-ost@aaagentur.com>
Datum:	19. Dezember 2011, 22:32
Betreff:	Re: Saludos

Liebe Margot,

anbei wieder einige Seiten aus dem Buch. Und da wir 192 Seiten planen (und auch noch Illustrationen hineinkommen), haben wir also schon mehr als die Hälfte geschafft.

Dein Pessimismus scheint mir unbegründet, allenfalls gestehe ich dir Skeptizismus zu. Aber: Das Unleserliche und Unverständliche wird gestrichen und durch drei Punkte ersetzt, Wiederholungen tilgen wir, Basisinformationen werden in den Anmerkungen geliefert. Dann noch seine Abschlusserklärung, und die Sache ist wirklich rund.

Die Botschaft, die wir damit vermitteln wollen, kommt klar rüber:

a) Honecker ist kein »privater« Häftling, sondern sitzt stellvertretend für das Land und die Idee.

b) Auch im Knast verfolgt er die Vorgänge draußen, das heißt er hat keineswegs mit der Gesellschaft abgeschlossen, bis zum Schluss nicht.

c) Er ist ein Mensch mit normalen Empfindungen und kein Roboter.

Ich bin ganz optimistisch, dass wir es packen werden. Na klar, er ist kein Literat, manchmal wünschte ich mir mehr Details zu den Haftbedingungen, zu Personen, die ihn besuchen, zu den Umständen etc. Auch ein wenig Reflexion statt immer wiederkehrender Feststellungen über die Lage wäre besser gewesen. Aber die Defizite sind zu verkraften, im Kontext funktioniert es. Ein schönes persönliches Denkmal.

Wo überhaupt ist die Post abgeblieben, von der er (zu Recht) schreibt, dass man sie auswerten müsse?

Kannst du dir die Seiten bitte wieder ausdrucken, damit du die Fußnoten entziffern kannst?

Herzlichst
Frank

De: Margot Feist <mfeist1@yahoo.es>
Enviado: 20. Dezember 2011, 21:22
Asunto: Antwort

Lieber Frank,

vielen Dank. Ich sehe schon klarer und stimme deiner Einschätzung a bis b zu. Ich denke, das kommt rüber. Da er auch in diesen Aufzeichnungen, wie immer im Leben, versuchte, seine Gefühle zurückzunehmen, deutet er vieles, was ihn bewegte, nur an: die Sorge, dass er es nicht mehr bewerkstelligen könnte, sich vor dem Gericht Gehör zu verschaffen, die Enttäuschung über einstige Weggefährten, Sorgen um die Familie und um das Land. Wer sich nur etwas in seine Situation einfühlen kann, wird seinen Text wohl nicht ohne Emotion lesen.

Ich mache dir ein Kompliment: Du bist gründlich in deinem Bemühen, das Geschriebene so herzustellen, wie es gedacht und gemeint war. Die Anmerkungen runden das Ganze ab, bieten einen Einblick ins Historische. Hoffentlich sind sie im Buch wegen der kleinen Schrift lesbar? Ich hatte sie mir ausgedruckt, trotzdem waren sie schwer zu erkennen. Wichtig ist wirklich, dass Erichs Erklärung vor Gericht aufgenommen wird.

Ich habe einige ganz kleine Unkorrektheiten zu berichtigen:
Seite 19, Anmerkung 5 muss heißen: Manfred, Schwager, Erika Tochter aus erster Ehe.
Seite 21, Anmerkung 2 MH. Hauptamtlich in der Jugendbewegung, »in der Jugendhilfe« streichen (war ich nie tätig).
Seite 50: Erich schreibt über die Errichtung des Zementwerkes in Kuba, es muss heißen »in Cienfuegos«, nicht Neoevitos.
Seite 71: Im Zusammenhang mit Erika ist die Rede davon, dass ihre Kinder vom Jugendamt ins Heim eingewiesen wurden. Das ist ein Irrtum, das ist nie geschehen.

Herzlichst
Margot

De:	Margot Feist <mfeist1@yahoo.es>
Enviado:	20. Dezember 2011, 22:37
Asunto:	Nachtrag

Ich vergaß, dies vorher anzuhängen:

Entwurf

Lange habe ich gezögert, diese letzten Aufzeichnungen Erich Honeckers aus der Hand zu geben. Sie sind teils wie in einem vertrauten Gespräch mit mir und der Familie geschrieben. Ich meinte, dass man Privates, solches das auch Empfindungen offenbart, besser im privaten Raum bewahren sollte.

Mein Mann begann mit diesen Aufzeichnungen mit dem Tag seiner Einlieferung ins Gefängnis Moabit. Er schrieb auf Anraten seines Verteidigers Friedrich Wolff eine Art Tagebuch, das auch Aufschluss geben sollte für den Prozess. Er hatte keine Schreibmaschine, er schrieb mit der Hand. Mit dem Fortschreiten seiner Krankheit schwanden seine Kräfte, wurde seine Handschrift immer schwerer lesbar und seine Gedanken oft sprunghaft.

Nach den ersten ärztlichen Untersuchungen in Berlin war ihm gesagt worden, dass der bösartige Tumor in der Leber sich aggressiv weiter entwickelt. Erich Honecker wollte sich mit der ihm verbliebenen Kraft und Lebenszeit vor allem auf den Prozess konzentrieren.

Wenn ich mich, auch dem Rat guter Freunde folgend, nun doch entschloss, die Aufzeichnungen der Öffentlichkeit zugänglich zu machen, so deshalb, weil sie nicht nur einen wahrhaften Einblick geben in einen kurzen Abschnitt Erich Honeckers kämpferischen Lebens, sondern auf einen in der deutschen Geschichte schwer wiegenden Zeitraum. So könnten die Aufzeichnungen hilfreich sein in der politischen Auseinandersetzung um die Geschichte, indem sie einige Wahrheiten ins Licht rücken inmitten der Lügen, Fälschungen und Verleumdungen, die täglich nun schon seit über zwei Jahrzehnten verbreitet werden. Und alles deutet darauf hin, dass auch weiterhin Heerscharen aufgeboten werden, berufen, geschichtliche Wahrheiten unter den Teppich zu kehren, den Sozialismus zu diskreditieren, Kommunismus und Kommunisten zu verteufeln. Nichts ist dieser herrschenden Klasse in ihrem Selbsterhaltungswahn heilig, sie kennen keine ethischen Normen, ihre Hassgesänge entspringen nun mal ihrer Klassenmoral.

Unsere Gegner agieren so, weil sie nicht akzeptieren können, dass eine andere Gesellschaft als die, in der wir zur Zeit leben, nötig und möglich ist, sie können nicht verzeihen, dass eine sozialistische Gesellschaft auf deutschem Boden schon einmal errichtet wurde und immerhin vierzig Jahre existierte und so ihre Herrschaft über ganz Deutschland verhindert war. Jene, die in den Diensten des zeitweilig über den Sozialismus triumphierenden Kapitalismus stehen, von geschichtlichen Wahrheiten überzeugen zu wollen, ist vergebliche Mühe und nicht unser Anliegen. Mir begegnen immer wieder Menschen, vor allem auch jüngere, die nachdenklich geworden sind und fragen, ob diese Gesellschaft eine Zukunft hat, Menschen, die sich Wahrheiten nicht verschließen wollen.

Zu Nachdenklichkeit anzuregen, dazu könnten auch diese Aufzeichnungen beitragen, die nun aus Anlass des bevorstehenden 100. Geburtstages Erich Honeckers veröffentlicht werden. Seinen 80. Geburtstag verbrachte er in Moabit. Zu diesem Zeitpunkt wurde seine schwere Erkrankung öffentlich. Ich rief von Chile aus zur Solidarität mit meinem Mann auf. Ich erklärte: »Ich bin mir sicher, mein Mann wird, so lange er lebt, nicht nur sich und seine Genossen verteidigen, sondern auch das Unrecht anklagen, das zehntausendfach den Bürgern der DDR angetan wurde, indem man aus der demokratischen friedlichen Wiedervereinigung eine Okkupation der DDR machte.«

Ich habe mich nicht geirrt.

Die Aufzeichnungen enthalten Fakten und Hinweise, die den politischen Prozess gegen Honecker und Genossen in Erinnerung rufen. Es ging dabei nicht um Juristisches, nicht um

Personen, es ging um Politk. Nachdem das kapitalistische Deutschland sich das sozialistische Deutschland unterworfen hatte, demonstrierte der kapitalistische Staat, wie er mit Menschen umzugehen gedenkt, die eine andere als die kapitalistische Gesellschaft wollen. Warum sonst Prozesse gegen Grenzsoldaten, Juristen, Sportler und andere Personen? Gegen 100 000 Bürger der DDR wurden Beschuldigungen erhoben, 85 000 juristische Verfahren eingeleitet, die zwar im Sande verliefen, aber die betroffenen Familien ins Unglück stürzten. Auch wenn man es nicht wahrhaben will – und es waren damals viele, die durch die konterrevolutionären Ereignisse irritiert waren –, so ist es eine unbestreitbare Tatsache, dass die juristische Verfolgung eine politische Abrechnung der BRD mit der DDR war. Mehr noch: Der Kapitalismus maßte sich an, über den Sozialismus zu Gericht zu sitzen.

Die herrschende Politik tat und tut alles, um diese gesellschaftlichen Zusammenhänge zu verschleiern, sie zu leugnen. Nicht alle ließen sich beirren. Klar Denkende sahen diese Zusammenhänge. Auch im bürgerlichen Lager gab es Persönlichkeiten, die die Prozesse kritisch beurteilten. Günter Gaus, der als ständiger Vertreter der BRD in der DDR wirkte, der sich als radikaler Demokrat verstand, an diese Ordnung glaubte und sie vertrat, schrieb in seinem Buch »Kein einig Vaterland« im Jahre 1998: »Der Wille, die DDR-Geschichte juristisch aufzuarbeiten, hatte die unvermeidliche Zuspitzung auf Totschlag zur Folge. Der Prozess setzte erstens voraus, dass Honecker die Mauer allein und aus Böswilligkeit gebaut hatte und anzuklagen sei. Das ist geschichtslos. Wahr ist, an der Elbe existierte tatsächlich die gefährlichste Militärgrenze der Welt. Dass Honecker das auch gesagt hat, macht jedoch nicht, dass es falsch ist.« Und Gaus meinte am Ende des Honecker-Verfahrens , dass »wirkliche Schuld« erst noch verhandelt werden müsse. »Ich denke aber, dass der Bau der Mauer der falsche Punkt ist. Denn es hat keinen Sinn, so zu tun, als sei die DDR eine abtrünnige Provinz der Bundesrepublik gewesen. Es gab zwei unabhängige deutsche Staaten, von der ganzen Welt anerkannt.«

Über zwei Jahrzehnte sind vergangen. Es braucht seine Zeit, bis tatsächlich Wahres sich durchsetzt. Ein ungetrübter Blick auf Vergangenheit und Gegenwart wird vehindert durch den Nebel, den die herrschende Politik über den tatsächlichen Verlauf der Geschichte verbreitet. Tatsachen lassen sich aber nicht auf Dauer leugnen.

Tatsache ist: So lange das sozialistische Deutschland existierte, gab es im kapitalistischen Deutschland keinen rabiaten Sozialabbau. So lange das sozialistische Deutschland existierte, war das kapitalistische Deutschland gehindert, seine Söhne wieder in Kriege zu schicken.

Heute gibt es wieder ein kapitalistisches Großdeutschland, das seinen Nachbarn und der Welt Unbehagen einflößt in seinem Bestreben um Vorherrschaft. Unbehagen nicht zuletzt auch deshalb, weil schon wieder Nationalisten und Nazis, jetzt Rechtsextremisten genannt, ihr Unwesen treiben können. Die Wurzeln des Faschismus wurden in der alten BRD nie ausgerottet, es war schließlich das gleiche bürgerlich-kapitalistische System, und sie werden mit der blindwütigen Diskreditierung des Sozialismus, dem törichten unheilvollen Antikommunismus, wieder belebt.

Ein ungetrübter Blick auf unsere Geschichte, auf die Vergangenheit und auf die Gegenwart, sollte nachdenklich machen und Nachdenken darüber befördern, welche Schlussfolgerungen für Gegenwart und Zukunft zu ziehen sind.

Erich Honecker blieb bei der Überzeugung, dass auch in Deutschland erneut gesellschaftliche Kräfte auf den Plan treten werden, die andere gesellschaftliche Verhältnisse erstreiten werden. Obgleich schwerkank, ist er bis zum Ende seines Lebens für seine Überzeugungen eingetreten. Davon sprechen auch diese Aufzeichnungen.

Margot Honecker

Von:	Frank Schumann <edition-ost@aaagentur.com>
Datum:	24. Dezember 2011, 16:38
Betreff:	Weihnachtsgruß

Liebe Margot,

ehe ich jetzt das Büro schließe und zur Familie eile, möchte ich noch ein paar Grüße an dich loswerden, wobei wir wohl gewiss zu jenen gehören, die nicht deshalb sentimental werden, nur weil es der Kalender vorschreibt. Das trübe, regnerische Wetter tut sein Übriges: Da kommt keine Weihnachtsstimmung auf.

Was aber ist das überhaupt: Weihnachtsstimmung? Allenfalls eine Erinnerung an unbeschwerte Kindertage. Da roch es im Hause wirklich anders als sonst das ganze Jahr, und außerdem lag (meistens) Schnee. Da konnte man anderentags gleich die Ski oder den Rodelschlitten ausprobieren und den neuen Anorak über die Dorfstraße tragen.

Wir hatten dieser Tage eine kleine Weihnachtsfeier mit den Mitarbeitern, zu der jeder und jede, wie es in der DDR Brauch, etwas mitbrachte: vom obligatorischen Nudelsalat bis zu den eingelegten Pilzen, die man im Herbst gesucht hatte. (Wobei mir einfällt: In diesem Jahr war ich mit meiner Taube nicht ein einziges Mal in den Pilzen.) Zwischendurch wurde bilanziert, was die Spitzenreiter der Verlagsgruppe in diesem Jahr waren.

Ohne Honecker 1994 hätte es keine edition ost in der Weise gegeben, wie sie sich entwickelt hat, und ohne Honecker 2012 dürfte sich die edition ost vermutlich nicht so behaupten können, wie es geschehen wird.

So, nun schließe ich für zwei Tage den Verlag. Gestern ist auch Willie, mein Zweiter, eingetroffen, er kam direkt aus Korea, wo er sich zwei Wochen aufgehalten hatte. Er brachte, da er zufällig wohl einer der wenigen TV-Leute vor Ort war, einige O-Töne bei der *Deutschen Welle* und *RTL* unter. Als Kim Jong-il starb, war er gerade am 17. Breitengrad. Die Nordkoreaner hatten, was nicht ungewöhnlich ist, die Meldung einige Zeit zurückgehalten. Dass sie aber nun diesen pausbäckigen Bengel als Nachfolger präsentieren, halte ich aus mehreren Gründen für keine gute Lösung. Nun ja, das aber ist deren Entscheidung, da müssen nicht auch noch wir unseren Senf dazugeben.

Sei herzlich umarmt
Frank

PS: In der nächsten Woche kommt der Rest vom Tagebuch mit Bitte um rasche Korrektur. Mitte Januar soll der Umbruch in die Druckerei, damit das Buch am 15. Februar ausgeliefert werden kann.

PPS: Innige Grüße auch von Eric, mit dem ich gestern längere Zeit telefonierte. Er hat eine schwere Bronchitis (wie Sonja) überstanden und lag einige Wochen richtig auf der Nase, wie er sagte.

* Kim Jong-il (1941–2011) folgte seinem Vater Kim Il-sung (1912–1994) an der Spitze Nordkoreas nach, er verstarb am 17. Dezember. Sein 28-jähriger Sohn Kim Jong-un, der Jüngste von drei Söhnen, wurde unmittelbar danach zum »Obersten Führer« der Demokratischen Volksrepublik Korea berufen.

De:	Margot Feist <mfeist1@yahoo.es>
Enviado:	24. Dezember 2011, 16:53
Asunto:	Weihnachtsgrüße aus Santiago

Lieber Frank,

auch ich wünsche dir ein paar angenehme Tage mit deiner Taube Emma und deinen Söhnen. Ein gesundes und möglichst gutes 2012 auch für eure Verlage. Wir sind in Familie bei der Tochter, ich muss das Essen vorbereiten, damit es allen schmeckt.

Wir haben zweiunddreißig Grad, auch nichts für Weihnachtsstimmung. Die gab es in der Tat allenfalls, als die Kinder noch klein waren. Schafft euch Enkel an und Weihnachten wird wieder ein richtiges Weihnachten.

Guten Rutsch,
herzlichst Margot

PS: Liebe Grüße auch an Eric

Von:	Frank Schumann <edition-ost@aaagentur.com>
Datum:	30. Dezember 2011, 13:42
Betreff:	Rezension in der F. A. Z. zu Gerd Königs* Erinnerungen

Liebe Margot,

soeben kommt diese Rezension rein. Naja, sie werden es nie begreifen. Immer nur an der Oberfläche, immer die gleichen Phrasen. Aber: Any press is a good press. So erfährt das gehobene Bürgertum von der Existenz dieses Buches. Und das ist für seine Verbreitung hilfreich.

Bis gleich
Frank

* Gerd König (1930–2009) war Vize-Außenminister und von 1987 bis 1990 letzter DDR-Botschafter in Moskau. In den postum erschienenen Erinnerungen (»Fiasko eines Bruderbundes«), die nicht nur eine einzigartige Geschichtsquelle darstellten, reflektierte und analysierte der Diplomat sehr kritisch und kenntnisreich die problematischen Beziehungen zwischen der Sowjetunion und der DDR

De:	Margot Feist <mfeist1@yahoo.es>
Enviado:	30. Dezember 2011, 17:12
Asunto:	Nicht ärgern

Wir wissen doch, wer da Dreck schleudert.

Von:	Frank Schumann <edition-ost@aaagentur.com>
Datum:	31. Dezember 2011, 11:36
Betreff:	Fachfrage

Liebe Margot,

bevor ich ausführlich schreibe (und den Rest des Tagebuchs liefere) zwischendurch eine kurze Frage: Wer waren Gerhard und Gisela sowie Erika und Wolfgang, die Erich am 6. November 1992 in der Haft besuchten?

Hast du eine Ahnung, wer sie gewesen sein könnten?

Herzlichst
Frank

De:	Margot Feist <mfeist1@yahoo.es>
Enviado:	31. Dezember 2011, 12:28
Asunto:	Antwort

Lieber Frank,

es handelt sich um Gerhard und Gisela Rollack. Gerhard war ein alter Genosse von Erich und mir, einer der Mitbegründer der FDJ, bis ins hohe Alter verantwortlich tätig in der Deutsch-Sowjetischen Freundschaft. Gisela, seine Frau, war ebenfalls eine aufrechte Genossin. Beide gehörten zu den ersten, die uns bei Pfarrer Holmer und später in Beelitz aufsuchten. Gerhard ist inzwischen verstorben, Gisela besuchte mich vor Jahren in Chile.

Erika ist die Tochter aus Erichs erster Ehe. Wolfgang könnte Wolfgang Vogel gewesen sein.

Du bist also schon wieder fleißig am Wirken, ja die Zeit drängt wie immer.

Umarmung
Margot

Von: Frank Schumann <edition-ost@aaagentur.com>
Datum: 31. Dezember 2011, 12:47
Betreff: Weitere Fachfragen

Liebe Margot,

ich habe – wie angedroht – weitere Fragen im Zusammenhang mit dem Tagebuch: Erich hat wiederholt mit dir telefoniert, wie er andeutet. Wie lief das? Hast du von Chile aus angerufen, oder rief er dich an? Gab es im Haftkrankenhaus einen Münzer? Musste er jeden einzelnen Anruf beantragen, oder gab es eine generelle Regel, die vom Gericht bewilligt wurde? Zweimal in der Woche, oder so? Habt ihr lange telefoniert oder eher kurz?

Das wären Infos für die Fußnoten.

Bis gleich,

herzlichst
Frank

De: Margot Feist <mfeist1@yahoo.es>
Enviado: 31. Dezember 2011, 16:43
Asunto: Kleiner Hinweis

Lieber Frank,

habe das Corvalán-Buch »Gespräche über das andere Deutschland« nun bei der Hand und zitiere mich. Es heißt auf Seite 115: Am 24. September hatte mein Mann die Erlaubnis erhalten ... Auf Seite 117 heißt es: »Am Heiligabend durfte er mich anrufen.« (Es folgt der Inhalt des Gespräches.)

Genauere Auskunft kann dir Friedrich Wolff geben, vor allem was die Regelungen für die Gesprächserlaubnis durch das Gericht betrifft. Ich habe Erich nie danach gefragt. Nach meiner Erinnerung hat Erich von dort nach Chile angerufen. Unsere Gespräche drehten sich um Aktuelles und sein Befinden, er äußerte sich viel zum Prozess (siehe seine

Notizen oder in meinem Buch mit Corvalán). Ich berichtete ihm von der Familie. Die Gespräche waren nicht übermäßig lang, aber nie kurz.

So ist das mit mir. Ich erinnere mich, dass wir sprachen, und auch worüber, aber das Drum und Dran und wie das vonstatten ging, war unwichtig. Darum weiß ich nichts mehr davon.

Margot

De: Margot Feist <mfeist1@yahoo.es>
Enviado: 2. Januar 2012, 13:09
Asunto: Grüße

Lieber Frank,

liebe Grüße zum Jahresbeginn, es ist alles angekommen. Meine Tinte im Drucker ist alle, ich muss schnell eine Patrone kaufen gehen – und das bei morgendlichen dreißig Grad.

Ich melde mich wieder.

Was ist eigentlich mit dem Vorwort?

Bis bald
Margot

De: Margot Feist <mfeist1@yahoo.es>
Enviado: 2. Januar 2012, 19:23
Asunto: Bemerkungen

Lieber Frank,

gute Arbeit lohnt sich. Mir scheint, durch die Bearbeitung ist gelungen, was du erreichen wolltest. Die uns nicht mögen, werden mit Sicherheit in gewohnter Weise über das Buch und über Erich herfallen. Historisch gesehen sind die Aufzeichnungen ein Beitrag, die BRD als einen Staat zu entlarven, in dem Recht und Humanismus mit Füßen getreten werden, wenn es gegen Andersdenkende geht, ein Staat, in dem Antikommunismus Staatspolitik ist. Wie schon gesagt: Die ausführlichen Anmerkungen sind dabei sehr wertvoll.

Einige Ergänzungen meinerseits:

Auf Seite 15 schlage ich vor, den letzten Satz im ersten Abschnitt zu streichen. Was Erich im Text zu den westlichen Anwälten schreibt, reicht aus.

Seite 119, erster Abschnitt, bezogen auf Wolff: »Deutlich war mir, dass er G. und M. für Feinde hielt.« Das ist eine Deutung von Wolff. Erich bezeichnete die Genannten nie als Feinde. Er verurteilte hart ihre Haltung und ihre Handlungen, die bestenfalls das Tun der Feinde begünstigten. Modrow setzte er auch nie mit Gysi gleich.

Seite 127: Im Absatz »Die Helden im PB ...« bin ich für streichen, und zwar den Satz: »Was unterscheidet die Leute von Stalin ...« Hier liegt offensichtlich ein Gedankensprung zum nächsten Abschnitt vor, in dem er von den »neuen Herren« schreibt. Ich glaube nicht, dass er einen Vergleich zum Politbüro zog, wohl aber die »neuen Herren« und deren Verhalten mit Stalin in Verbindung brachte.

Seite 130: Hier sollte man genauer werden. »Zweckdienliche Zuspitzung« im Schürer-Bericht ist unpräzise, dadurch wird die Wahrheit verwässert. Ich gebe dazu einige Hinweise aus Veröffentlichungen von Experten: Dr. Hermann Leihkauf, Stellvertreter in der Staatlichen Plankommission, schreibt: »Nach Einschätzung von Mitgliedern des ZK der SED, die am 10. Plenum teilnahmen, haben die Mitteilungen über die Verschuldung der DDR Schock und Verwirrung ausgelöst. Nicht nur dort. Von den ›Bürgerrechtlern‹ wurde, mit Unterstützung von ›Fachleuten‹, dafür gesorgt, dass der Schock größere Kreise erfasste. [...] Ohne dieses Pleiteszenarium wäre die feindliche Übernahme der DDR, die Zerschlagung ihrer Strukturen und ihrer Sicherheitsorgane sowie die Reprivatisierung der Wirtschaft mit Sicherheit nicht so widerstandslos verlaufen. Nicht zuletzt hat diese Verschuldungslüge der Delegitimierung der DDR Vorschub geleistet und viele daran gehindert, die Errungenschaften der DDR zu verteidigen.«

Klaus Blessing, bis Dezember Leiter der Abteilung Maschinenbau im ZK, schreibt zum Schürer-Bericht: »Es ist spätestens seit 1999 bewiesen, dass wesentliche im Schürer-Bericht enthaltene Aussagen, insbesondere jene über die Verschuldung der DDR in kapitalistischen Ländern, nicht den Tatsachen entsprachen. Tatsache ist: Sowohl gegenüber den sozialistischen Ländern wie auch gegenüber den kapitalistischen Ländern war die DDR bis 1989 in der Lage, alle Zahlungsverpflichtungen zu erfüllen. Das bestätigen die Berichte der Deutschen Bundesbank über die ›Zahlungsbilanz der ehemaligen DDR 1975 bis 1989‹ und weitere bundesdeutsche Dokumente.

Das Resümee all dieser Untersuchungen besagt: Die DDR hatte 1989 keine Auslandsschulden. Realen Schulden im NSW von 20 Milliarden VM standen Guthaben in Höhe von 23,4 Milliarden VM gegenüber.«

In dem bei euch verlegten Buch von Blessing »Die Schulden des Westens« gibt es im Abschnitt »War die DDR bankrott?« weitere Angaben.

Eigentlich scheinen mir die Anmerkungen etwas zu lang (rein optischer Eindruck), aber an dieser Stelle zu den Schulden bin ich für etwas mehr. Es ist auch meine Erfahrung von 1989, dass diese Lüge aus dem Schürer-Bericht die gesunden Kräfte erheblich lähmte.

Lieber Frank, das ist erst mal das, was mir aufgefallen ist.

Frohes Schaffen, ich denke an dich

Herzlich
Margot

Von:	Frank Schumann <edition-ost@aaagentur.com>
Datum:	4. Januar 2012, 16:54
Betreff:	Word-Dokument

Liebe Margot,

anbei, wie vorhin besprochen, das gesamte Buch als Word-Dokument.

Da du ja an deinem Rechner die spanische Tastatur hast, werden alle Umlaute und das Eszett nicht transkribiert, aber zum Lesen und Redigieren sollte es reichen.

Herzlichst
Frank

PS: Es sieht so aus, als muss Eric unters Messer – Probleme mit der Niere ... Sie nahmen Gewebeproben, er wollte sich danach gleich melden. Was er bis jetzt nicht tat. Das werte ich nicht unbedingt als gutes Zeichen. Ich werde heute Abend versuchen ihn zu erreichen.

De:	Margot Feist <mfeist1@yahoo.es>
Enviado:	4. Januar 2012, 23:13
Asunto:	Korrekturen

Lieber Frank,

ich habe kleine Streichungen vorgenommen, ganz wenig korrigiert (ich glaube, es kenntlich gemacht zu haben). Bitte sage mir, ob alles bei dir angekommen ist. Es müsste eigentlich, wenn ich nichts falsch gemacht habe. Bin halt kein ausgewachsener Computerkenner.

Sicher wirst du einiges nach deinem Gespräch mit Friedrich Wolff ergänzen, aber das brauche ich nicht noch einmal zu lesen.

Jetzt habe ich einen vollen Arbeitstag am Buch hinter mir, unterbrochen von Aufsichtspflichten bei der Urenkelin. Bei

mir hier ist es 17:15 Uhr, du kannst dich in Berlin also bald zur Ruhe begeben.

Ganz herzliche Grüße an den lieben Eric, hoffentlich wird alles gut.

Sei umarmt
Margot

Von:	Frank Schumann <edition-ost@aaagentur.com>
Datum:	4. Januar 2012, 23:36
Betreff:	Re: Korrekturen

Liebe Margot,

vielen Dank für die große Mühe. Das Dokument ist angekommen. Doch ich fürchte, du hast deine Änderungen – auch wenn sie nur gering waren – nicht gespeichert, d. h. du hast mir das gleiche Dokument zurückgeschickt. An dem hier vorliegenden wurden keine Veränderungen vorgenommen, ich habe jedenfalls keine feststellen können.

Kannst du mal bitte schauen, ob du die korrigierte Fassung noch auf deinem Rechner hast?

Ich weiß, dass ich dir mit diesem technischen Mist auf die Nerven gehe, aber die letzten Meter schaffen wir auch noch ...

Bei uns ist es inzwischen sechs Stunden später – nun schließe ich das Büro.

Sie herzlich gedrückt
Frank

De:	Margot Feist <mfeist1@yahoo.es>
Enviado:	5. Januar 2012, 11:56
Asunto:	Mist gebaut

Lieber Frank,

gedulde dich, gestern Abend konnte ich nicht weiter arbeiten, die Botschafterin Nikaraguas besuchte mich, und heute muss ich Genossen des ZK der KP Chiles empfangen.

Natürlich habe ich Mist gebaut, nicht abgespeichert. Es sind ja nur kleine Änderungen, vornehmlich Streichungen, auf die ich schon hingewiesen hatte. Ich mache das alles natürlich noch einmal, wenn es notwendig ist.

In Eile
Margot

De:	Margot Feist <mfeist1@yahoo.es>
Enviado:	5. Januar 2012, 16:46
Asunto:	Re: Korrektur

Lieber Frank,

ich habe mich bemüht, die gestrichenen Sätze oder Worte durch Punkte anzuzeigen. Jetzt habe ich erst einmal die Nase voll. Ich hoffe, dass die Übermittlung klappt.

Umarmung
Margot

Von: Frank Schumann <edition-ost@aaagentur.com>

Datum: 10. Januar 2012, 21:32

Betreff: Uff, geschafft

Liebe Margot,

seit Tagen habe ich mich nicht gemeldet – entschuldige bitte. Ich habe noch die letzten Striche am Umbruch gemacht, morgen gehen die »Letzten Aufzeichnungen« in die Druckerei. Denen ich bisher die Fahne zu lesen gab (auch Nachgeborenen, also jungen Menschen), die sind hin und weg. Auch wenn der Gegenstand alles andere als begeisternd ist, wird genau das sehr überzeugend vermittelt, was wir deutlich machen wollten: Diese Klassenjustiz kennt kein Erbarmen, und sie maßt sich ein moralisches Recht an, das sie nicht besitzt. Natürlich werden sich unsere Gegner die Mäuler zerfetzen (das tun sie im Übrigen auch ohne dieses Buch), weil der Honecker nicht zu Kreuze kroch, keine Selbstkritik übte und an seinen Prinzipien festhielt ...

Am Donnerstag fahre ich nach Wandlitz zu Friedrich Wolff. Ich will ihn noch zu Details befragen (auch wenn er mir heute am Telefon sagte, er wisse auch nicht sehr viel, weil er Erich immer nur im Besucherraum traf). Das will ich dann als Fußnote noch in die Druckerei nachreichen. Außerdem soll er auch einen Blick auf den Umbruch werfen, damit wir alles wasserdicht haben.

Jetzt feiern sie zwar inzwischen 300 Jahre Friedrich II. hierzulande – wir werden ihnen aber mit 100 Jahren Erich eine wirksame Entgegnung bieten.

Aber was schwadroniere ich über die Arbeit! Wie ich sehe, ist in Chile viel mehr los. Der Bildungsminister ging als Bauernopfer über die Wupper, im Süden brennt der Wald und Piñera* macht dafür die indigene Bevölkerung haftbar. Das scheint mir Öl im Feuer zu sein, oder macht die Partei etwa Pause?

Hierzulande gibt es nur Sturm im Wasserglas. Die Journaille treibt Wulff** vor sich her und einige Spießer auf die Straße.

Sie protestierten am Samstag vor seinem Amtssitz in Berlin und schwenkten Schuhe, weil das in Arabien Ausdruck höchster Verachtung ist. Rechte, die Herrn Sarrazin*** frenetisch zujubelten, als dieser sich von Wulffs Feststellung, der Islam gehöre zu Deutschland, scharf distanzierte, forderten »Wulff in die Produktion!« und »Wir sind das Volk!«. Ich möchte wetten, dass die Brüller nicht einmal wissen, welchen Ursprungs die Forderungen sind. Es wird immer absurder hierzulande. (Anbei ein paar Bildchen vom Zirkus.)

Sei herzlich umarmt und schwitz nicht zu sehr unter der Sonne des Südens
Frank

*Sebastián Piñera war von 2010 bis 2014 chilenischer Staatspräsident, dem Milliardär folgte Michelle Bachelet, eine Kinderärztin, die schon einmal von 2006 bis 2010 amtiert hatte. Die Tochter eines Luftwaffengenerals floh nach dem Putsch 1973 in die DDR, lernte am Herder-Institut in Leipzig Deutsch und studierte an der Humboldt-Universität zu Berlin Medizin.

**Bundespräsident Christian Wulff (CDU) musste im Jahr 2012 sein Amt wegen Korruptionsvorwürfen niederlegen. In der Affäre spielte die *Bild*-Zeitung eine wichtige Rolle. »Wer mit *Bild* im Fahrstuhl nach oben fährt, fährt mit ihr auch wieder hinunter«, hieß es dazu aus dem Verlagshaus.

***Thilo Sarrazin (SPD), von 2002 bis 2009 Finanzsenator in Berlin, bekannt für rassistische Äußerungen, schuf 2010 mit seinem Buch »Deutschland schafft sich ab: Wie wir unser Land aufs Spiel setzen« Nationalisten und rechten Gruppen ein Standardwerk

De:	Margot Feist <mfeist1@yahoo.es>
Enviado:	10. Januar 2012, 22:00
Asunto:	Skepsis

Lieber Frank,

ich hatte mir gedacht, dass du genügend Arbeit hast, und nicht nur an Erichs Buch. Natürlich, wenn man so viel daran gearbeitet hat wie du, darf man ein wenig euphorisch sein, ich bin eher etwas skeptisch. Die Leute haben so viel um die Ohren, Vergangenes verdrängt man lieber. Na, wir werden sehen. Kann ja sein, dass der Gegner mit seinen Gehässigkeiten mal wieder etwas Reklame für uns macht.

Hier ist wirklich einiges in Bewegung. Die Kommunalwahlen beginnen, und Rechte und Linke (darunter allerdings auch einige, die kaum als links eingestuft werden können) stellen sich auf. Die Kommunisten haben einige junge Leute, die sich in der Studentenbewegung engagiert haben, als Bürgermeisterkandidaten nominiert.

Die Concertatión (Sozial- bis Christdemokraten) will (mit Hilfe der KP) wieder ans Ruder. Kompromisse sind gefragt, das heißt natürlich auch notwendig. Nach meinem Verständnis ist es aber nicht nötig, wenn zum Beispiel die KP ihrer Bruderpartei in Nordkorea das Beileid zum Ableben von Kim Il-sung ausspricht und der Innenminister, ein ziemlich rechter Christdemokaten-Häuptling, darüber seiner hellen Empörung Ausdruck verleiht, dass sich die Partei anschließend dafür öffentlich entschuldigt. Ausgerechnet Camila musste das tun.

Am Wochenende war ich auf dem traditionellen Fest der Partei »Fiesta de los Abrazos«, das immer zu Beginn des Jahres stattfindet. Das »Fest der Umarmungen« ist wörtlich zu nehmen: Da trifft man liebe Genossen aus dem ganzen Land, darunter viele, die in der DDR gelebt haben. Nach tausend Umarmungen – und das bei der Hitze! – bin ich müde nach Hause gekommen. Aber da ich mal wieder meine Schlafstörungen hatte, habe ich mehr geträumt als geschlafen.

[...]

Das wär's für heute.

Liebe Grüße
Margot

De:	Margot Feist <mfeist1@yahoo.es>
Enviado:	12. Januar 2012, 19:44
Asunto:	Gruß

Lieber Frank,

wie ich hörte, macht ihr bereits Werbung für das Buch. Es ist mir sehr unangenehm, wenn die Veröffentlichung mit meinen persönlichen Angelegenheiten in Verbindung gebracht wird.* Mir tut es nicht gut, stehe hier doch gerade mal wieder unter Feuer. Anlass ist mein Besuch des Festes der Partei, wo mal wieder einige etwas in den falschen Hals bekommen haben, was sofort nach Deutschland hinüberschwappte. Wenn ich dir gegenüber keine persönlichen Geheimnisse habe, sollten diese auch unsere Geheimnisse bleiben. Selbst wenn manche Episoden in guter Absicht benutzt werden – zu meinen Lebzeiten solltest du sie für dich behalten.

Bitte mache die möglicherweise entstandenen Lecks dicht –

Herzlich
Margot

*Der Verlag unternahm im Vorfeld des Erscheinens der »Letzten Aufzeichnungen« verschiedene Werbe- und Pressemaßnahmen. In Erwägung gezogen wurde auch ein Interview mit Margot Honecker, was diese ablehnte. Einige Vertraute in Deutschland kritisierten die Ankündigung eines Vorabdrucks im *Berliner Kurier,* witterten Verrat und das große Geld, und mancher nahm wohl auch an, dass hinter allem sie selbst stünde, womit ihr völlig unrecht geschah. So lavierte nun der Verlag zwischen aufgeregten deutschen Genossen und der verständlicherweise aufgebrachten Margot Honecker.

De:	Margot Feist <mfeist1@yahoo.es>
Enviado:	13. Januar 2012, 12:15
Asunto:	Buch

Lieber Frank,

ich habe mich dir und dem Verlag anvertraut und kann also nur zur Kenntnis nehmen, was eure Verkaufsstrategie ist.

Ich habe volles Verständnis für die Nöte unserer linken Verlage. Es riecht mir aber, was da läuft, zu sehr nach Vermarktung Honeckers. Das wollte ich nicht, wie ich auch überhaupt nicht davon ausgegangen bin, dass bei der Veröffentlichung etwas von meinen Nöten behoben werden könnte. Ich kann mich nicht erinnern, das wir während deines Besuches über Geld gesprochen hätten. Mir war und ist wichtig, dass auch von links sich zu Erich geäußert wird und wir das nicht nur den anderen überlassen. Das war der Ausgangspunkt und bestimmt meine Haltung.

Ich bin gegen das vorgeschlagene Interview. Mit den von dir geplanten Veröffentlichungen soll Erich selbst zu Wort kommen und nicht seine Witwe. Es ist viel klüger, wenn ich mich zurücknehme und andere sich äußern, auch mal Farbe bekennen, wenn es um Honecker geht.

Das ist nun mal meine Sicht.

Margot

Von:	Frank Schumann <edition-ost@aaagentur.com>
Datum:	13. Januar 2012, 12:53
Betreff:	Re: Gruss

Liebe Margot,

ich verstehe dich. Und weil das so ist, habe ich mit dir auch nie über Geld geredet. Wir gehören zu jener Schar Idealisten, denen dieses Thema nicht nur unangenehm, sondern auch uninteressant ist. Heinz Keßler beispielsweise hat, als ich ihm einen Verlagsvertrag gab, diesen entrüstet zurückgewiesen mit der Bemerkung, dass er für seine politische Arbeit nicht bezahlt werden wolle.

Allerdings erlaube ich mir Widerspruch in einem Punkte: Es geht nicht um Honeckers »Vermarktung«, sondern um die Verbreitung seiner Aufzeichnungen. Das ist ein fundamentaler Unterschied: Nicht der Verkauf, sondern die erfolgreiche

Verbreitung der politischen Botschaft steht im Vordergrund. Es genügt eben nicht, ordentliche Bücher zu produzieren – sie müssen auch unters Volk gebracht und zur Kenntnis genommen werden. Das genau ist das Dilemma der (wenigen und kleinen) linken Verlage. Die gute Botschaft an sich bleibt wirkungslos, wenn Bücher kaum Beachtung und folglich auch keine Verbreitung finden, weil niemand sie kennt. Das hat im Übrigen Willi Münzenberg in den 20er Jahren sehr gut erkannt und die Parteipresse und -publikationen in seinem als »Münzenberg-Konzern« bekannten Parteibetrieb zum Erfolg geführt, indem er auf der ganzen Klaviatur der damaligen Mediengesellschaft spielte. Und der musste damals mit den gleichen Vorhaltungen aus den eigenen Reihen leben wie unsereiner heute.

Wir machen Politik, wir sind ein Ideologiebetrieb, keine Koofmichs. Wir beide haben einander bislang bedingungslos vertraut, weil wir auf der gleichen politischen Wellenlänge liegen, und es gibt keinen Grund, daran auch nur im Geringsten zu zweifeln.

Darum nur noch einmal: Hier im Hause ist alles intern besprochen und geklärt: Jeder Euro, der mit Erichs Buch verdient wird, fließt nicht ins Unternehmen (von der Refinanzierung der Produktionskosten abgesehen). Darüber reden wir von nun an nicht mehr, denn auch unter Genossen hat der alte Spruch Gültigkeit: Was ich nicht weiß, macht mich nicht heiß. Ich werde darum nicht mir dir darüber kommunizieren, was wir im Detail machen, mit wem ich rede und was ich verabreden werde. Folglich kannst du dazu auch keine Aussagen machen, falls man dich fragt. Alle diesbezüglichen Fragen sind an den Verlag zu richten. Du kannst mich ruhig vors Loch schieben.

Und nun wird weiter gearbeitet.

Herzlichst
Frank

De:	Margot Feist <mfeist1@yahoo.es>
Enviado:	13. Januar 2012, 18:00
Asunto:	Vermarktung und Verbreitung

Lieber Frank,

danke für die Aufklärung über den »fundamentalen Unterschied«. Ich verstehe dich, und du brauchst an meinem Vertrauen zu dir nicht zweifeln.

Komme gerade vom Zahnklempner und erwarte Besuch von der kubanischen Botschaft. Ich melde mich wieder.

Herzlichst
Margot

Von:	Frank Schumann <edition-ost@aaagentur.com>
Datum:	13. Januar 2012, 18:59
Betreff:	Re: Gruß aus Santiago

Liebe Margot,

Zähne gut, alles gut?

Du hängst ja mächtig im Geschirr, ich frage mich beeindruckt, was ich da jammere?

Fritz Wolff konnte gestern nicht viel beisteuern, was ich nicht bereits aus seinem Buch wusste. An eines aber konnte er sich genau erinnern: Erich hat nie geklagt – weder über seine Lage noch über seine Krankheit. Er war ein »wunderbarer Mandant«, sagte Fritz, ein pflegeleichter, mit einem sagenhaften Namengedächtnis.

Das habe ich noch in eine aktuelle Fußnote aufgenommen und der Druckerei nachgeschoben. Und nun fliegt die Rakete ...

Morgen, so die Sonne hervorkommt, will ich mal mit meinem Enkel kurz nach Wilhelmshorst fahren, den Grabstein und das Haus von Karl Steinhoff fotografieren. Er war Brandenburgs erster Ministerpräsident und unser erster Innenminister –

Du musst ihn doch aus der Volkskammer gekannt haben. Ich sitze gerade an der Fertigstellung eines Buches über ihn.

Dann melde ich mich wieder.

Sei umarmt
Frank

Von:	Frank Schumann <edition-ost@aaagentur.com>
Datum:	23. Januar 2012, 11:53
Betreff:	Aktive Maßnahme

Liebe Margot,

ich wollte mich eigentlich erst wieder mit den ersten Seiten unseres Interview-Buches bei dir melden, doch die Lektüre des heutigen *Spiegel* treibt mich an die Tasten.

Der Bundesnachrichtendienst habe Akten freigegeben, meldet das Blatt (und Dutzende andere plappern den Unsinn sofort nach: Gib mal »Honecker« bei Google News ein), die das angeblich zerrüttete Liebesverhältnis von Margot und Erich Honecker beweisen sollen. Die Frage steht: Warum gibt man diese »Akten« ausgerechnet jetzt frei und lanciert sie via *Spiegel* in die Öffentlichkeit? Liegt es nur am 100. Geburtstag von EH im August, also in sieben Monaten?

Mir scheint: Es ist die Ankündigung der »Letzten Aufzeichnungen«, die im Februar als Buch kommen werden, die etwas ganz anderes über das Verhältnis zwischen EH und MH aussagen.

Ich würde sagen: Es handelt sich um eine aktive Maßnahme des Geheimdienstes BND, mit der eben jene Aussage, dass ihr beide ganz gut miteinander klargekommen seid, im Vorfeld unterlaufen und konterkariert werden soll.

Daraus folgt die nächste Frage: Woher wissen die in Pullach überhaupt, was in diesem Buch stehen wird, um darauf so zu reagieren? Unser Computer-Betriebssystem im Verlag ist sicher (sagen unsere Techniker, da kommt von außen keiner rein, um Daten zu ziehen). Also können nicht wir gehackt worden sein, wie das neudeutsch heißt. Das PDF-Dokument des Buches ist via Internet lediglich an die Druckerei – und an dich gegangen.

Die Übermittlung der Daten an die Druckerei erfolgte erst in der vorigen Woche. Derart kurzfristig werden die vom BND nicht reagieren, das ist eine deutsche Behörde. Mussten sie vielleicht auch nicht, weil nämlich – was uns gewiss nicht überrascht – deine Datenverbindung überwacht wird.
Was insofern auch deren Logik entspricht: Der BND ist ja der Auslandsnachrichtendienst – die Spitzelei hierzulande besorgt der Verfassungsschutz (wie erst wieder am Wochenende publik wurde: siebenundzwanzig Bundestagsabgeordnete der Linkspartei werden »beobachtet«).

Also halten wir fest: Deine Mail-Verbindung ist offenkundig angezapft, der BND liest alles mit. Auch das hier. Überrascht uns das, dass sich der Klassenfeind so verhält, wie man es von einem Klassenfeind erwarten kann? Nee, nicht wirklich ...

Die Frage ist, ob man – außer mit unserem Buch – auf diesen vermeldeten Unsinn reagieren sollte? Darüber können wir beide uns ja noch (laut und unter den Augen der BND-Spitzel) austauschen. Dies zunächst in aller Kürze zu Wochenbeginn.

Sei herzlich umarmt
Frank

De:	Margot Feist <mfeist1@yahoo.es>
Enviado:	23. Januar 2012, 13:13
Asunto:	Mich bringen sie nicht aus der Ruhe

Lieber Frank,

ich las den Unsinn schon in der *Welt*. Es könnte sein, dass sie die Wahrheit im Buch unterlaufen wollen, aber ich glaube nicht, dass diese primitive »Offensive« unmittelbar mit dem

Buch zusammenhängt. Ich glaube eher, dass sie damit die Medienkampagne zum 100. einleiten wollen und die Sache schon länger geplant war. Vielleicht ist alles auch zufällig. Wo wir Strategien vermuten, herrscht vielleicht nur die Anarchie des Nachrichtenmarktes.

Kein Zufall hingegen war, dass mein Besuch auf dem traditionellen »Fest der Umarmungen« (ich bin dort alle Jahre Gast gewesen) erstmals von der hiesigen Presse hochgespielt wurde. Es drehte sich um die »Mauer« und »den Diktator« Honecker. Auslöser war ein Interview mit Roberto. Er hatte eingewilligt, weil er naiverweise annahm, dass es darin um sein künstlerisches Schaffen gehe – was ihm auch so gesagt worden war. Das Gespräch selbst war harmlos, aber in der Zeitung mit Fotos der Berliner Mauer und Stacheldraht geschmückt worden. Und das zog nun seine Kreise. Ich glaube nicht an Zufälle. Wir können sicher noch mehr erwarten.

Zu diesem Quatsch aus den angeblichen Akten des BND sollten wir uns nicht äußern, nicht Perlen vor die Säue werfen – das Buch ist Antwort genug. Mich können sie nicht aus der Ruhe bringen.

Sei herzlich gegrüßt
Margot

Von:	Frank Schumann <edition-ost@aaagentur.com>
Datum:	23. Januar 2012, 14:38
Betreff:	Ball flach halten

Liebe Margot,

Danke für die Antwort. Den Käse in der *Welt* kannte ich nicht, aber ich denke auch, dass du recht hast: Sie schießen sich langsam auf den 100. Geburtstag ein. Wie gut, dass wir beizeiten mit seinem Selbstzeugnis auf den Plan treten.

Übrigens habe ich gerade die Liste mit den Vorbestellungen aus dem Buchhandel hereinbekommen. Von allen Titeln, die wir im Haus im Frühjahr produzieren, ist der von EH mit Abstand der am meisten vorbestellte.

Ich sehe es wie du: Wir sollten den Ball flach halten und auf diesen Quatsch nicht eingehen. Einfach ignorieren.

Sei umarmt
Frank

PS: Wir hatten zum 300. Friedrich-Geburtstag noch einmal mein Büchlein von 1986 aufgelegt. Und siehe da: Die *FAZ* findet heute dafür freundliche Wort. Wenn die wüssten, dass das Buch schon mal im FDJ-Verlag erschienen ist ...

De:	Margot Feist <mfeist1@yahoo.es>
Enviado:	24. Januar 2012, 12:33
Asunto:	Allerlei

Lieber Frank,

ich hoffe, dein Tag hat ohne Ärger begonnen.

Gestern bekam ich von Heinz einen solidarischen Anruf. Er begrüßte auch, dass unser Buch jetzt erscheint. Leider fühlt er sich gesundheitlich nicht sehr gut (am Mittwoch hat er Geburtstag). Die Einladung für Kuba ist da, ich werde von Ende März bis Ende April dort sein und hoffe, dass Heinz und Ruth die Reise noch einmal schaffen.

Mir fiel ein, wenn du an der Biografie von EH arbeitest, du gewiss Heinz konsultieren wirst. Er ist der Einzige von den alten Politbüromitgliedern und weiß bestimmt zum Beispiel über die Ablösung von Ulbricht Bescheid, die sich nach meinem Wissen so vollzog, wie Hermann Axen dies in dem von dir herausgegebenen Ulbricht-Buch* beschreibt.

In der letzten Nummer der *Marxistischen Blätter* (6/11) ist ein Artikel von Eckhard Trümpler »Zu programmatischen Grundlagen der SED«. Ich habe ihn mit Interesse gelesen. Nachdem sich seit zwanzig Jahren die Mär hält, dass das Neue Ökonomische System von Breshnew und E. H. »abgeschafft« worden sei, stellt Trümpler hier ohne Polemik sachlich fest, an welche Grenzen die Anfänge des NÖP stießen und dass das ökonomische Grundgesetz des Sozialismus uneingeschränkt Grundlage der Politik der Partei blieb. Du hast natürlich derzeit anderes im Kopf und um die Ohren, aber ich dachte, der Artikel könnte dich interessieren, denn dieses Kapitel wird uns gewiss noch lange beschäftigen.

Gestern war ich bei D., er lässt grüßen. Er freut sich schon auf einen seiner Söhne, der im Februar aus Deutschland nach Chile kommt ...

Sicher habe ich dich jetzt gestört, aber manchmal möchte man sich halt mitteilen.

Herzliche Grüße
Margot

*Dort war Axen zitiert worden aus seinem Buch »Ich war ein Diener der Partei. Autobiografische Gespräche«, edition ost 1998

Von:	Frank Schumann <edition-ost@aaagentur.com>
Datum:	24. Januar 2012, 17:54
Betreff:	Re: Allerlei

Liebe Margot,

Danke für dein freundliches Mitleid, ach wenn es denn doch hülfe ... Nein, Scherz beiseite: Mich nervt am meisten das Telefon. Das klingelt im Fünf-Minuten-Takt. Nun habe ich es zwar so arrangiert, dass sich nach dreimaligem Läuten die Zentrale oder der Anrufbeantworter einschaltet, aber merkwürdigerweise kommen immer ein paar Quengler durch. Vielleicht sollte man an längeren Texten besser zu Hause arbeiten, aber dorthin schaffen es auch welche. Naja, es gibt gewiss Schlimmeres ...

Zu den Themen:

a) Heinz Keßler: Ich werde ihn am Donnerstag (26. 1.) anrufen und zum 92. gratulieren, denn angesichts seiner Sehkraft macht es wenig Sinn, ihm etwas zu schreiben. Bei der Gelegenheit will ich auch gleich einen Termin für ein Gespräch über Erich machen.

Ich weiß, dass er und Ruth wie üblich am 26. oder 28. März gen Kuba reisen wollen (Respekt, was er sich noch zumutet), und du wirst ja auch dort sein (d. h. du feierst deinen 85. auf der Insel). Wie ich mitbekam, ist auch eine Delegation aus deiner Heimatstadt Halle nach Varadero unterwegs ...

b) Danke für den Hinweis auf den Beitrag von Eckhard Trümpler in den *Marxistischen Blättern,* ich werde ihn mir mal genauer ansehen. Es gibt in der Tat einen Streit um das Ende des Neuen Ökonomischen Systems der Leitung und Planung, das 1963 auf dem VI. Parteitag beschlossen worden ist. Ich neige zu der Auffassung, dass es von allen »Reformkonzepten« das vermutlich einzig realistische und auch realisierbare in 75 Jahren Sozialismus war, und nicht zuletzt die Konterrevolution 1968 in der ČSSR und deren Folgen die weitere Umsetzung verhinderte. Aber letztlich ist das vergossene Milch, es geht nur noch um die Bewertung, nicht mehr um dessen Realisierung.

c) Dank für die Grüße von D., die ich herzlich erwidere. [...]

d) Ich habe mir den Unsinn über euch in der *Welt* angeschaut. Inzwischen werdet ihr also mit Heidi Klum & Seal auf den »vermischten Seiten« verrührt. Aber am meisten habe ich mich amüsiert, dass diese Heinis dich nun auch noch zur Kulturministerin gemacht haben. Herrliche Einfalt! Klar, im Westen sind die Kultusminister für die Schulen zuständig.

So, nun muss ich noch ein wenig arbeiten.

Sei herzlich gedrückt.
Frank

De:	Margot Feist <mfeist1@yahoo.es>
Enviado:	29. Januar 2012, 18:28
Asunto:	Volksbildungsbuch

Lieber Frank,

ich schreibe mit schmerzendem rechten Arm, weil ich eine herabgefallene Gardinenstange wieder nach oben bugsiert habe. Dabei zog ich mir eine Muskel- und Sehnenzerrung zu. Sie ist nun aber schon im Abklingen.

Du legst mit dem Buch ein rasantes Tempo und eine gute Arbeit vor. Dem Inhalt des Buches entsprechend muss der Titel meiner Meinung nach heißen: Frank Schumann im Gespräch über Volksbildung mit Margot Honecker. Der vorgeschlagene Titel* könnte zu dem falschen Schluss führen, M. H. habe ein Buch über die Volksbildung geschrieben. Hat sie aber nicht. Also bitte ändern.

Ich bin für diese Art unaufgeregter Unterhaltung ohne Zuspitzung, aber es fehlt mir im Text noch ein wenig Volksbildungssubstanz im Sinne von Informationen und hier und da ein klarer Begriff. Aber was soll ich versuchen, dir das zu erklären – ich werde dir einige Korrekturen und Ergänzungen schicken.

Aber nun bockt die Technik. Ich kann in dem von dir zugesandten PDF-Format nichts ändern, schicke mir bitte alles in Word. So haben wir es beim vorangegangenen Buch auch gehalten.

Ich schreibe heute nur kurz, um den Arm für die kommende notwendige Schreiberei zu schonen.

Einverstanden?

Liebe Grüße in die Kälte aus dem warmen Süden
Margot

* »Margot Honecker. Zur Volksbildung. Gespräch«

De: Frank Schumann <edition-ost@aaagentur.com>

Enviado: 29. Januar 2012, 20:51

Asunto: 2. Tranche

Liebe Margot,

zunächst mein aufrichtiges Bedauern wegen der Malaise mit der Gardinenstange und weiterhin beste Genesung.

Anbei die zweite Tranche des Buches, wo endlich das kommt, was du bisher vermisst hast. Und so wird es weitergehen. Sei ohne Sorge. Ich schicke dir die Seiten 36 bis 69 wieder als PDF, um dir einen optischen Eindruck zu vermitteln (wobei ja noch die Illustrationen fehlen), und auch als Word-Dokument, damit du darin korrigieren und ergänzen kannst. In den nächsten Tagen liefere ich weitere Seiten. Das werden wir in den folgenden zwei Wochen ordentlich durchziehen.

Ich denke, dass wir mit dem Text ins Schwarze treffen. Daran werden sie zu kauen haben, und unseren Lehrerinnen und Lehrern wird Gerechtigkeit zuteil. Ich habe schon von etlichen Pädagogen Nachfragen zum Buch bekommen. Das reicht von »Endlich sagt sie mal was dazu« bis »Ich bin sehr neugierig«. Da steht ein Scheunentor offen, durch das wir nur noch hineinlaufen müssen.

[...]

Sei vorsichtig gedrückt (wegen des rechten Arms).
Frank

De: Margot Feist <mfeist1@yahoo.es>

Enviado: 31. Januar 2012, 13:08

Asunto: Re: 2. Tranche

Lieber Frank,

die Seiten 36–69 in Word sind noch nicht angekommen. Haben dich die Änderungen zum ersten Teil erreicht?

Weil die Werbung recht stürmisch läuft, fragten Genossen besorgt bei mir nach. Sicher bei dir auch?

Morgendliche Grüße aus dem heißen Santiago
Margot

De:	Margot Feist <mfeist1@yahoo.es>
Enviado:	31. Januar 2012, 20:14
Asunto:	Gruß

Lieber Frank,

entschuldige meine Schusselei, ich habe den Text ohne Worte geschickt. Die folgen nun.

Ich schlage einige Streichungen vor. Ich bin fürs Plaudern, aber wir sollten uns nicht bei einigen Themen verplaudern. Es gibt auch Wiederholungen, und nicht jede Wiederholung ist die Mutter der Weisheit. Bei einigen Passagen schlage ich vor, dass du sie in deine Fragen nimmst. Auch die kleinen Wortstreichungen bitte ich zu beachten, ich habe mir dabei etwas gedacht.

Lieber Frank, ich lasse mich von dem Rummel um die Bücher nicht aus der Ruhe bringen, werde auch du nicht nervös, die Genossen, die besorgt sind, meinen es nicht böse.

Und zuletzt: Wenn du wieder einmal nach Chile kommst, dann nicht mit so viel Arbeit für dich. Hoffen wir, dass es sich lohnt.

Liebe Grüße
Margot

Von:	Frank Schumann <edition-ost@aaagentur.com>
Datum:	1. Februar 2012, 20:49
Betreff:	3. Teil

Liebe Margot,

mühsam nährt sich das Eichhörnchen: Hier mal wieder ein Scheibchen zum Lesen und zum Korrigieren.

Langsam biege ich in die Schlussgerade ein, denn eigentlich haben wir inzwischen alle Themen abgearbeitet. Oder worauf sollten wir noch eingehen? Ich bin für jedes Stichwort dankbar. Mir wird schon etwas einfallen.

Wenn dir aber kein weiteres Stichwort einfällt, lasse ich es plaudernd ausklingen ...

Sei herzlich umarmt
Frank

PS: Heinz hatte zum Geburtstag die Bude voll, und dein Anruf hat erheblich zur Belebung der Runde beigetragen, wie ich hörte. Danach meldete sich auch Herbert Mies telefonisch.

De:	Margot Feist <mfeist1@yahoo.es>
Enviado:	1. Februar 2012, 21:11
Asunto:	anbei

Lieber Frank,

heißen Dank – habe ganz wenig Veränderungen. Wir können zum Schluss kommen. Du hast dich enorm engagiert.

Umarmung
Margot

bis morgen

De: Margot Feist <mfeist1@yahoo.es>
Enviado: 2. Februar 2012, 13:33
Asunto: Anmerkungen

Lieber Frank,

ich habe den dritten Teil gelesen. Ich bin einverstanden, auch die O-Schule* hereinzunehmen, mir scheint jedoch, dass es etwas zu ausführlich ist. Auch geht unter, dass da nicht nur etwas an der Wandzeitung hing, sondern Unruhe an der Schule entstand, die den normalen Schulbetrieb behinderte. Aber es darf nicht der Eindruck entstehen, wir hätten befürchtet, dass der »Umsturz« im Land von der O. kommt. So bedeutend waren die Vorgänge nun wahrlich nicht. Ihr »Gewicht« wurde ihnen erst später von der gegnerischen Propaganda zugeschrieben. Ich wollte die Sache ohnehin schulintern klären, aber Schabowski machte in seiner Funktion als 1. Sekretär der Bezirksleitung daraus ein Politikum.

Und nun Stichworte: Wir haben viel über Ideologie und politische Bildung in der Schule gesprochen, aber kaum über Literatur, Kunsterziehung und Sport. Oder irre ich? Vielleicht haben wir es allenfalls gestreift.

Lieber Frank, ich sah voraus, dass du sehr wenig Zeit für die Entstehung des Buches angesetzt hast, erinnerst du dich? Es tut mir leid, dass du nun so schuften musst. Wie hast du es nur geschafft, dich durch den Dschungel des mitgenommenen Papiers durchzuarbeiten?

Lass bitte von dir hören.

Umarmung
Margot

* Gemeint ist die Erweiterte Oberschule »Carl von Ossietzky« in Berlin-Pankow

Von:	Frank Schumann <edition-ost@aaagentur.com>
Datum:	2. Februar 2012, 22:22
Betreff:	Re: Anmerkungen

Liebe Margot,

wunderbar, vielen Dank. Wir haben in der Tat Sport, Literatur und Kunsterziehung mit keiner Silbe erwähnt, da werde ich noch was einbauen.

Die anderen Hinweise halte ich ebenfalls für bedenkenswert. Als Interviewer muss man – das hast du gemerkt – mitunter den Advocatus diaboli spielen, um eine gewisse inhaltliche Spannung zu erzeugen.

O-Schule: Hast du recht, das muss man abmildern, sonst verlegen einige Flachköpfe Libyen nach Pankow und behaupten, du hättest auch von Geografie keine Ahnung. Inwieweit warst du in diesen Entscheidungsprozess mit eingebunden? Auf der anderen Seite war ich froh, in einem heute gültigen Schulgesetz genau diese Relegations-Order gefunden zu haben. Was wollen die eigentlich mit der O-Schule?

Ich gehe da noch mal drüber. Du bekommst ohnehin vor Drucklegung das Ganze als PDF, um es in der Gesamtheit zu lesen.

Und was die knappe Zeit betrifft: Ich ziehe konzentriertes Arbeiten einer langwierigen Beschäftigung vor. In den seltensten Fällen steigt die Qualität eines Textes proportional mit der Zeit, die man investiert. Ein Manuskript verhält sich wie Quark, von dem es heißt: Getretener Quark wird breit, nicht stark.

Deine Frage, wie ich mich durch das Papier gewühlt habe, ist leicht zu beantworten: dank jahrelangen Trainings. [...]

Sei herzlich gedrückt. Heute kommt eventuell noch was.
Frank

Von:	Frank Schumann <edition-ost@aaagentur.com>
Datum:	3. Februar 2012, 14:45
Betreff:	Änderungen

Liebe Margot,

wie stets: vielen Dank für die rasche Reaktion und die präzisen Ergänzungen. Sobald ich mit der Einarbeitung deiner Korrekturen durch bin, schicke ich umgehend den Umbruch mit den eingebauten Fotos zur letzten Abnahme. Eventuell werde ich dich noch mit dieser und jener Frage behelligen und deine unendliche Geduld strapazieren.

Ich habe ein sehr gutes Gefühl. Du auch?

Sei herzlich umarmt.
Frank

PS: Es ist schweinekalt hier. Wir hatten morgens dreizehn Grad unter Null, im Erzgebirge gab es einen Kälterekord mit minus zweiundzwanzig Grad.

Von:	Frank Schumann <edition-ost@aaagentur.com>
Datum:	5. Februar 2012, 11:22
Betreff:	Camila Vallejo heute in der *Frankfurter Allgemeinen Sonntagszeitung*

Liebe Margot,

nun hat auch das hiesige großbürgerliche Feuilleton Camila Vallejo entdeckt. Das heutige Interview in der Sonntagsausgabe der *FAZ* – besser: Camilas Antworten – ist / sind brillant. Hier die Seite zum Nachlesen: *www.faz.net/aktuell/feuilleton/camila-vallejo-das-gesicht-des-kommunismus-11637668.html.* (Ich will hoffen, dass du es noch im Internet lesen kannst, bevor sie den Beitrag verschlüsseln und dafür Geld verlangen.)

Sei herzlich umarmt
Frank

De:	Margot Feist <mfeist1@yahoo.es>
Enviado:	5. Februar 2012, 12:43
Asunto:	Interview mit Camila

Lieber Frank,

herzlichen Dank, hat geklappt, ausgezeichnetes Interview! Camila – das ist die Zukunft.

Umarmung
Margot

Von:	Frank Schumann <edition-ost@aaagentur.com>
Datum:	5. Februar 2012, 22:56
Betreff:	Fertig

Liebe Margot,

nu bin ich durch und fix und fertisch.

Anbei, wie versprochen, der Umbruch mit Bildern – das Foto mit Womacka habe ich zu Hause, das wird noch eingebaut. Aber alles andere ist so, wie ich es gern zum Druck geben möchte.

Gleichwohl: Lass mal alles über den Bildschirm rollen, ob es so weit in Ordnung ist. Deine Korrekturen und Hinweise sind ausnahmslos bedacht worden, falls du noch etwas finden solltest, lass es mich bitte umgehend wissen.

So, nun schließe ich das Büro. Sei nicht traurig, dass ich vergleichsweise kurz bin – ich bin hundemüde.

In den folgenden Tagen mehr.

Sei herzlich gedrückt
Frank

De:	Margot Feist <mfeist1@yahoo.es>
Enviado:	6. Februar 2012, 09:12
Asunto:	Antwort

Lieber Frank

ich kann verstehen, dass du geschafft bist, aber es ist vollbracht. Ich wünschte, wir hätten noch ein bisschen Zeit, es fällt einem immer noch etwas ein. Schade, dass ich vergaß, auf den polytechnischen Unterricht mit der Verbindung zur Produktion aufmerksam zu machen! Das war eine Entwicklung, die in aller Welt Beachtung fand. Naja ...

Anbei einige kleine Korrekturen, die meist durch Streichung oder Ergänzung eines Satzes erfolgen können.

Aber zuerst zum Titel: Wenn du schon nicht, wie von mir vorgeschlagen, deutlich machen willst, dass es sich um Gespräche zwischen Schumann und Honecker über die Volksbildung handelt, dann könntest du es vielleicht optisch betonen, indem Schumann* auf Seite 3 ein wenig größer gedruckt wird. Das Cover selbst, das dein Paul** gestaltet hat, finde ich sehr interessant.

Anmerkungen:

Seite 53: Für ein eigenständiges Fach Staat-Kirche sah ich keine Notwendigkeit, es gab Vorbereitungen, einen solchen Stoff zu vermitteln. Das bat ich im Text zu streichen. Bitte nachholen.

Auf Seite 60 heißt es: Wehner könnte es so gemeint haben und »ich bin überzeugt, er hat es so gemeint«. Das sollten wir streichen, ist zu viel Ehre für Wehner.

Auf Seite 71 bat ich die Namen Beil und Schalck zu streichen, weil sich andere Ministerkollegen, die auch dafür hart arbeiteten, »benachteiligt« fühlen könnten, wenn sie das lesen.

Seite 79: Ich würde Fröbel nicht unter Luther stellen.

Seite 83: Zur Adoption heißt es: Wir waren bestrebt, die Kinder bald in Familien zu geben. Diesen Satz streichen, weil das so nicht korrekt ist. Ich verweise auf meinen Formulierungsvorschlag, der deutlich macht, dass es Gesetze gab und die Entscheidung bei Sorgerechtsentzug bei den Gerichten lag.

Seite 105: Ich bin nicht für die Formulierung, dass es ein Spagat zwischen Spiel und Bildungsauftrag (eins gehört zum anderen) gewesen sei – ich nannte es »anspruchsvolle Aufgabe«.

Seite 111–119: Warum nicht die Ausführungen zum Grundgesetz, wie vorgeschlagen, in Schumanns Frage übernehmen?

Seite 122: Den letzten Satz »Da hilft doch nur: Kinder ab ins Heim« sollten wir streichen.

Seite 148: »Die Reduzierung auf Stalin …«, da hast du meine Formulierung gestrichen. Fakt ist, dass sich in den dreißig Jahren unter Stalin revolutionäre Veränderungen vollzogen – ich möchte das nicht einfach unterschlagen.

Seite 170, noch mal zu W.; vielleicht streichen wir den letzten Satz bei ihm, auf den dann »starker Tobak« folgt. Ich denke: Mag sein, dass W. das damals so sah, als er es schrieb, aber übergangslos festzustellen, dass ich eine Lanze für ihn brechen wolle, weil er an meiner Seite stand, ist missverständlich. Es genügt, was du Positives zu seinem Wirken gesagt hast, das hast du sehr gut formuliert.

Und als Letztes zu deinem Nachtrag über die Studentenbewegung. Das kann man so machen, wie du es klugerweise von mir abgegrenzt hast. Du solltest aber den Satz, dass ich das Gespräch mit P. vermittelt habe, streichen. Ich habe dafür Gründe, dazu später mehr.

Ich hoffe, dass du dich hier durchfindest, mich verstehst. Ich kann in dem übermittelten PDF-Dokument nicht korrigieren.

Ich schreibe in der Nacht, ich habe spät noch einmal den Computer hochgefahren, bin jetzt todmüde. Aber da ich am

Vormittag nicht zum Schreiben kommen werde, würdest du wegen des Zeitunterschieds meine Bemerkungen erst nachts bekommen. Und ich sehe: dich drückt die Zeit.

Bis bald, herzlichst
Margot

*Im Unterschied zu anderen Vorschlägen Margot Honeckers blieb dieser unberücksichtigt, trotz wiederholter Intervention. Schumann bestand darauf, dass es Margot Honeckers Buch sei und er ihr lediglich als Dienstleister zur Seite gestanden habe
**Robert (»Paul«) Schumann von der Agentur Buchgut

De:	Margot Feist <mfeist1@yahoo.es>
Enviado:	8. Februar 2012, 22:42
Asunto:	Danke

Lieber Frank,

als Schreiber ist man mit seinem Text verheiratet ... Auch wenn ich ihn schon einige Male gesichtet habe, sind mir dennoch zwei Dinge aufgefallen und wichtig.

Auf Seite 58 (»keine Privatschule, kein Schulgeld«) steht der Satz mit der Enkelin Viviane, den ich zu streichen bitte.

Mit der Polemik zu W. bin ich noch immer nicht einig. Ich schlage vor, den letzten Satz bei ihm zu streichen und damit auch den folgenden »Starker Tobak«. Ich würde nach dem Zitierten von ihm sagen: »Er sah es so, als er dies schrieb«, dann streichen »er war mein Mitarbeiter« und weiter im Text: »Sein Buch, aus dem Sie zitieren ...«

Ich weiß, dass diese »Kleinigkeiten« nerven, aber ich bitte dich ... Ich hoffe, du hast diesen verrückten Tag einigermaßen überstanden und schätze, dass noch einige solcher folgen werden.

Ich wünsche dir die nötige Ruhe und umarme dich
Margot

De:	Margot Feist <mfeist1@yahoo.es>
Enviado:	8. Februar 2012, 14:05
Asunto:	Grüße

Lieber Frank,

ich kann mir denken, dass du keinen Mangel an Arbeit hast und das Telefon dir keine Ruhe gibt. Die *Kurier*veröffentlichung habe ich geschluckt und verdaut.*

Meine Bude wird derzeit gepinselt. So hüpfe ich zwischen Computer und Dreck hin und her. Es gibt Schlimmeres.

Sei herzlich gegrüßt
Margot

PS: Bist du mit meiner Korrektur-Liste klargekommen?

*Der *Berliner Kurier* hatte mit dem Vorabdruck der »Letzten Aufzeichnungen« begonnen und flächendeckend in Berlin plakatiert. Die Werbeagentur verriet später, dass über 100000 Euro dafür aufgewendet worden waren. Die Redaktion hielt sich an die Vereinbarung und handelte korrekt: keine Denunziation oder Schmähung Honeckers oder der DDR weder in der Zeitung noch auf den Plakaten

Von:	Frank Schumann <edition-ost@aaagentur.com>
Datum:	9. Februar 2012, 16:50
Betreff:	EH an allen Haltestellen

Liebe Margot,

ich bewundere deine professionelle Ausdauer und Gelassenheit, mit der du das Korrekturprogramm abspulst.

Ich habe deine beiden Änderungen noch vorgenommen und das Loch, das durch die Streichung entstand, mit einem Bild gestopft. Anbei die drei korrigierten Seiten.

Heute Nachmittag bin ich durch die Stadt gefahren, um ein paar Honecker-Plakate zu fotografieren. Obgleich wir nur minus drei Grad hatten, bin ich völlig steif gefroren. Ich muss mich alsbald in eine Wanne heißes Wasser werfen, sonst hole ich mir eine Grippe. (Was tut man nicht alles für die Kunst.)

Das erste Bild wird dich möglicherweise besonders freuen: Dieses Plakat hängt vor der russischen Botschaft Unter den Linden. Die anderen sind in der Innenstadt und in U-Bahn-stationen zu besichtigen. Da kannst du auch gleich noch ein Auge auf das Matschwetter werfen, welches du bekanntlich besonders magst.

Sei herzlich gedrückt
Frank

De: Margot Feist <mfeist1@yahoo.es>

Enviado: 9. Februar 2012, 17:40

Asunto: Danke

Lieber Frank,

ich hoffe, du bist aufgetaut. Hab Dank für die Fotografien von den Plakaten. Nachdem sie nun Honecker-Plakate aufgehängt und das Buch relativ gemäßigt angekündigt haben, werden sie wohl bald die gewohnten Geschütze auffahren.

Ich danke dir jedenfalls für deinen Großeinsatz für unser gemeinsames Anliegen. Trotz aller Bedenken wird es sich hoffentlich politisch lohnen. Übertriebene Erwartungen haben wir beide bestimmt nicht. Angesichts der vielen Sorgen, die unsere Landsleute bedrücken, ist das nur eine Fußnote. Aber in der Geschichte zählen auch Fußnoten, und vielleicht macht das Buch von EH manchem auch Mut, weil es eventuell das Selbstbewusstsein stärkt. Man muss sich nicht verstecken, nur weil man nicht staatskonform denkt, und sollte das auch zeigen können.

Der Maler ist noch immer im Haus bei der Arbeit, aber ich lasse den Computer nicht verwaisen.

Herzlichst
Margot

Von:	Frank Schumann <edition-ost@aaagentur.com>
Datum:	10. Februar 2012, 16:13
Betreff:	Nachrichten vom Tage

Liebe Margot,

nur kurz das Neueste von hier. Bin zwar aufgetaut, aber jetzt läuft die Nase. Um elf Uhr hatte ich zwei Stunden den *MDR* im Hause (daraus werden fünf Minuten in der Kultursendung »artour« am kommenden Donnerstag).

Die Fragen waren harmlos, aber das besagt gar nichts. Das wird passend geschnitten und irgendein Text darauf gesprochen. Doch auch hier gilt: alles Werbung für das Buch.

Am nächsten Freitag erscheint die an die Mail angehängte Seite im *ND*. Ich habe dort noch das Brandt-Zitat untergebracht, so dürfte es funktionieren, und auch den Hinweis auf das Erscheinen deines Buch zur Messe im März.

Auf dem Weg zum Mittagessen – gegenüber der einstigen Parteihochschule, die seit anderthalb Jahrzehnten leersteht, hat eine Österreicherin eine ordentliche Kantine mit preiswerten Gerichten aufgemacht, was aber auf Kosten der Mitarbeiter geht, oder umgekehrt: weil die Personalkosten niedrig sind (vermutlich alles 400-Euro-Jobs), sind es auch die Preise für die Gerichte – also auf dem Weg dorthin treffe ich den Nachfolger von Heinz Keßler. »Guten Tag, Genosse Minister«, rief ich über die Straße. Da konnte man sehen, wie die Reflexe noch funktionierten. Theo Hoffmann erkannte mich natürlich, ab und an läuft er mir vor die Füße. Beim Grenzer- oder anderen NVA-Treffen ist der Genosse Admiral stets zugegen, und politisch aufrecht ist er noch immer.

Dann hat sich Heinz M. bei mir gemeldet und sich erbötig gemacht, einige Bücher für dich mitzunehmen. Er fliegt hier in Tegel am 16. Februar ab. Das wäre natürlich ideal, denn das ist der schnellste Weg. So weit Wesentliches in Kürze.

Kommt ihr beim Renovieren voran?

Sei herzlich gedrückt
Frank

PS: Heute schon wieder minus elf Grad. Ich hasse den Winter!

De:	Margot Feist <mfeist1@yahoo.es>
Enviado:	10. Februar 2012, 17:41
Asunto:	Irritationen

Lieber Frank,

habe Dank für die Nachrichten vom Tage, bekämpfe den Schnupfen, damit keine Grippe daraus wird, die können wir nicht gebrauchen.

Ich bekam eben eine Mail von Hermann L. Der schreibt, dass Heinz Keßler und er ein wenig irritiert seien wegen der Veröffentlichungen über das Buch, es seien da Sätze herausgegriffen worden, an die die Journalisten ihre Interpretation angehängt hätten. Normal.

Ich habe sie sachlich informiert und Heinz wissen lassen, wenn er ausführlicher informiert werden möchte, was ich verstehe, solle er dich anrufen. Oder, Frank, vielleicht rufst besser du ihn an, damit die Besorgnisse nicht eskalieren.

Liebe Grüße
Margot

Im Anhang die Mail von Genossen L.

De:	Margot Feist <mfeist1@yahoo.es>
Enviado:	11. Februar 2012, 16:09
Asunto:	Re: Irritationen

Lieber Frank,

ich hoffe, du hast so einigermaßen die Erkältung im Griff und auch die »Verschnupfung« weggesteckt.

Ich denke, die Genossen beruhigen sich wieder. Hermann hält zwischen mir und Heinz die Internet-Verbindung, wenn es außerhalb des Telefons etwas zu besprechen gibt. Er ist ein sehr klarer, gebildeter Genosse. Ich ahnte, dass Heinz besorgt sein würde, weil mir jener Mann, der für Fritz St. die Internetstrecke bedient, schon länger in den Ohren liegt mit seinen »persönlichen Bedenken«, die er natürlich auch Fritz erzählt hat. Auch ihn, Roger, halte ich für einen standhaften Genossen. Aber es ist schwer, die Marktwirtschaft zu verstehen, und mancher wird sie vielleicht nie begreifen. Begreifen heißt ja nicht, sie zu billigen oder sie gar als unabänderlich hinzunehmen. Wir müssen verstehen, dass all diese besorgten Genossen von einer ehrlichen politischen Haltung ausgehen, sie sind gegen alles, was unserer Sache schaden könnte.

Also seien wir geduldig, auch wenn es nervt.

Du hattest mir einen Genossen angekündigt, der nach Chile kommt und Bücher bringt. Der Name ist mir nicht fremd, aber ich kann mich nicht erinnern, zu wem er gehört (Alterserscheinung). [...]

Meine Familie ist unterwegs. Sonja hat sechs Tage Urlaub, den hat sie auch bitter nötig, da sie unentwegt um irgendein neues Projekt kämpft. Roberto und die Enkelin haben auch ein paar Tage frei, im Hause bin ich momentan allein mit einem emsig malenden Maler. D. half mir die Farben zu kaufen, er ist immer hilfsbereit.

Hier werden die Nächte schon ein wenig länger, und die Tage über dreißig Grad gehen zu Ende, es bleibt aber noch warm. Bis auf die Nächte und die morgendliche Kühle, die ihr ja kennengelernt habt.

Wie geht es überhaupt unserem Eric, ist er wieder auf dem Posten? Grüß ihn von mir.

Ich wünsche dir einen ruhigen Sonntag,

herzlichst
Margot

Von:	Frank Schumann <edition-ost@aaagentur.com>
Datum:	11. Feburar 2012, 19:07
Betreff:	Nachrichten vom Tage

Liebe Margot,

Danke für die fürsorgliche Nachfrage – es geht einigermaßen. So konnte ich denn heute wieder auf Fotosafari gehen. Nun habe ich um die fünfzig verschiedene Werbeflächen fotografiert fürs Archiv, das sollte genügen. Wer weiß, wozu man die Bilder noch einmal benötigt. Lediglich ein einziges Plakat war beschmiert, was ich für ein gutes Zeichen halte. Falls du den Nazi-Rotz auf dem Foto nicht lesen kannst: »SCHADE, DASS WIR DICH NICHT VERGASEN KONNTEN!! DU BESCHISSENER BOLSCHEWIK.«

Orthografisch korrekt und mit zwei Farbstiften – das war keiner von den Nazi-Schlägern, sondern einer aus besseren Kreisen. Reg dich nicht auf, wir wissen, mit welchem Pack wir es zu tun haben.

Das Grummeln der Genossen wird sich legen, davon bin ich gleich dir überzeugt. Es ist jedes Mal das Gleiche. Als ich 2003 den Nachlass Lotte Ulbrichts von Inge P. erhielt, die sich bis zuletzt um sie gekümmert hatte, und alles aufgeschrieben, von ihr abgezeichnet war und ich bereits die Unterlagen wie verabredet im Bundesarchiv abgegeben hatte, schloss ich mit der *SUPERillu* eine Vereinbarung über sechs Folgen. Ich durfte alles in ihrem Text korrigieren, den der Redakteur mir jedes Mal vorlegte, nur die Überschrift war heilig, weil sie vom Chefredakteur, einem ziemlich bescheuerten Bayern, gefertigt worden war. (Sein Nachfolger Robert Sch. ist Mitte dreißig und aus anderem Holz, in der Klassenfrage gibt es mit ihm auch kein Vertun, aber ich komme mit ihm ganz gut zurecht.) Da die Überschrift blieb, kam es vor, dass sie überhaupt nicht mehr zum Text passte. Aber bitte ... Es gab in allen Beiträgen nicht eine einzige Zeile, über die man sich hätte politisch aufregen müssen.

Als der erste Teil in der Postille erschien, rief mich Inge – die ich seit ihrer Zeit im Zentralrat der FDJ kenne – an und kriegte sich nicht wieder ein. »Herr Schumann, ich fordere Sie auf, sofort den Druck zu stoppen.«

»Hast du gelesen?« – »Nein. Aber das interessiert mich nicht. Stoppen Sie sofort die Veröffentlichung.« – »Das kann ich nicht, und das werde ich auch nicht.«

Nach sechs Teilen und Wochen kam das Buch in den Handel und schoss sofort in die *Spiegel*-Bestseller und sonstigen Listen. Und Inge P.? Kassandra klopfte mir anerkennend auf die Schulter und redete mich wieder mit »du« an.

Ich will damit nur sagen: Diese Nummer erlebe ich jedes Jahr mindestens einmal. Das Einzige, was mich daran überrascht: Dass sich manche Genosse mit dem Lernen wirklich schwer tun. Nun, das werden wir wohl nicht mehr ändern.

Klaus erzählte mir dieser Tage von seinem Krankenbesuch bei Günter Erbach*, der seit einem Autounfall vor drei Jahren ein Pflegefall ist. Mit Sauerstoffmaske und Schleimabsaugen, ziemlich schlimm, sagt Klaus, so möchte er nicht enden. Aber auch Erbach erregte sich in der Causa Honecker, und Klaus meinte nur lakonisch, er solle sich seine knappe Luft sparen, die habe er bitter nötig. Das hätte alles seine Ordnung, der Tagebuchtext werde völlig korrekt wiedergegeben, und was der Historiker H. dazu sülzt ... It's up to you, pflegt er an solchen Stellen zu sagen.

Naja, in der nächsten Woche ist die *Kurier*-Arie vorüber und das Buch im Handel, da zieht auch wieder Ruhe ein.

Heinz M. war mir bis dato unbekannt. Er wohnt bei Greifswald und muss mal was mit dem KKW in Lubmin zu tun gehabt haben, denn er sprang beim Stichwort sofort an. Sein Sohn lebt und arbeitet in Chile, er will ihn mit seiner Frau besuchen. Er sagte auch, dass er schon mal bei dir gewesen sei, überfallmäßig sozusagen, aber du hattest damals keine Zeit oder eine Verpflichtung.

Eric erwidert deine Grüße mit großer Wärme (bei Außentemperaturen von minus vierzehn Grad) und hat mich vergattert, dir nichts über seine Krankheit zu sagen, die jungen Menschen wollen immer gesund erscheinen. Es sieht, so viel sei offenbart, nicht sehr gut mit ihm aus, wie er zu verstehen gab. Bei der Gelegenheit habe er auch das Gesundheitswesen richtig kennengelernt, ohne Beziehungen wäre er erschossen gewesen. So kam er dank Kontakten in ein anderes Krankenhaus und zu anderen Ärzten ...

Sag mal, Erich erwähnt im Tagebuch, dass er die Post, die er bekam, mit nach Chile nehmen wolle, damit sie ausgewertet würde. Hast du diese Briefe noch? 2014 ist sein 20. Todestag. Wäre das nicht ein geeigneter Anlass?

Du weißt doch: Noch ist das eine Buch nicht da, und schon denken Verleger an das nächste.

In der kommenden Woche werde ich Heinz Keßler wegen eines Termins anrufen [...]. Außerdem sollte ich dir mal wieder ein paar Bücher senden. Löst du noch immer Kreuzworträtsel? Seit Monaten will ich dir ein Paket mit solchen Zeitschriften schicken, und jedes Mal vergesse ich es. So weit zum Thema Alter und Vergesslichkeit, was du angeschnitten hattest.

Beste Grüße an alle Maler und Farbeimer.

Ich umarme dich
Frank

* Günter Erbach (1928–2013), Staatssekretär für Körperkultur und Sport von 1974 bis 1989, Rektor der Deutschen Hochschule für Körperkultur und Sport (DHfK) von 1956 bis 1963

De:	Margot Feist <mfeist1@yahoo.es>
Enviado:	14. Februar 2012, 16:23
Asunto:	Bitte

Lieber Frank,

ich weiß, du stehst im Stress. Trotzdem meine Bitte: sprich mit Heinz. Er hat mich heute angerufen, sehr besorgt, viele Leute sprechen ihn an wegen des Tagebuch-Rummels.

Ich sagte ihm, was ich schon an Hermann schrieb, dass im Tagebuch nichts steht, was Erich nicht schon in den »Moabiter Notizen« gesagt hat, und außerdem, das vergaß ich ihm zu sagen: Was die Fragen Mauer und Schießbefehl betrifft (hier gibt es offensichtlich Besorgnis von Fritz), so ist Erichs Rede vor Gericht in den »Letzten Aufzeichnungen« enthalten.

Dass viele Anstoß daran nehmen, dass der Vorabdruck dem *Berliner Kurier* überlassen wurde (du kennst meine Meinung, ich warnte vor der »Vermarktung«), dafür habe ich Verständnis. Ich habe Heinz aber zu beruhigen versucht und ihm gesagt, dass das, was da an niederträchtiger Hetze geschrieben wird, nicht neu ist. Es sind alles Wiederholungen aus ihrer nun seit zwanzig Jahren verbreiteten antikommunistischen Propaganda, mit der wir es auch weiterhin zu tun haben werden. Die Honeckers sind dafür die erste Adresse, ich werde es auch künftig überleben.

Bitte, in aller Freundschaft, geh auf Heinz zu, er soll sich nicht beunruhigen.

Liebe Grüße
Margot

Von:	Frank Schumann <edition-ost@aaagentur.com>
Datum:	15. Februar 2012, 18:27
Betreff:	Nachrichten vom Tage

Liebe Margot,

vielen Dank für die Mail. Ach, so dramatisch ist das mit den Presseterminen nicht, gestern war es noch einmal ziemlich heftig, zugegeben, da waren es sechs Interviews hintereinander. Aber morgen kommen endlich die Bücher in den Handel, dann läuft das allein und man muss sich nicht mehr den Mund fusselig reden. Wir werden sehen, ob sich der Einsatz gelohnt hat. Wunder sollte man keine bei der Journaille erwarten, aber jede Veröffentlichung dient der Verbreitung des Buches.

Morgen verschwinden nach zehn Tagen auch die Plakate aus der Stadt, dann werden sich einige erhitzte Gemüter wieder abkühlen. Ich habe am Wochenende noch mal etwa fünfzig der fünfhundert Aushänge dokumentiert und mich jedes Mal wie Bolle über die letzte Zeile auf dem Plakat gefreut: »Der von hier«. Natürlich beziehen sie das auf den *Berliner Kurier*, aber man kann es natürlich unter dem Kopf und der Überschrift »Honecker. Gefängnis-Tagebuch« auch anders lesen. So man will. Einige Aufnahmen kennst du bereits, aber als großgezogenes Poster beeindruckt es schon.

Mit Heinz Keßler habe ich auch telefoniert. Wir haben uns für kommenden Montag verabredet, er will Fritz hinzuladen. Ich weiß, was sie bedrückt: Es geht um diesen Schwachsinn, den der Historiker H. aus Erichs Text herausgelesen haben will. Bei Erich heißt es unter dem 11. August: »Von heute betrachtet, wäre es vielleicht besser gewesen, kämpfend unterzugehen.« Das ist Konjunktiv, also die Möglichkeitsform, die zusätzlich durch das »vielleicht« relativiert, also abgeschwächt wird. Daraus machte der Historiker die demagogische wie falsche Aussage: »Honecker wollte Panzer gegen sein Volk einsetzen.« Beide Aussagen stehen nebeneinander auf einer Seite. Wer genau und alles liest, bemerkt diesen feinen, aber gravierenden Widerspruch.

Ich denke, dass wir beide das noch mal auseinanderklabustern werden, aber das weiß ich doch inzwischen selbst, wie es sich verhielt. Es wurde im kleinen Kreis mit Erich diskutiert, am 9. November – vor der Demonstration – Panzer demonstrativ durch Leipzig rollen zu lassen. Die Erwägung wurde mit zwei völlig richtigen Argumenten, denen sich Erich anschloss, gleich ad acta gelegt: Wenn die beabsichtigte Machtdemonstration ihre Wirkung verfehlte, also sich die Protestierer dadurch nicht einschüchtern ließen – was machte man dann?

So weit konnte und wollte es die Führung nicht kommen lassen, um diese Frage zu beantworten.

Und zweitens: Die meisten jungen Männer, die in Leipzig unterwegs waren, hatten bei der NVA gelernt, wie man Panzer stoppte: Man musste nur eine Decke oder eine Jacke über den Sehschlitz des Panzerfahrers ausbreiten, und schon war dieser blind.

Wie auch immer, wir drei werden uns also am kommenden Montag sehen und darüber reden. Aber am Montag treibt man schon wieder eine andere Sau durchs Dorf und über den Boulevard, da ist diese Sache vom Mittwoch vergangener Woche längst vergessen. Vergossene Milch ...

Erich sagt diesbezüglich an keiner Stelle in den Aufzeichnungen etwas anderes, als er nicht auch anderenorts bereits erklärt hatte. Da habe ich schon darauf geachtet. Und du ja auch.

Ich umarme dich
Frank

De:	Margot Feist <mfeist1@yahoo.es>
Enviado:	14. Februar 2012, 21:33
Asunto:	Besuche

Lieber Frank,

danke dir für die schnelle Reaktion. Mir ging es darum, dass sich die Genossen nicht in etwas hineinsteigern. L. hat völlig recht, wenn er meint, dass von den Meinungsverschiedenheiten in dieser Sache die Welt nicht unterginge, aber diese können, wenn es bei der Voreingenommenheit bleibt, die Zusammenarbeit erschweren.

Übrigens fiel mir ein, dass Heinz in seinem mit Selbmann bei dir herausgegebenen Buch* auf die Frage: Wäre die DDR zu verteidigen gewesen?, darauf antwortete, dass darüber die Geschichte urteilen müsse. Das fand ich sehr klug. Damit vermied Heinz die Konfrontation mit jenen, die unverändert der Meinung sind, man hätte mit Waffengewalt reagieren müssen, was auch ich für falsch halte: Kein Staat darf auf das eigene Volk schießen, schon gar nicht ein sozialistischer. Das genau werfen sie uns immer vor: 17. Juni, Mauertote ... Aber das war nicht »das Volk«. Wir wollen mal schön die Kirche im Dorf lassen.

Aber genug davon.

Freut mich, dass du nun eine beschwerliche Strecke hinter dich gebracht hast: Sechs Interviews am Tag ist ja keine Kleinigkeit.

Die Welt dreht sich rasant, Streiks in fast allen europäischen Ländern, Kriegshysterie und, und, und. Und die Malerei im Haus. Die beschäftigt mich zur Zeit am meisten.

Natürlich hoffe ich, dass sich die kollektive Mühe, die in den beiden Büchern steckt, politisch irgendwie lohnt, zumindest aber ist es für die Zukunft aufbewahrt.

Übrigens ist es in diesem Sommer verrückt mit Besuchern aus Deutschland. Kürzlich kam ein in Dresden praktizierender

Doktor der Neurologie aus Rostock mit einem ehemaligen Lehrer vorbei. Sie brachten einen schönen Blumenstrauß und Grüße von einer ehemaligen Bezirksschulrätin. Danach kam ein Ehepaar aus München, derzeit auf Weltreise, und überbrachte die Grüße der Mutter (die ich nicht kenne). Und es kamen ein paar junge Männer aus Schwerin, die sich für ihre gute Ausbildung erkenntlich zeigen wollten.

Wenn das so weitergeht, nehme ich Eintrittsgeld.

Übrigens ist bei mir der Groschen gefallen, wer der von dir erwähnte Genosse M. ist. Er war mit Frau und Sohn schon zwei Mal bei mir zum Kaffeetrinken, alle drei sind in Ordnung, ich werde sie sicher wieder treffen.

So, und jetzt koche ich dem Maler und mir eine Tasse Kaffee.

Umarme dich
Margot.

*Heinz Keßler, »Zur Sache und zur Person«, 1996

Von:	Frank Schumann <edition-ost@aaagentur.com>
Datum:	15. Februar 2012, 11:16
Betreff:	Presseauflauf

Liebe Margot,

soeben sind die Bücher aus der Druckerei eingetroffen und gehen in den Handel, derzeit gibt es über fünftausend Vorbestellungen. Das ist die gute Nachricht.

Und nun die weniger guten Botschaften.

[...]

Die Hamburger *Zeit* hat übrigens Monika Maron mit dem Abfassen eines Essays zu den »Letzten Aufzeichnungen« beauftragt, der wird wohl Mitte März erscheinen.

Heute ist die hiesige Presse voll. Der *Kurier* hat zum Abschluss noch mal vier Seiten gebracht. *Ostseezeitung* und *LVZ* füllten die Seite 3, die *Berliner Zeitung* brachte was, der Beitrag in der *Süddeutschen Zeitung* ist ganz ordentlich – es hat sich also gelohnt, mit Heidtmann so lange geredet zu haben. Vor allem ist damit in der Welt, dass die Veröffentlichung überhaupt nichts mit Geld zu tun hat. Alles andere ist Feuilleton.

So, nun stürze ich mich wieder in den Kampf. *Radio 1* will noch ein Telefoninterview, das mache ich; *Bild* hat schon wiederholt angeklingelt, die lasse ich abtropfen.

Was deine Besuche betrifft: Natürlich nervt das, was ich verstehe. Aber es zeigt doch auch, dass du nicht vergessen bist. Das ist doch eine gute Nachricht.

Innige Grüße
Frank

De:	Margot Feist <mfeist1@yahoo.es>
Enviado:	15. Februar 2012, 12:12
Asunto:	Post aus Bochum und Bayern

Lieber Frank,

Jetzt rückt der Maler in den Raum vor, wo mein Computer steht, da muss ich erst mal bis heute Abend weichen.

Es gibt auch solche Nachrichten

Margot

Liebe Margot,

[...] Ich warte schon ungeduldig auf die Auslieferung des Buches von Erich, und als DDR-Kabinett-Bochum werden wir, soweit es uns möglich ist, Werbung dafür machen. [...] In den bürgerlichen Medien hat ja die Ankündigung des Buches schon große Wellen geschlagen und manch gehässiger Kommentar hat mich wütend gemacht. Aber das ist nur ein

Grund mehr, gegen die Delegitimierung der DDR mutig und entschlossen vorzugehen!

Herzlichst
dein Genosse Andreas

Liebe Margot,

seit gestern habe ich das Buch von Erich. Ganz toll! Habe schon fast die Hälfte gelesen. Hast du sehr gut gemacht. Langsam begreifen ja immer mehr, dass die DDR und ihre Regierung im Interesse der Bevölkerung aktiv war. Werde niemals vergessen, was man für mich und meine Familie getan hat. Es war meine Heimat und wird es auch bleiben.

Gut auch der Bericht über dich in der *SUPERillu*. Machen wir weiter so. Wünsche dir eine schöne Zeit und verbleibe mit herzlich roten Grüßen in über 60-jähriger Verbundenheit

Erich S. aus Bayern

Von:	Frank Schumann <edition-ost@aaagentur.com>
Datum:	17. Februar 2012, 12:51
Betreff:	Nur kurz

Liebe Margot,

jetzt geht der Trubel richtig los. Gestern hatte ich eine halbe Stunde im *MDR* (16:30–17:00 Uhr) – die Sendung ist nicht im Internet verfügbar, was nicht überrascht.

Offenkundig hatten sie vor, mich in der Live-Sendung zu schlachten, was ihnen offenkundig misslungen ist. Sie hatten Anrufe ins Studio bestellt (Stasi, Mauer, Schießbefehl), und die restlichen Plattheiten lieferte der Moderator selbst. Nach der bewährten Taktik (immer Gegenfragen stellen) habe ich ihn auflaufen lassen, was offenkundig die Zuschauer auch so registriert haben. Heute bekam ich viele ermutigende Anrufe und Mails von Unbekannten, oft waren auch gleich noch die Beschwerden an den Sender und den Moderator angehängt. Die berühmte »schweigende Mehrheit« macht also den Mund auf. Das freut mich. Aber es ist nicht mein Verdienst.

Ich will jetzt nicht alles im Detail aufzählen, wo was erschienen ist und wie die Reaktionen sind, das mache ich mal in der kommenden Woche. Tatsache ist, dass die erste Auflage weg ist und die zweite in Druck geht, bei *amazon.de* mit mehreren Millionen Titeln ist Erich schon auf Platz 31.
Die Welle ist beachtlich, die das Buch schlägt – ich hatte mit einigem gerechnet, aber nicht damit. Vor allem müssen sie sich jetzt wieder mit Honecker, der DDR und diesem Skandal-Prozess von 1992/93 beschäftigen. Wunderbar.

Das einzige Ärgernis ist die Tatsache, dass deine Bücher hier liegengeblieben sind. Heinz M. hatte sich gestern telefonisch im Verlag gemeldet und eine Handy-Nummer hinterlegt, die offenkundig falsch ist. Er wünschte in Tegel auf dem Airport kontaktiert zu werden, doch wann? Und wie sah er aus?
Da ich selbst bereits in Leipzig beim *MDR* war, konnte ich schlechterdings nicht selbst auf dem Flugplatz nach ihm Ausschau halten. Er hätte ja auch den Verlag direkt ansteuern können, um die Bücher abzuholen. Hat er aber scheinbar nicht gewollt. Das war, offen gestanden, der Konspiration ein wenig zu viel. Es wäre auch zu schön gewesen, wenn derart rasch die Bücher in deinen Besitz gelangt wären.

Nun also bleibt wieder der Postweg. Und wie ich den kenne, wird es drei Wochen dauern, ehe das erste Exemplar bei dir eintrudelt.

Morgen mehr.

Sei herzlich umarmt
Frank

PS: Das lief gestern nach 22 Uhr im Kulturmagazin artour.
Es war ein erstaunlich seriöser Beitrag: *www.mdr.de/artour/tagebuecher102.html*

De:	Margot Feist <mfeist1@yahoo.es>
Enviado:	17. Februar 2012, 13:28
Asunto:	Auch nur kurz

Lieber Frank,

der Trubel nervt mich ein bisschen. Einer aus Halle schickte mir den *SUPERillu*-Beitrag mit Fotos. Der hallesche Peter, ein sehr kritischer Genosse, sprach sich auch sehr anerkennend über deinen offensiven Auftritt im *MDR* aus.

Wenn das Buch nun etwas später nach Chile kommt – macht nichts. Ich kenne es ja.

Das zur Volksbildung angekündigte Buch wirft nun auch seine Schatten voraus, sie kommen wieder mit ihren ollen Kamellen.

Der Maler malt noch.

herzliche Grüße, wünsche dir ein gutes Wochenende
Margot

Von:	Frank Schumann <edition-ost@aaagentur.com>
Datum:	Viernes 17. Februrar 2012, 13:42
Betreff:	Ermutigung

Liebe Margot,

Danke für die rasche Replik. Es ist wirklich sagenhaft, was hier abgeht. Gerade kam die untenstehende Mail herein. Das sind alles Menschen, die ich nicht kenne. Aber das ermutigt.

Innigst
Frank

Sehr geehrter Herr Schumann,

wir haben am 16. Februar 2012 Ihr Interview im *MDR* bei »Hier nach 4« mit großem Interesse verfolgt. Wir gratulieren Ihnen zu dem hervorragenden Auftritt. Bei der gegenwärtig immer noch andauernden (nach mehr als zwanzig Jahren) Anti-DDR-Propaganda und gelenkter DDR-Diffamierung (siehe Moderation der Sendung) war Ihr Auftreten sehr mutig und von großer Ehrlichkeit geprägt.

Wir DDR-Bürger haben sehr wohl die Defizite unseres Staates gekannt und haben darunter gelitten, aber es war unser Staat. Dazu gehörten eben auch die Honeckers, man mag zu ihnen stehen, wie man will.

Vielen Dank und sehr liebe Grüße
Waltraud und Burkhard L., Berlin

Von:	Frank Schumann <edition-ost@aaagentur.com>
An:	Margot Feist <mfeist1@yahoo.es>
Datum:	17. Februar 2012, 16:08
Betreff:	Ermutigung

Spiegel-online, sieh an, sieh an:

www.spiegel.de/politik/deutschland/0,1518,815691,00.html

De:	Margot Feist <mfeist1@yahoo.es>
Enviado:	20. Februar 2012, 19:28
Asunto:	Heinz und Fritz und andere Post

Lieber Frank,

gut, dass ihr euch, wie man so sagt, ausgesprochen habt. Meine Vermutung hat sich bestätigt: Die Ursache der Missstimmung war die Tatsache, dass sie nicht einbezogen worden waren. Hätten jedoch die »Aufzeichnungen« etwas enthalten, wo ich es für notwendig gehalten hätte, sie zu konsultieren, hätte ich das auch getan. Aber dafür sah ich keinen Anlass.

Außerdem nahm ich an, dass sie sich darüber gefreut hätten, dass es vom Verlag und mir eine Initiative zum 100. Geburtstag von Erich gegeben hatte. Von anderen ist da ja nichts zu erwarten. Ich werden sie ja in Kuba treffen und ihnen das noch einmal klarmachen.

[...]

Meine Familie ist wieder vollzählig in Santiago, und ich habe, weil der Maler zur Zeit in der Küche arbeitet, eine Ausrede, nicht alle bekochen zu müssen.

So viel für heute.

herzlichst
Margot

Von:	Frank Schumann <edition-ost@aaagentur.com>
Datum:	21. Februar 2012, 13:11
Betreff:	La Tercera

Liebe Margot,

heute bekam ich auch die Seite rein, die am Sonntag in der *Frankfurter Allgemeinen* erschien. Viel dummes, oberflächliches Zeug, was ich den Autor L. bereits wissen ließ. Ich habe mich dennoch bei ihm für die gute Werbung im Westen bedankt: Wir haben heute die dritte Auflage in Auftrag gegeben – wenn die weg ist, haben wir 30000 Bücher unters Volk gebracht. Die neue Auflage wurde nötig, nachdem gestern *amazon* weitere 3500 Bücher geordert hatte.

Vorhin war ich zur Jahressitzung der MfS-Autoren, an der rund zwei Dutzend Generale und Oberste teilnahmen. Sie sind vom Buch geradezu begeistert, und Professor Sch. aus Dresden meinte zu deinem Vorwort, es enthalte die richtige strategische Orientierung – wir hier würden zu oft im Kleinklein versinken. Wie gewohnt machten die Genossen sich gleich Notizen.

Herzliche Kampfesgrüße aus der Runde nach Chile!

Ich drücke dich
Frank

Von: Frank Schumann <edition-ost@aaagentur.com>
Datum: 21. Februar 2012, 15:11
Betreff: Maischberger

Liebe Margot,

nach der *MDR*-Geschichte meldete sich Maischberger/*ARD* bei uns, die macht eine Talkshow am Dienstagabend. Sie hat Roberto und mich eingeladen (na klar, weil sie dich nicht kriegt, versucht sie es so). Sie zahlen Flug und Hotel für Roberto, über sein Honorar und die Dauer des Aufenthalts würde ich mit dem Sender erst reden wollen, wenn du grünes Licht gibst. Wie siehst du das? Da ich dabei sein werde, ist das Risiko vielleicht überschaubar. Und Roberto käme gratis mal wieder in seine Heimat.

Maischberger ist harmlos, die macht auf Gefühl und Verständnis, ist nicht aggressiv.

Denk mal darüber nach, bitte.

Herzlichst
Frank

Von: Frank Schumann <edition-ost@aaagentur.com>
Datum: 21. Februar 2012, 16:07
Betreff: Re: Maischberger

Lieber Frank,

das ist völlig ausgeschlossen. Schlag dir das aus dem Kopf.

Margot

Von:	Frank Schumann <edition-ost@aaagentur.com>
Datum:	21. Februar 2012, 17:11
Betreff:	Re: Maischberger

Liebe Margot,

ich muss mir das nicht aus dem Kopf schlagen: Es war dort nie drin!

Ich könnte dich knuddeln.
Frank

De:	Margot Feist <mfeist1@yahoo.es>
Enviado:	21. Februar 2012, 17:56
Asunto:	Re: Re: Maischberger

Lieber Frank,

wunderbar, dass wir uns wieder mal einig sind.

Umarmung
Margot

De:	Margot Feist <mfeist1@yahoo.es>
Enviado:	23. Februar 2012, 12:04
Asunto:	Herzliche Grüße und ein solidarisches Rot Front!

Lieber Frank,

das wollte ich dir nicht vorenthalten:

Liebe Genossin Margot,

Ich möchte mich – auch im Namen meiner Lena – bei dir herzlich für deinen Entschluss bedanken, die »Letzten Aufzeichnungen« von Erich, auch im Hinblick auf seinen in diesem Jahr bevorstehenden 100. Geburtstag, zu veröffentlichen. Diese Aufzeichnungen werden dazu beitragen, den Blick der Menschen auf das wahre Gesicht dieser Bundesrepublik zu schärfen und besonders jungen Menschen zeigen, wo sie heute leben müssen und was sie noch erwartet.

Ich stehe unter dem Eindruck des soeben gelesenen Buches und kann sehr gut die Gefühle und Empfindungen von unserem Genossen Erich verstehen. Seine Tagebuchaufzeichnungen haben mich stark berührt.

Über viele Jahre war ich Mitglied des Solidaritätskomitees für die Opfer der politischen Verfolgung in Deutschland [...]. Zusammen mit meiner Frau und Genossin Lena haben wir an über 200 Prozesstagen im Berliner Landgericht in Moabit teilgenommen und unsere Kampfgefährten solidarisch begleitet, wenn sie vor die Schranken der Klassenjustiz gezerrt wurden. Viele Genossen und Freunde haben wir nach ihren Verurteilungen in den verschiedenen Haftanstalten besucht. So haben wir hautnah erlebt, wie von unseren Klassengegnern deutsche Geschichte juristisch »aufgearbeitet« wurde.

Um so nachhaltiger wirken die Aufzeichnungen Erichs für dich über seine Haft in Moabit. Seine Schilderungen unterstreichen sehr deutlich, wie dieser Rechtsstaat von Anfang an dazu angetreten ist, unsere DDR und jeden Gedanken an Sozialismus zu kriminalisieren und zu diffamieren. Die Justiz hat sich nicht gescheut, die Menschenwürde mit Füßen zu treten und einen todkranken Mann der Öffentlichkeit buchstäblich vorzuführen.

Ein Richter im Prozess gegen Angehörige des Grenzkommandos der DDR hatte damals wörtlich bei der Urteilsverkündung gesagt: »Wir wollten verurteilen, und wir haben verurteilt.« Das ist das Gesicht der deutschen Justiz.

Wie klar hat Erich Honecker in dieser Zeit die Lage – und auch die Zukunft für Deutschland – charakterisiert, aber auch Menschen, die sich nach der Konterrevolution als ihre Betreiber und als Verräter an unserer Sache erwiesen.

In aller Bescheidenheit gebührt Erich Honecker noch heute unser Dank, wie er mit seiner Schlusserklärung vor dem Gericht die DDR, ihren sozialistischen Weg und die Mehrheit der Bevölkerung unseres Landes verteidigte. Mit dieser Erklärung zog er der BRD – nicht nur vor der deutschen Öffentlichkeit – die Larve vom Gesicht und machte nicht nur den Gerichtsvorsitzenden anschließend sprachlos.

Welche Kraft muss es Erich Honecker unter Beachtung seiner sehr angeschlagenen Gesundheit gekostet haben, dieses inhumane und entwürdigende Theater, dieses »medizinische Seminar« (wie er es beschrieb) mit erhobenem Haupt zu überstehen?

Das nötigt uns große Hochachtung ab. [...]

In unserem Alter reißen wir keine großen Bäume mehr aus – höchstens kleine Bonsai-Bäume. Dennoch, trotz Alter und schlechter Gesundheit lassen wir uns nicht unterkriegen. Dir, liebe Margot, wünschen wir Gesundheit und alles Gute.

Wir entbieten dir ein freundschaftliches und solidarisches »Rot Front!«

Deine Genossen Lena und Kurt A.

Von:	Frank Schumann <edition-ost@aaagentur.com>
Datum:	23. Februar 2012, 13:51
Betreff:	Trost

Liebe Margot,

solch ermutigende Zeilen wärmen einem doch das Herz. Das ist mehr als nur Trost für Unbill und Ärger, den man einstecken muss (auch von den eigenen Leuten): Man sieht, dass es doch alles Sinn macht, was wir so tun. Sehr, sehr schön ...

Ich hänge zwei Fotos an, die 1945/46 im Antifaschistischen Jugendausschuss in Halle gemacht wurden. Bist du auf einem dieser Bilder? Ich muss zu meiner Schande gestehen, dass ich dich nicht erkannt habe, aber vielleicht konnte ich dich auch nicht entdecken, weil du gar nicht dabei bist. Erkennst du überhaupt jemanden darauf? Etwa Genscher*? Der behauptet, im Antifa-Ausschuss von Halle gewesen zu sein. Hast du damals was mit dem zu tun gehabt?

Sei herzlich umarmt
Frank

*Hans-Dietrich Genscher (1927–2016) studierte in Halle und Leipzig Jura und ging 1952 in den Westen. Von 1974 bis 1992 war er Bundesaußenminister

De:	Margot Feist <mfeist1@yahoo.es>
Enviado:	25. Februar 2012, 18:17
Asunto:	Danke

Hurra, lieber Frank, ein Exemplar der »Aufzeichnungen« ist angekommen. Bitte schickt mir noch vier für Familie und Freunde.

Wünsche dir einen schönen Sonntag.

Herzlich
Margot

Von:	Frank Schumann <edition-ost@aaagentur.com>
Datum:	26 Februar 2012, 16:08
Betreff:	schnelle Post

Liebe Margot,

ich freue mich, dass die Post inzwischen nur noch anderthalb Wochen bis Chile braucht und nicht, wie im Vorjahr, drei. Es sind bereits weitere Bücher unterwegs – zu Wochenbeginn bringe ich die nächsten Exemplare auf den Weg.

Die Anfragen in Bezug auf Roberto häufen sich. Ich habe in unserem Haus deine Position bekanntgegeben.

Ich war gestern mal wieder unterwegs. Unter anderem besuchte ich Prettin, um die Lichtenburg zu besichtigen (war da nicht auch dein Vater inhaftiert?), doch das Tor war versperrt – war ja Wochenende, da will niemand eine Mahn- und Gedenkstätte aufsuchen. (Die Kommune hat offenkundig kein Geld für Personal und muss sparen.)

Sodann war ich in Torgau bei Dieter I., er gab mir Material zum dortigen Jugendwerkhof. Wie ich aus seinen Unterlagen ersehe, hatte er mit dir in dieser Sache auch schon per Mail korrespondiert. Dieters Frau ist ein Pflegefall, er muss sich rund um die Uhr um sie kümmern. Das tut er mit ganzer Hingabe, weshalb ich mich – es war ein blöder Tag, weil noch seine Enkelin vorbeikam – diskret verabschiedete. Wir haben uns auf einen anderen Tag verabredet.

Ich wünsche dir ein sonnigen Sonntag – wir haben blauen Himmel, aber es ist kalt, so um die sechs Grad.

Innigst
Frank

PS: Hast du schon mal auf die Bilder aus Halle geschaut?

De:	Margot Feist <mfeist1@yahoo.es>
Enviado:	26. Februar 2012, 18:52
Asunto:	Jugendausschuss

Lieber Frank,

noch scheint auch hier die Sonne, aber die Tage werden schon merklich kürzer, man ahnt den nahenden Herbst.

Hab Dank für die Fotos von der »Lichte«. Ja, mein Vater Gotthard Feist war nach seiner Verurteilung in Kassel-Wehlheiden im KZ Lichtenburg, von dort kam er ins Lager Buchenwald, das gerade erst errichtet wurde.

Mit Dieter I., mit dem ich im Jugendverband gearbeitet habe, stehe ich seit langem per Mail in Verbindung. Er ist einer der Aufrechten und hat mit seiner Adi ein schweres Los zu tragen. Wenn du wieder Kontakt hast, grüß ihn herzlich von mir.

Die Fotos vom Jugendausschuss Halle kann ich nicht deuten, einer, den ich zu erkennen glaube, ist ein Magdeburger. Ich kann mich aber irren. Mit Genscher bin ich nie in Berührung gekommen. Gegen die Liste der damals sehr reaktionären LDP Sachsen-Anhalts sind wir jungen Antifaschisten Sturm gelaufen. Mit jungen Leuten aus dieser Partei sind wir später gemeinsam marschiert, ich erinnere mich an Rudolf Agsten*, der später Abgeordneter der Volkskammer war.

Inzwischen habe ich noch mal alles Briefliche durchgesehen, obwohl ich sicher bin, dass die Schreiben, die dich interessieren, nicht hier sind. Die Briefe, die Erich erwähnte, sind irgendwo abgeblieben. Vermutlich sind sie wie so vieles später verhökert worden.

[...]

Was den Ärger in den eigenen Reihen betrifft, mit dem bisher die Honecker-Publikation begleitet wurde: Unterm Strich bleibt, dass du die Initiative ergriffen und durchgesetzt hast, an den 100. Geburtstag von Erich würdig und angemessen zu erinnern, wofür ich dir danke.

Das wär's für heute, ich wünsche dir eine gute Woche.

Herzlichst
Margot

*Rudolf Agsten (1926–2008) war Chefredakteur der *Liberal-Demokratischen Zeitung* in Halle, Mitglied der Volkskammer von 1954 bis 1989. Als Gast der FDP-Bundestagsfraktion besuchte er 1988 Bonn

Von:	Frank Schumann <edition-ost@aaagentur.com>
Datum:	27. Februar 2012, 15:00
Betreff:	Spiegel-Bestsellerliste

Liebe Margot,

ich gebe normalerweise wenig auf diesen Bestseller-Zirkus, aber in diesem Falle haben wir wirklich Grund zum Jubeln:

Erich Honecker ist inzwischen auf Platz neun der derzeit meistverkauften Sachbücher in Deutschland, wie ich soeben erfahre.

Näheres demnächst.

Ich umarme dich
Frank

De:	Margot Feist <mfeist1@yahoo.es>
Enviado:	27. Februar 2012, 15:06
Asunto:	Für dich

Lieber Frank,

vor einer halben Stunde rief mich Heinz an. Er hat das Buch zu Ende gelesen, mit großer innerer Bewegung, wie ich spürte. Wie Erich das alles unter diesen Bedingungen habe aufschreiben können, hat ihn sehr berührt. Und bei ihm sei alles von damals noch einmal in seiner Erinnerung hochgekommen.

Ich meine, das solltest du wissen.

Herzlich Margot

Von:	Frank Schumann <edition-ost@aaagentur.com>
Datum:	29. Februar 2012, 16:42
Betreff:	Dreh mit Fritz Wolff

Liebe Margot,

heute Vormittag hat der *MDR* in Wandlitz mit Fritz Wolff gedreht, diesmal für einen Beitrag im Magazin zur Geschichte Mitteldeutschlands, das der Schauspieler Gunter Schoß moderiert. Der Redakteur Nils Werner hatte vor Jahresfrist einen sehr anständigen Film über Adolf Hennecke und unser Buch* gemacht, weshalb ich ganz optimistisch bin. Der Film mit Fritz wird am Dienstag laufen.

Er war sehr überzeugend, sachlich-ruhig und argumentativ stark. Und das sowohl in Bezug auf Erich und seine Haltung vor Gericht als auch zu DDR-Fragen. Jetzt werde ich zusehen, ihn bei der Maischberger unterzukriegen (als Ersatz für Roberto).

Das einzige Problem bei solchen Gesprächen vor der Kamera: Von den zwei Stunden, die man eigentlich vollständig und ungeschnitten senden müsste, bleiben am Ende nur fünf Minuten übrig.

Heute taucht Erichs Buch erstmals in der gedruckten *ND*-Bestsellerliste auf, Platz 8, dahinter (noch immer) Gerd König (»Fiasko eines Bruderbundes«). Und die Bestellungen reißen nicht ab: Heute hat ein Barsortimenter gleich 2000 Exemplare genommen. Es ist sagenhaft – und natürlich erfreulich. Das hätte ich mir in meinen kühnsten Träumen nicht vorstellen können. Gut, deine diesbezügliche Skepsis habe ich von Anfang nicht geteilt, aber dass die Resonanz auf dieses Buch derart groß sein würde, war nicht zu erwarten. Es muss mit dem aktuellen gesellschaftlichen Klima und mit dem Thema zu tun haben. Naja, und natürlich mit dem Klamauk in der Presse.

Sei herzlich umarmt
Frank

*Adolf Hennecke (1905–1975), 1948 Initiator der nach ihm benannten Aktivistenbewegung. 2011 legte seine Tochter Hannelore Graff-Hennecke das Buch »Ich bin Bergmann, wer ist mehr?« vor

De:	Margot Feist <mfeist1@yahoo.es>
Enviado:	29. Februar 2012, 18:33
Asunto:	Über das Persönliche

Lieber Frank,

herzlichen Dank für deine Informationen. Ich bekam Nachricht von Dieter aus Torgau, seine Buchhandlung hätte ihm gesagt, dass es eine erstaunlich große Nachfrage gebe. Wahrscheinlich kommt man über das Persönliche auch an die sogenannten Unpolitischen heran.

Erich Postler* schrieb mir, dass er die »Irritationen« einiger Genossen nicht teile – und begründete das mit ähnlichen Argumenten, die du ins Feld geführt hast. Er wollte mich das wissen lassen, damit ich mich wegen der besorgten Genossen nicht gräme.

Übrigens, da du mit Dieter über den Torgauer Jugendwerkhof sprichst, fällt mir ein, dass meine Genossen – Experten auf diesem Gebiet – 1994 einen dicken Aktenordner zusammengestellt hatten mit Fakten zur Jugendhilfe. Ich fand darin sehr aufschlussreiche Angaben über den Jugendwerkhof Torgau, dessen Geschichte, seine Funktion, die Probleme, die es mit ihm gab einschließlich der dortigen Vorkommnisse. Wenn es dich interessiert, kann D. dir das mitbringen.

Heute hat die Malerei im Haus endlich ein Ende. Ich werde nun tief Luft holen und mich innerlich auf meine Reise nach Kuba einstellen.

Sei herzlich gegrüßt
Margot

*Erich Postler, Jahrgang 1940, war von 1976 bis 1980 2. Sekretär des FDJ-Zentralrats, danach bis Oktober 1989, 2. Sekretär der SED-Bezirksleitung Gera, kurzzeitig auch deren 1. Sekretär

Von:	Frank Schumann <edition-ost@aaagentur.com>
Datum:	1. März 2012, 19:37
Betreff:	Geschlossener Jugendwerkhof

Liebe Margot,

Dank für die interessanten Meldungen aus Torgau und sonstwoher: Es ist schon irre, wie die Nachrichten aus der Nachbarschaft einmal um die Welt rasen, ehe sie hier aufschlagen.

Was die Buchnachfrage (heute wurde die 3. Auflage ausgeliefert) in Torgau betrifft, so überrascht mich das schon. Wir hatten vor Jahren zwei, drei Buchprojekte auf Torgau zugeschnitten (Begegnung an der Elbe 1945, Joe Polowsky – nach dem ein Gymnasium benannt wurde, das aber inzwischen abgerissen worden ist – und ähnliches), aber das lief in dieser Beamten- und Garnisonstadt nicht. Umso erstaunlicher, dass nun dort EH Wellen schlägt.

Den Hinweis auf die Dokumente vom Jugendwerkhof nehme ich gern auf. Wenn es D. zuzumuten ist, würde ich mich freuen, wenn er die Unterlagen im April mit herüberbringt.

Bei den Nachrichten über den Geschlossenen Jugendwerkhof Torgau kommen sie stets auf die gleichen Geschichten zu sprechen. Die Vorstellungen sind mehr als absurd und bewegen sich auf dem Niveau: Wer dreimal ohne Blauhemd erwischt wurde, kam in den Jugendwerkhof, lebte in Einzelhaft bei Wasser und schlechtem Brot, und wenn dem Aufpasser danach war, schlug er aus Jux und Dallerei zu oder vergewaltigte. Einfach so. Wenn es nicht so ernst wäre, könnte man sich über derlei Absurditäten kringeln. Insofern wäre es vielleicht ganz nützlich, machte man mal eine kleine Sache dazu. Damit kriegen wir zwar nicht die Klischees aus den Hirnen, aber es gibt dann immerhin eine Quelle, auf die man verweisen kann.

Ich habe heute wieder ein Buch in die Post gegeben (Einzelversand scheint immer noch am erfolgreichsten).

Wann genau fliegst du nach Kuba? Ich hatte so den 27./28. März notiert. Oder startest du früher?

Hat sich übrigens Heinz M. bei dir gemeldet?

Sei herzlich gedrückt
Frank

De:	Margot Feist <mfeist1@yahoo.es>
Enviado:	1. März 2012, 20:43
Asunto:	Autogramm vom Ende der Welt

Lieber Frank,

ehe ich die Antworten auf deine Fragen wieder verschussele: Ich fliege am 26. März, und nach dem letzten Gespräch mit Heinz und Ruth bin ich ganz zuversichtlich, dass sie sich auch auf den Weg machen. Mein hallescher Kumpel Peter wird auch wieder in der Zeit dort sein.

Die M.'s haben sich gemeldet, sie werden mich kommenden Montag besuchen.

Nun hat sich wieder eine Menge Post angesammelt, darunter die blöden Autogrammwünsche, von denen ich natürlich ausgewählte beantworte. Heute bekam ich einen Brief von einem in der DDR Aufgewachsenen, der die »Aufzeichnungen« mit der Bitte um Signatur schickte. Er habe gleich zwei Exemplare gekauft – ein Buch, um es zu lesen, und das andere habe er mir geschickt. Da denkt man, unsereiner lebt am Ende der Welt und hat seine Ruhe ...

Liebe Grüße für dich
Margot

Von:	Frank Schumann <edition-ost@aaagentur.com>
Datum:	2. März 2012, 19:45
Betreff:	Re: Autogramm vom Ende der Welt

Liebe Margot,

[...]

Bezüglich der Autogrammwünsche mache ich dir folgenden Vorschlag: Wir können hier Postkarten drucken lassen mit deiner Unterschrift. Das haben wir auch bei Wolfgang Sch. (Parkinson) und anderen gemacht. Dann könntest du alle Wünsche abwimmeln und an den Verlag delegieren, denn es ist ja weniger das Autogramm, was nervt, sondern das Antwortschreiben und Rückporto, was kostet. Mit den Karten könnte man so verfahren: Entweder wir drucken die Unterschrift mit, was das Einfachste wäre – oder wir schicken dir die Karten und einen Filzstift zum Signieren und D. bringt die unterzeichneten Karten mit nach Berlin. Ich würde sie auch Heinz oder Fritz nach Kuba mitgeben, dort könntest du sie signieren und die beiden bringen die Karten retour. Was meinst du?

Unten schon mal zwei Karten-Vorschläge.

In Berlin, so wurde mir berichtet, sah man heute Morgen in der U-Bahn jemanden das Buch lesen. Er hatte es aber eingeschlagen. Nun kann man sich fragen, warum? Um es zu schützen, oder um sich nicht zu verraten, dass er Honecker liest? Schon ulkig. Ansonsten heute:

Bestsellerlisten mit Erich Honecker: Letzte Aufzeichnungen

Spiegel Neueinstieg Platz 9

Stern Neueinstieg Platz 10

Focus Neueinstieg Platz 20

ND-Ostbestseller Neueinstieg Platz 6

Mal sehen, ob es noch weiter steigt. Im *Stern* hatten sie dazu noch einen Kommentar gestellt. Unsere Pressefrauen sammeln eifrig. Demnächst schicke ich dir mal eine Kollektion.

Jetzt trolle ich mich erst mal nach Hause. Morgen gibt es gewiss Neues.

Innige Grüße
Frank

De:	Margot Feist <mfeist1@yahoo.es>
An:	Frank Schumann <edition-ost@aaagentur.com>
Enviado:	3. März 2012, 19:24
Asunto:	Ein Brief, der auch dir gilt

Liebe Margot, sehr geehrte Genossin Honecker,

nun sitz ich hier, das für dich und uns geschriebene Tagebuch deines Mannes an die Brust gedrückt, und könnte heulen, dabei möchte ich dich einfach nur umarmen, und das mit tiefer Dankbarkeit, weil du den richtigen Zeitpunkt der Veröffentlichung gewählt hast.

Dankbar bin ich aber auch, dass du mich hast das werden lassen, was ich als Mensch heute bin. Bin Jahrgang 1954, in den ersten zehn Jahre in Eisenhüttenstadt aufgewachsen. Das hat mich geprägt. Aber ich will nicht über mich schreiben, sondern über die erschütternden Leseeindrücke.

Tief bewegt mich der Stil, in dem Erich schreibt, ganz anders, als wir ihn oft wahrgenommen haben, und doch ganz er. Wie klar formuliert er das bitter Erlebte, ob unter den Nazis, zu DDR-Zeiten oder wieder im Knast der Siegermacht, obwohl er schon schwer mit seiner Gesundheit zu kämpfen hatte.

Nach über zwanzig Jahren haben wir bitter erfahren müssen, was Siegerjustiz aus Menschen, ja auch aus vielen vermeintlich gestandenen Genossen gemacht hat, und das tut weh, weil gerade auch meine Generation sich alleingelassen fühlt. Was mich aber auch so entsetzte, waren die Informationen in den kleingedruckten Erläuterungen, die Fußnoten im Buch. Die Freundschaft zur Sowjetunion war mir Herzensbedürfnis, und ich ertappe mich noch heute, dass ich lausche, wenn ich russische Worte höre, und den Sprechern zusehe. Jetzt muss ich feststellen, wie unsäglich mit uns umgegangen wurde. Ich verstehe es nicht, vielleicht weil ich es nicht wahrhaben will, nur hat unser bitteres Ende nun eine Erklärung.

Sicher müssen sich viele die Frage stellen, was jeder Einzelne dazu beigetragen hat. Ob sie es schaffen, ehrlich darauf zu antworten? Was mich oft so wütend gemacht hat, war die Tatsache, dass ich – obwohl meine Großeltern KPD-Kämpfer und mein Vater Parteihochschulabsolvent war – nicht in die SED aufgenommen wurde. Begründung: Technische Zeichnerin und Studium, ist nicht Arbeiterklasse. Darunter leide ich heute noch, mitunter bekommt man das selbst bei meinen Genossen – ich bin seit 1990 in der KPD – zu spüren. Ich habe keine Vergangenheit in einer Arbeiterpartei.

[...] Wie geht es dir selbst? Geht es dir wie Heinrich Heine, hast du Sehnsucht nach Deutschland wie er? Behalte das Land so in Erinnerung, wie du es verlassen hast, ein besseres haben wir z. Zt. nicht. Geht es deinen Kindern und Enkeln gut? Kommst du in Chile zurecht? Sicher hast du viele Genossen auf der ganzen Welt, die an dich denken.

[...] Ich hoffe, du nimmst mir meinen Überfall nicht übel, aber ich musste einfach schreiben.

Ich drücke dich aus der Ferne und von ganzem Herzen.
Cornelia N. aus B.

De:	Margot Feist <mfeist1@yahoo.es>
Enviado:	4. März 2012, 16:15
Asunto:	Ruth im Krankenhaus

Lieber Frank,

leider keine gute Nachricht, Ruth, die so optimistisch am Telefon klang, ist in der Wohnung gestürzt, hat sich den Oberschenkel gebrochen und wurde am Sonnabend operiert. Es ist für beide, für sie und für Heinz, sehr schlimm.

Die gute Nachricht von einer Genossin Cornelia aus B. schickte ich dir schon gestern, und heute bekam ich einen sehr guten Brief von Günter Erbach, mit dem ich Anfang der 90er Jahre und nun, nach seinem schweren Unfall, erneut korrespondiere. Er schreibt von seinen tiefen Eindrücken, und auch »Ich betrachte das Buch als Geschenk an alle, die den historischen Leistungen der DDR beim Aufbau des Sozialismus die Treue halten«. Ich schreibe dir davon, weil es ein Dankeschön auch an dich ist.

Zu den Autogrammkarten. Hab Dank für deine spontane Hilfsbereitschaft. Ich komme darauf zurück. Vor der Kuba-Reise ist es noch nicht nötig. Ich habe die Wünsche, die mit Porto und Foto versehen waren, bereits abgearbeitet.

Ich wünsche dir eine gute Woche.

Herzlichst
Margot

Von:	Frank Schumann <edition-ost@aaagentur.com>
Datum:	4. März 2012, 18:10
Betreff:	Aus und zu den Sternen

Liebe Margot,

nachdem wir seit Jahresfrist nur gute Nachrichten austauschten, musste folgerichtig auch irgendwann einmal eine schlechte kommen. Ich werde morgen bei Heinz anrufen. In diesem Alter den Oberschenkel zu brechen, ist in der Tat Anlass zur Besorgnis. Meine Großmutter war 83, als ihr das widerfuhr. Sie kam aus dem Krankenhaus nicht wieder nach Hause ... Gut, nach vierzig Jahren ist die Medizin weiter, und man soll nicht gleich Kassandra spielen, dennoch gibt es Hoffnung nur in homöopathischen Dosen.

Der Brief von Cornelia N. ist in der Tat herzerwärmend, wie mich auch die Zustimmung von Günter Erbach freut. Er war einer derjenigen, die die Backen am kräftigsten aufplusterten, als die Sache im *Kurier* losging, wie mir Klaus berichtete. Er sagte ihm damals, er solle seine knappe Luft für Wichtigeres aufsparen. Nun ja, es ist gut, wie sich jetzt alles fügt und beruhigt.

Offenkundig haben wir mit dem Tagebuch sowohl Ton wie Zeitpunkt gut getroffen, aber seien wir ehrlich: Ohne diesen

ganzen Medienrummel hätte das nicht so gut funktioniert, wie es augenblicklich läuft. Von den neu aufgelegten »Moabiter Notizen« haben wir im Vorjahr gerade mal 2000 geschafft, wenn ich das richtig mitbekommen habe. Das ist zwar nicht schlecht, aber auch nicht so berauschend, dass man die Korken hätte fliegen lassen müssen – eben nur ein Zehntel von dem, was wir bereits jetzt schon vom Tagebuch unters Volk gebracht haben.

Anbei die Bestsellerliste von dieser Woche aus dem *Stern*. Der Kommentar: nebbich. Aber die Tatsache, dass das Buch dort so exponiert steht, ist hilfreich: Die haben über eine Million Auflage, erreichen also rund drei Millionen Wessis – denn im Osten wird das Magazin kaum gelesen. Text aus dem *Stern* zum EH-Band auf Platz 10: »Dass zwei Gauck-Bücher* in dieser Liste auftauchen, muss nicht weiter verwundern. Staunen allerdings darf man über die späten Bestseller-Ehren von Erich Honecker. Die Verantwortung dafür trägt Ehefrau Margot, die einem ostdeutschen Verleger ihres Vertrauens Erichs Notizen aus der Untersuchungshaft in Moabit mit den Worten ›Mach was draus!‹ übergeben hatte. Damit sorgte nun seine ›Kleine‹, wie Honecker die Gattin in den Aufzeichnungen nennt, aus dem chilenischen Exil für ein überraschendes publizistisches Comeback des Ex-DDR-Führers ...«

Wegen der Postkarten halte ich noch die Füße still. Lass mich nur wissen, ob mit gedruckter Unterschrift oder ohne.

Auch dir eine erträgliche Woche,

herzlichst
Frank

*Joachim Gauck, 2010 als Kandidat bei der Bundespräsidentenwahl gescheitert, war am 18. März 2012 nach dem Rücktritt von Wulff zum 11. Bundespräsidenten gewählt worden

De:	Margot Feist <mfeist1@yahoo.es>
Enviado:	7. März 2012, 20:24
Asunto:	Moabiter Notizen in Chile

Lieber Frank,

auch hier nichts Neues, die Farbe ist getrocknet und alles freundlich hell, es macht sich bezahlt, Schulden gemacht zu haben: Es wird längere Zeit vorhalten.

Ich habe mit Heinz telefoniert und den gleichen Eindruck wie du. Es ist schwer vorstellbar, wie das Leben weitergehen wird, wenn Ruth lange Zeit ausfällt. Ich mache mir Sorgen, sie sind meine besten Freunde seit der Jugendzeit. Ich hatte mich darauf gefreut, sie noch einmal in Kuba zu treffen ...

Ich bin dabei, alles Mögliche zu ordnen, damit ich beruhigt hier ausreisen kann.

[...] Hatte ich dir schon geschrieben, dass nun die »Moabiter Notizen« auch in Chile erschienen sind, nachdem eine Gruppe Genossen die Übersetzung und den Druck bewältigt hat?

Hier ist die Urlaubszeit zu Ende, man macht auch wieder Politik, die mit einer ganzen Reihe sozialer Proteste konfrontiert wird.

Du hast sicher eine anstrengende Woche mit Leipzig vor dir. Hoffentlich lohnt sich der Einsatz.

Mit der Volksbildung werden wir keine großen Auflagen einfahren, denke ich.

Sei herzlich gegrüßt
Margot

De:	Margot Feist <mfeist1@yahoo.es>
Enviado:	8. März 2012, 12:57
Asunto:	Fritz besser nicht

Lieber Frank

dank für die Grüße zum Frauentag. Es scheint, dass immer noch viele an der alten Tradition festhalten, bei uns war es ja mehr ein Feiertag denn ein Kampftag, der es wohl wieder werden muss, sind doch die Frauen noch immer oder erneut die am meisten Geschröpften.

Ich habe die *dpa*-Meldungen zum Volksbildungsbuch gelesen, na, nicht schlecht: »Rundum-Verteidigung der DDR«. Das weckt wahrscheinlich Interesse bei den Unseren.

Nun mach dir keinen Kopf, dass ich Schulden gemacht habe (und das ist selten). Wenn ich Schulden aufnehme, dann weiß ich auch, wie ich sie wieder begleiche.

Du solltest Fritz St. besser nicht mit Post für Kuba belästigen. Er stellt sich immer ein wenig an. [...]

Liebe Grüße
Margot

Von:	Frank Schumann <edition-ost@aaagentur.com>
Datum:	9. März 2012, 15:06
Betreff:	Dein Buch ist da

Liebe Margot,

dein Buch ist heute aus der Druckerei gekommen – ich habe gleich ein Exemplar in die Post gegeben, damit es dich eventuell noch vor der Abreise erreicht.

Die Resonanz auf die *dpa*-Meldung gestern ist gewaltig, auch im Ausland: Österreich, Schweiz (dort sogar in der TV-Hauptnachrichtensendung) und in den Niederlanden haben sie darauf reagiert. Ich habe mal eine paar Sachen zusammengestellt, auch ein holländischer Rundfunkbeitrag ist darunter. Die auswärtige Resonanz ist größer als bei Erich, was – so meine Vermutung – auf den *dpa*-Beitrag zurückzuführen ist. Bei den Tagebuchaufzeichnungen gab es, glaube ich, keine Meldung einer Nachrichtenagentur.

Wie auch immer: Wir können über das Echo froh sein.

Morgen macht die *Bild* etwas zu deinem Buch. Keine Ahnung, was das sein wird. Vermutlich werden sie sich dafür rächen, dass wir sie vorab bewusst geschnitten hatten. Das ärgert sie immer wahnsinnig, wenn man ihnen die kalte Schulter zeigt und mit anderen, aber nicht mit ihnen redet. Sie halten sich unverändert für den Nabel der Welt: Schließlich machen sie Bundespräsidenten und schießen diese auch wieder ab. Nun haben sie sich dein Buch aus dem Laden geholt und geben ihren Senf dazu.

Bei mir hat sich auch ein Wolfgang R. gemeldet, der aus Erichs Buch erfahren hat, dass dieser die von ihm 1992 herausgebrachte Broschüre »Zu den dramatischen Ereignissen« nicht bekam. R. schreibt, er sei Leiter der Abteilung Bildung, Wissenschaft und Kultur im Parteivorstand der DKP gewesen und Mitglied des Solidaritätskomitees für EH. Er habe von damals noch Material. Kennst du ihn? Mich hat der Anfang seiner Mail ein wenig irritiert: »Liebe Kollegen, senden Sie uns bitte die Adresse und E-Mail-Anschrift von Frau Honecker. Wir haben 1992 …« Derart frontal ist uns wegen deiner Anschrift nicht einmal die letzte Postille angegangen. Ich werde ihm antworten, aber deine Adresse nicht herausgeben, es sei denn, dass du es wünscht.

Innigst
Frank

http://www.krone.at/Nachrichten/Honecker-Witwe_ohne_Reue_DDR_war_besseres_System-Im_Exil_in_Chile-Story-314225
http://www.tagesschau.sf.tv/Nachrichten/Archiv/2012/03/08/Kultur/Keine-Einsicht-Honecker-Witwe-rechtfertigt-DDR
http://news.search.ch/kultur/2012-03-08/keine-reue-ddr-ministerin-zieht-bilanz
http://nos.nl/artikel/349236-weduwe-Honecker-verdedigt-ddr.html
http://nos.nl/artikel/349236-weduwe-Honecker-verdedigt-ddr.html
http://www.nu.nl/boek/2758439/ddr-weduwe-Honecker-verbreekt-zwijgen.html
http://www.refdag.nl/nieuws/buitenland/ddr_weduwe_Honecker_verbreekt_zwijgen_1_628173
Und auch noch im holländischen Rundfunk:
Ab Min. 51'17 den Beitrag über Margot Honecker im NL Rundfunk
http://goedemorgennederland.kro.nl/seizoenen/2012-03/afleveringen/09-03-2012

De: Margot Feist <mfeist1@yahoo.es>
Enviado: 9. März 2012, 15:44
Asunto:

Lieber Frank,

ich glaube, wir haben mit den Veröffentlichungen eine gute Zeit erwischt. Die Positiven und Loyalen sind langsam wieder aufnahmefähig auch für EH. Das Ausland ist sauer auf die großkotzige BRD, ich bin durch die gehässigen Kampagnen berühmt-berüchtigt geworden, was ich zu DDR-Zeiten nie war. Das ist doch das Beste, was sie über unser Buch sagen können: Sie verteidigt unverdrossen die DDR und den Sozialismus. Was anderes wird der *Bild* auch nicht einfallen, gewürzt mit Zwangsadoption und Wehrkunde natürlich.

Zu R. und seiner Schrift: Erich schrieb diese in Moskau während unseres dortigen Aufenthaltes unter schwierigen Bedingungen nieder. Die westdeutschen Genossen, die im Solidaritätskomitee wirkten, darunter R. vom Runge Verlag Hamburg, initiierten die Herausgabe. Zu dem Zeitpunkt, als Erich das in den »Aufzeichnungen« erwähnte, hatte er wohl noch kein Belegstück in der Hand. Ich besitze ein Exemplar. Übrigens wurde diese kleine Schrift auch in Belgien und Portugal von den dortigen kommunistischen Parteien publiziert. Ich weiß nicht, welches Material Genosse Runge noch haben könnte, das er dir anbot. Du kannst ihm ruhig meine Adresse geben.

Also, lieber Frank, du hast mich nicht umsonst agitiert und ausgequetscht mit deinen Fragen: Du hast das Beste daraus gemacht.

Umarmung
Margot

Von:	Frank Schumann <edition-ost@aaagentur.com>
Datum:	12. März 2012, 16:41
Betreff:	Erste Rezensionen

Liebe Margot,

die heutige *FAZ* bringt einen blasierten Verriss, der einzig wegen seiner Kürze überrascht und zudem offenbart, wie intellektuell billig man bei diesem Thema ist. Das erstaunt schon. Die *Schweriner Volkszeitung* bringt Sülze und Phrasen. Es sind wirklich die ollen Kamellen, nicht der Anflug eines originären Gedankens, das meiste ist bei anderen abgeschrieben, nur nichts falsch machen – naja, das war zu erwarten. Aber die Lehrer, die das Buch schon in der Hand haben, reagieren zustimmend. Die Sache wird weitergehen, warten wir's ab.

In der *Focus*-Bestsellerliste sind wir heute mit Erich auf Platz 5. Bisher beste Platzierung. *http://www.focus.de/kultur/buecher/bestseller/sachbuch/bestseller-bestseller-sachbuch_aid_722 736.htm*

Bis zur nächsten Mail: Alles Liebe
Frank

De:	Margot Feist <mfeist1@yahoo.es>
Datum:	12. März 2012, 17:17
Betreff:	Getroffene Hunde bellen

Herzlichen Dank, nichts Neues. Sie wissen nur den alten Mist, den sie schon zwanzig Jahre lang verbreiten.

Margot

Von:	Frank Schumann <edition-ost@aaagentur.com>
Datum:	14. März 2012, 16:02
Betreff:	Rezension zu »Letzte Aufzeichnungen« im Neuen Deutschland

Liebe Margot,

ich weiß nicht, ob du in der heutigen Ausgabe des *ND* die Besprechung bereits gefunden hast. Hier der Link zum Text von Benser *(http://www.neues-deutschland.de/artikel/221 146.nachdenklich-und-anklagend.html?sstr=Honecker).*

Günter Benser war der letzte Direktor des Instituts für Marxismus-Leninismus, sein Text ist sehr sachlich und politisch sauber; es ist nicht nur die erste substanzielle Besprechung von Erichs Buch – vermutlich wird sie die einzige dort bleiben. Gut, vielleicht kommt morgen in der *Jungen Welt* endlich etwas.

[...]

Heute kam vom Auslieferer jedenfalls die Meldung, dass inzwischen tatsächlich und definitiv 30000 Bücher von EH verkauft (nicht nur ausgeliefert) worden sind. Und es läuft weiter ...

Das Interesse, auch das mediale, hält unvermindert an. Heute habe ich wieder zwei Rundfunkinterviews gegeben, und aus Holland fragte ein Fernsehsender an, ob wir in Amsterdam eine Buchvorstellung machen. Als ich verneinte, kam die Gegenfrage, ob sie zum Drehen nach Berlin kommen könnten. Na klar können sie das.

Inzwischen trudeln auch die ersten hasserfüllten Leserbriefe zu deinem Buch im Verlag ein, wobei wir meist gemeinsam angemistet werden: du aus Prinzip und ich, weil ich dir angeblich zum Munde geredet hätte. Geschenkt.

Aus Sachsen schickten mir empörte Genossen die *Bild*-Zeitung vom Samstag, worüber ich dich bereits informierte. Die Postille hatte dich in ihren Ost-Ausgaben außerhalb Berlins tatsächlich auf die erste Seite Überkopf geknallt. Aber, ich nehme es eitel: So haben wir es beide gemeinsam geschafft, in Deutschlands auflagenstärkster Zeitung namentlich auf der ersten Seite zu stehen. Das soll erst mal jemand nachmachen. Wobei ich nicht weiß, woher sie das Foto haben: Von mir jedenfalls haben sie keins bekommen.

Ich sprach heute mit Brigitte M. von der DKP Brandenburg, die du ja auch kennst, und habe ihr dein Vorwort gegeben, was sie im April drucken möchte. Und dem *RotFuchs,* d.h. Klaus Steiniger, habe ich heute ebenfalls ein freundliches Porträt von dir exklusiv zur Verfügung gestellt.

Sodann regt sich Interesse im Ausland. Agenturen in Italien und in den USA fragten bereits wegen Lizenzen an, wobei daraus nicht zwangsläufig was werden muss, aber immerhin.

Ich marschiere jetzt in die Thüringer Landesvertretung. Dort stellen wir die Neuauflage von Recknagels Autobiografie aus Anlass seines 75. Geburtstages vor. Die lief so lala, aber das augenblickliche Interesse scheint größer als damals. Es muss etwas mit der Grundstimmung im Lande zu tun haben, und vielleicht auch mit Honecker, denn neben den dümmlichen Zeitungsbeiträgen und einzelnen Lesermeckereien ist die Aufnahme freundlich, interessiert und vorurteilsfrei – worunter der Ruf des Verlages keineswegs leidet.

Die Buchmesse wird es zeigen.

Sei herzlich umarmt
Frank

De:	Margot Feist <mfeist1@yahoo.es>
Enviado:	14. März 2012, 17:01
Asunto:	Auf Kuba wird's einsam

Lieber Frank,

danke, die Besprechung im *ND* hatte ich noch nicht gelesen, ja, sachlich.

Von *Bild* sollte man nichts anderes erwarten. Wer sich noch immer darüber aufregt, ist selber schuld. Die Reaktionen auf das Volksbildungs-Buch sind die üblichen. Die »Opfer« triefen noch immer vor Hass. Dass auch du (und noch dazu gemeinsam mit mir) die DDR verteidigst, betrübt dich sicher nicht. Ich jedenfalls fühle mich dabei in guter Gesellschaft.

Aufgrund der Reaktionen im Ausland meine ich, dass die DDR dort noch immer interessiert. Ich deutete mal an, dass ich einen interessanten Engländer kennengelernt habe. Aus guten Gründen nur für dich zur Kenntnis: Er ist der britische Botschafter hier. Er lud mich in seine Residenz aus Interesse an Deutschland und der DDR ein. Er hatte 1957 an der Humboldt-Uni, wohl im Studentenaustausch, studiert. Seine Familie ist jüdischer Abstammung, sein Vater war ein britischer Offizier, der 1945 nach Berlin kam. Nach einem sehr offenen, angenehmen Gespräch bat er mich um Literatur, die ich ihm selbstverständlich gab. Leihweise natürlich. Deine Bücher will ich zurück.

Wir sollten diese kleinen Tüpfelchen in der politischen Landschaft nicht außer Acht lassen. Es geht in der Welt nicht überall nach dem deutschen Strickmuster in der Geschichtsbetrachtung.

Gestern bekam ich das dritte Exemplar der »Aufzeichungen« mit dem beigelegten Brief dieses Lehrers, den du schon angekündigt hattest. Vielleicht kommen noch vor der Reise weitere Bücher an.

Ich war bereits traurig, weil ich ohne Heinz und Ruth in Kuba sein werde, nun bekam ich die Information, dass auch die Frau von Fritz aus Gesundheitsgründen die Reise nicht antreten darf. Manchmal kommt alles Unglück zusammen.

Dass du Brigitte mit ihrem *Roten Brandenburger* unterstützt, freut mich. Ich bin schon lange mit ihr in Kontakt und habe einige Artikel für sie geschrieben.

Ärgere dich nicht, oder möglichst wenig.

Liebe Grüße
Margot

Von:	Frank Schumann <edition-ost@aaagentur.com>
Datum:	15. März 2012, 16:32
Betreff:	Telefonstörung?

Liebe Margot,

vielen Dank für die ausführlichen Nachrichten.

Heinz meldete sich bei mir, dass er heute vergeblich versucht habe, dich telefonisch zu erreichen. Es habe stets eine spanische Ansage gegeben, die er aber nicht verstand. Nun war er ziemlich aufgeregt, weil er sich das nicht erklären konnte.

Gibt es bei dir eine technische Störung? Dann bekommst du natürlich auch keine Mail.

Wie auch immer: Signalisiere bitte, um was es sich handelt. Ich werde dann umgehend Heinz informieren und er wird erneut versuchen, dich zu erreichen. Er fürchtete, auch die falsche Nummer zu haben – wir haben dann einen Abgleich gemacht: Die Nummer war korrekt.

Er wollte dir den aktuellen Zustand von Ruth mitteilen. Es gehe ihr schon etwas besser, aber es sieht wohl so aus, dass sie in den Rollstuhl muss. Und das wird zur Folge haben, dass sie sich eine neue Wohnung suchen müssen. Kennst du ihr Haus? Vermutlich nicht: Man kommt nur über eine enge Treppe in die Wohnung, und mir scheint, dass dort der Platz für einen Sessellift nicht ausreicht. Also darum die von Heinz laut geäußerte Überlegung, nach einer behindertengerechten Wohnung Ausschau zu halten.

Die Absage der Reise von Fritz hat einen ernsten Hintergrund, wie mir Heinz sagte. [...] Es ist ganz augenscheinlich also alles weitaus dramatischer, als es die lakonische Mitteilung, dass er wegen seiner Frau nicht nach Kuba könne, ahnen lässt.

In diesem Kontext ist es unwichtig, was bezüglich des Buches passiert. Nur so viel: Das *Zeit-Magazin* hat, wie angekündigt, heute die mehrseitige Honecker-Story von Monika Maron gebracht. Dazu morgen mehr.

Und inzwischen bist du wieder Thema in der Schule:

http://www.svz.de/nachrichten/home/top-thema/article//durchstarten-in-eine-neue-runde-zisch.html

Sei herzlich umarmt
Frank

De: Margot Feist <mfeist1@yahoo.es>
Enviado: 15. März 2012, 17:15
Asunto: Schlimm

Lieber Frank,

danke dir, dass du mich verständigt hast. Ich habe Heinz angerufen (Telefon war scheinbar kurzfristig gestört.) Ich habe Heinz geraten – wenn man in solcher Situation überhaupt von Rat sprechen kann – zu prüfen, erstens ob man mit Hilfe der Genossen eine alleinstehende Genossin finden kann, die bereit wäre, den Haushalt zu machen. Sie könnte sogar dort wohnen, weil in Keßlers Haus eine obere Etage frei ist. Das wäre die ideale Variante. Zweitens wäre zu prüfen, Pflege zu beantragen. Beide sind schließlich Pflegefälle. Mein Bruder sitzt schon seit 15 Jahren im Rollstuhl, seine Frau hat ihn bis vor zwei oder drei Jahren gepflegt. Älter geworden, ließen auch ihre Kräfte nach und sie nahm häusliche Pflege in Anspruch. Morgens und abends kommt für eine Stunde eine Schwester, die beim Waschen und Heben hilft.

Das ist natürlich keine leichte Entscheidung, wenn man immer gewohnt war, alles allein zu machen.

Für Fritz und Luise ist es sehr schlimm. Diese Krankheit heilt nicht, sie muss ihr ganzes Leben gepflegt werden. Es ist schlimm, dass man nicht helfen kann.

Bis bald, herzlichst
Margot

Von: Frank Schumann <edition-ost@aaagentur.com>
Datum: 15. März 2012, 18:30
Betreff: Fritz Wolff und anderes

Liebe Margot,

inzwischen habe ich mit Heinz telefoniert. Er gibt sich erkennbar tapfer, aber es ist doch zu spüren – was nicht überraschen muss –, dass ihn die Sache mit Ruth sehr mitnimmt. Sie liegt, was du gewiss weißt, im Evangelischen Krankenhaus Königin Elisabeth (naja, in der Not kann man sich das nicht aussuchen). Das Hospital befindet sich in der Herzbergstraße in Lichtenberg – unmittelbar neben dem Kongresszentrum, in welchem wiederholt Grenzer-, NVA- und Marinetreffen stattfanden, auf denen Heinz gesprochen hat und Ruth stets dabei war. Wie das früher, also zu unserer Zeit, einmal hieß, weiß ich nicht, vermutlich Kreiskrankenhaus Lichtenberg oder so.

Heinz hat sie schon zweimal besucht, telefonieren geht noch nicht, sagt er. Ich werde mich regelmäßig bei ihm melden und mich erkundigen. Ein Schenkelhalsbruch ist eine langwierige Sache, das weiß er.

Gestern lief auf *MDR* um 21:15 Uhr der Film, den wir am Mittwoch mit Fritz Wolff gedreht haben. Der Beitrag war sehr sachlich und, sieht man von zwei, drei Zungenschlägen ab, sehr gut. Du kannst im Internet den Film abrufen unter: *http://www.mdr.de/geschichte-mitteldeutschlands/video43172.html*

Das ruckelt ein wenig, aber der Ton läuft gut durch.

In der nächsten Ausgabe des *Spiegel* ist ein kleines Interview mit mir, natürlich die üblichen simplen Fragen, aber nicht unwichtig – in der kommenden Woche ist nämlich in Leipzig die Buchmesse, und wenn man dort in den überregionalen »Leitmedien« präsent ist, ist das hilfreich. In der *Zeit* wird dann auch von Monika Maron ein Text zum Buch stehen: Wie der ausschauen wird, ahnen wir beide. Gleichwohl nützt uns auch das: Damit erreichen wir die Hälfte der westdeutschen Gymnasiallehrer.

Und in der nächsten Woche kommt ja auch dein Buch …

Ansonsten: Nichts Neues unter der Sonne, Krisen und Kriege, wohin man schaut. Auch der Frühling ist noch in weiter Ferne – heute Nacht hatten wir minus fünf Grad in Berlin.

Sei herzlich umarmt
Frank

Von:	Frank Schumann <edition-ost@aaagentur.com>
Datum:	16. März 2012, 11:10
Betreff:	Heinz

Liebe Margot,

wunderbar, dass alles geklappt hat, wobei Heinz meinte, es wäre nicht gut, wenn du anrufen müsstest, schließlich wäre ein Ferngespräch nicht billig, für dich kostete es im übertragenen Sinne doppelt.

Es macht mich wütend, wie wir (und damit meine ich nun alle, die unter der Knute des Kapitals leben müssen) fortgesetzt genötigt werden, übers Kapital zu reden, was man nicht besitzt. Das ist eines der Übel dieser Gesellschaft, sich fortgesetzt mit dem Geld beschäftigen zu müssen. In der DDR war es nie Thema. Sophokles wird der Vers zugeschrieben: »Kein schlimmres Gut erwuchs uns als das Geld! Das Geld hat ganze Städte ausgelöscht, die Menschen fort von Haus und Hof gejagt, hat Redliche verführt, das reine Herz verwirrt und auf den bösen Pfad gebracht, den Menschen jede Schurkerei gezeigt.« Und Sophokles lebte vor zweieinhalbtausend Jahren und kannte unsere Gesellschaft nicht.

Ich melde mich morgen wieder: Ich muss noch Geld ausgeben – *Die Zeit* mit dem Maron-Beitrag* kaufen.

Herzlichst

Frank

*Im Literaturmagazin der *Zeit* hatte Monika Maron Honeckers »Letzte Aufzeichnungen« unter der Ankündigung »Die wichtigsten Bücher zur Leipziger Buchmesse« besprochen. Den Titel des Magazins zierte ein Foto von Margot und Erich Honecker

De: Margot Feist <mfeist1@yahoo.es>
Enviado: 16. März 2012, 21:51
Asunto: Meine negativen Seiten hast du unterschlagen

Lieber Frank,

es ist sehr lieb von dir, dass du mich so auf dem Laufenden hältst. Maron* scheint mit diesem Honecker nicht klargekommen zu sein, er passt vermutlich nicht ganz in ihr Schema, das scheint auch einigen anderen so zu gehen. Das ist wieder eine Bestätigung dafür, dass du im Recht warst, mich von meiner Skepsis in Bezug auf eine Veröffentlichung abzubringen. Ich bin froh, dass seine Rede vor Gericht das Tagebuch abschließt, so seine politischen Aussagen auf den Punkt zu bringen, was ja die täglichen Aufzeichungen nicht leisten können. Es ist interessant, dass die Medien gerade diesen Teil des Buches unter den Tisch fallen lassen.

Zum Volksbildungs-Buch habe ich von meinen Genossen noch keine Meinungen erhalten, sie müssen erst lesen.

Was das Echo derer betrifft, für die die Volksbildung ein Dorn im Auge ist, so war da nichts anderes zu erwarten. Und sicher kommen dann auch besonders die zu Wort, die Kritisches vermissen, die schon immer bemängelt haben, dass wir Mängel nicht benannt hätten (sicher oft zu wenig offen) usw. Aber bei genauerem Nachfragen stellte sich oft heraus, dass sie nicht gründlich gelesen haben. Ich erinnere mich da an manches Streitgespräch mit Willi Sitte** (mit dem ich bis heute befreundet bin). Ich habe ihm manchmal Passagen aus Dokumenten vorgelesen, die er überlesen oder überhört hatte. Er war dann wenigstens so ehrlich zu sagen: Naja, solche langen Texte lese ich nicht.

Ja, Frank, mit deinem Interview hast du dir wahrscheinlich sowohl noch mehr Freunde als auch noch mehr Feinde gemacht. Mir sagt es: Du bist ein guter Beobachter, ein gut schreibender Literat, und ich mache lediglich den Einwand, dass du nur gewisse positive Seiten von mir beschreibst. Aber das war ja wohl deine Absicht. Ich bin dir dankbar, dass du die

Familie außen vor gelassen hast. Das Leben hier ist für sie in dieser rechten Luft, die in dieser Gesellschaft weht, kein Zuckerschlecken. Ich bin da ein wenig abgehärteter.

Sonntag treffe ich mich mit D. noch einmal vor meiner Reise nach Havanna und seiner nach Berlin. Jetzt muss ich wirklich an meine Reisevorbereitungen denken. Leider werde ich nun dort ohne meine Berliner sein. Der Genosse aus Halle***, der auch nach Varadero reist, wird mich sicher einige Male besuchen.

Ich wünsche dir ein möglichst erholsames Wochenende.

Liebe Grüße aus dem noch immer heißen Santiago, gestern hatten wir 35 Grad. Man spricht von Klimaveränderungen.

Margot

*Maron hatte ihren Beitrag mit der Überschrift versehen »Der Tag, an dem Herrn H. die Welt abhandenkam«, womit der Tenor vorgegeben war

**Der Maler und Grafiker Willi Sitte (1921–2013) lebte seit den 40er Jahren in Halle, von 1974 bis 1988 Präsident des Verbandes Bildender Künstler der DDR

***Peter Wozniak

Von:	Frank Schumann <edition-ost@aaagentur.com>
Datum:	17. März 2012, 11:06
Betreff:	Kain und Abel

Liebe Margot,

Danke für die freundlichen Worte – kein Widerspruch zum ersten Teil. Monika Maron hat in der Tat merklich Probleme mit Honecker und wie er ihr/dem Leser gegenübertritt. Sie rettet sich auf diese Weise. Und dass seine Schlussbemerkungen vor Gericht völlig ignoriert werden – oft mit dem Hinweis, dass diese Rede ja schon mal veröffentlicht worden sei und darum keinen Neuigkeitswert besitze. Wie viele aber kennen sie wirklich? Das ist doch die übliche Demagogie. Und in der Tat: Es ist der mit Abstand beste Text, den Erich je zu

Papier gebracht hat. Wobei noch immer als Geheimnis gilt, wer ihm dabei half. Frank-Joachim Herrmann, das weiß ich, hatte definitiv abgelehnt. Fritz Wolff sagt, dein Bruder habe ihn dabei unterstützt. Was weißt du?

In diesem Punkte wird aber das ganze Dilemma offenbar, was ich wegen deines Hinweises auf Willi S. mal als Sitte-Syndrom bezeichnen will. Es wurde (und wird) Wirklichkeit (auch in ihrer gedruckten Form) nur noch fragmentarisch wahrgenommen, selektiv in der Weise, um eigene Positionen/Vorurteile zu bestätigen oder weil man in der Fülle der Informationen ertrinkt und darum schon aus objektiven Gründen nicht in der Lage ist, alle Details zu erfassen, um sich eine dezidierte Meinung bilden zu können. Bei vielen Menschen kommt noch hinzu, dass sie lieber nachplappern, was andere in den Medien ihnen vorgeplappert haben: So entgehen sie der Gefahr, eine eigenständige Meinung äußern zu müssen, mit der sie anecken könnten. Das wiederum ist Ausdruck von Feigheit und mangelnder Souveränität. So viel zur Phrase Freiheit, die Gauck ständig im Munde führt.

Damit kommen wir zum Interview.

Es war/ist mir doch völlig klar, dass ich in dem Moment, als ich mich per Buch oder anderweitig zu und über dich äußerte, automatisch in Mithaftung genommen werden würde. Ich bin damit quasi dein Statthalter hierzulande, und weil man dich nicht kriegt, kriege ich stellvertretend diesen ganzen Rotz ab. Das aber bin ich – gleich dir – seit zwanzig Jahren gewöhnt, es verstärkt sich augenblicklich, wird aber wieder abflauen, wenn die Buchgeschichte durch ist. Was auch wieder zunimmt, sind die Begehrlichkeiten, dich vor die Kamera zu bekommen. Gestern rief beispielsweise einer von Burda aus München an, die haben so ein Magazin im Privatfernsehen, genannt *Focus-TV* (ähnlich wie *Spiegel* und *Spiegel-TV*). Sehr nassforsch sagte er, dass er mit mir nach Santiago fliegen möchte, um Frau Honecker zu interviewen. Ich ließ ihn nicht weniger nassforsch und kalt abblitzen. Das könne er vergessen, Frau Honecker gebe keine Interviews, und ihm schon gar nicht.

Allein die unverfrorene, respektlose Art, wie diese Leute ihr Ansinnen vortragen, ist unverschämt bis widerlich. Würden sie das etwa mit ihren eigenen Politikern so machen? Ich glaube nicht. Ich habe es gelegentlich erlebt: Da berührten obrigkeitshörig ihre Nasenspitzen fast die Kniescheibe.

Zum *LVZ*-Interview selbst, und darauf zielte meine Frage, ob du damit einverstanden seist: Wir haben weder über die Urne noch über eine Rückkehr von dir nach Deutschland gesprochen, und darauf habe ich ja ziemlich klar geantwortet, ohne deine Meinung zu kennen. Ähnlich klare Ansagen habe ich zu einer Haushaltshilfe und zum Honorar gemacht (diese Linie verfolge ich ja von Anfang an, um den Verdacht oder Vorwurf zu zerstreuen, du habest das Tagebuch aus pekuniärem Interesse zur Veröffentlichung freigegeben). In dieser Hinsicht erwarte ich keine Kurskorrektur, wir sollten bei diesen Argumentationsmustern bleiben. Trotzdem sollten wir uns vielleicht einmal darüber verständigen. Und das Thema Archiv hatten wir auch nur angerissen und nicht weiter besprochen …

Meine Liebe, dass auch du wie jeder andere Mensch nicht nur gute Seiten hast, das ist ja wohl eine Binse. Jeder ist Faust und Mephisto, Kain und Abel, Jekyll und Hyde in einem, und als – wie du schreibst – »guter Beobachter« sind mir einige kritische Momente keineswegs verborgen geblieben. Aber die sind nicht mein Thema. Meine Aufgabe sah und sehe ich darin, diese dämliche Dämonisierung abzuschleifen, und das funktioniert nur, indem ich die beiden Honeckers als Menschen und sympathisch darstelle. Was soll ich da groß psychologisieren und die Schwächen herausstellen?

Na sicher werde ich nachlegen, wenn die Frage kommt, wieso Frau Honecker m. E. kultiviert sei, jetzt, wo sie sich doch die Haare nicht mehr färbt. Dann werde ich sagen, sie hatte zum Beispiel Lack auf den Nägeln, einen matten, aber immerhin. Und sie hatte ihn nicht meinetwegen frisch aufgetragen, sondern schon vorher, denn an einigen Stellen war er abgeplatzt. Daraus ist zu schließen, dass sie dies einzig zu ihrem eigenen Wohlbefinden tut und nicht aus Gefallsucht irgendwelchen Besuchern gegenüber. Und vielleicht sage ich auch, dass es auch deshalb kein Foto von einer mitgebrachten Strickjacke* gibt, weil diese einen Grauton hatte, der nicht zu ihr passte und auch nicht zu den Hosen, Röcken und Blusen, die ich im Einbauschrank im Schlafzimmer sah, aber dass ich davon überzeugt bin, sie wird sie im Hause, wenn sie allein und es kalt ist, gewiss tragen, denn sie wärmt, aber zu mehr ist sie ihr nicht nutze. Alte-Leute-Grau entspricht nicht der Lebenseinstellung von Margot Honecker. Na und so weiter.

Heute scheint seit Tagen erstmals wieder die Sonne, die Temperaturen schießen gleich auf zwanzig Grad, es ist wie ein Sprung vom Winter in den Sommer, ohne Übergang. Ich werde darum jetzt gleich mit meiner Taube ins Brandenburgische flattern, um ein wenig Frühling zu tanken. Arbeit habe ich zwar genug auf dem Tisch, und sei es nur, um aufgeregten Autoren begreiflich zu machen, dass sich ihre Erwartung nicht erfüllen lassen wird, mit ihrem Buch die gleiche mediale Welle zu erzeugen wie mit den Honeckers. Denn mancher Naivling glaubt ernsthaft, wenn sich der Verleger nur ins Zeug legte, dann würde es bei ihm ebenso laufen. Herrliche Einfalt. Aber so sind halt wir Menschen: gut und böse, klug und beschränkt – und alles in einer Person.

Ich umarme dich
Frank

*Am Tage vor der Reise nach Chile im September 2011 kam ein älteres Ehepaar in den Verlag, das von meinem Besuch bei Margot Honecker wusste, und übergab mir diese sündhaft teure Strickjacke, die ich ihr schenken sollte

De:	Margot Feist <mfeist1@yahoo.es>
Enviado:	19. März 2012, 16:42
Asunto:	Wir haben gemeinsam was Gutes getan

Lieber Frank,

meine letzte Woche vor der Reise ist angebrochen, und wie das so ist, es sind tausend Kleinigkeiten, die man noch erledigen muss und will. [...]

Wir haben also noch Zeit, uns über die Rückführung meines Archivs zu verständigen. Ich gehe davon aus, dass es derzeit besser bei mir aufgehoben ist und später, wenn ich keine Entscheidungen mehr treffen kann, wird meine Tochter über den Umgang mit diesem Privatarchiv befinden. Ich habe noch kein Zutrauen zu den öffentlichen amtlichen Achiven. Du kannst das Material so lange bei dir haben, wie du es benötigst. [...]

Ja, Frank, wir haben über manches nicht gesprochen. Die Zeit zum gegenseitigen Kennenlernen war kurz. Ich hätte sicher auch einige Fragen zu deiner Person gehabt, aber wir waren wohl beide vor allem daran interessiert, auf der vorhandenen Vertrauensbasis die Sache mit den Büchern in Angriff zu nehmen. Was mich zu einer relativ schnellen positiven Entscheidung veranlasste, war das Vertrauen zu dir, und sie war meiner Überlegung geschuldet, dass es an der Zeit ist (so denkt man mit 85 nun mal), mit den hier schlummernden Dokumenten noch etwas politisch Nützliches zu tun. Deine Absicht, eine Biografie zu schreiben, hat mich denn auch bewogen, dir die »Aufzeichnungen« zu zeigen. Das Resultat ist nun, dass zwei Bücher entstanden sind, die von dem einen Lager sehr positiv beurteilt und von dem anderen, wie zu erwarten, in ihrem Sinne getadelt werden.

Ich bin dir sehr zu Dank verpflichtet, dass du dich so engagiert hast. Ich denke, wir haben da gemeinsam etwas Gutes getan.

Hermann L., den ich sehr schätze, schrieb mir übrigens sehr anerkennend zum Volksbildungsbuch, das er sehr gründlich gelesen hatte. Wenn du noch mal etwas zur Ökonomie in der DDR herausbringen solltest, wäre L. wirklich ein Experte. Er weiß bis ins Detail über das Neue Ökonomische System, über die Vorgänge um die Korrekturen usw. Bescheid. Er war bei Entscheidungen dabei, kennt die internen Vorgänge, an denen Apel*, Mittag** und andere beteiligt waren.

Nun, Klartext zu den von dir aufgeworfnen Fragen, über die wir nicht sprachen. Deine Sprachregelung ist völlig korrekt, auch dass du diese Presselümmel von mir fernhältst. Diese Belästigungen, denen du ausgesetzt bist, werden ja sicher bald wieder aufhören.

Ich beginne so langsam, mich auf meine Ruhe in Kuba zu freuen, trotz der getrübten Stimmung, dass ich dort ohne die Freunde aus Deutschland sein werde.

Ich wünsche dir eine gute Woche, sehr herzlich
Margot

*Erich Apel (1917–1965) war Vorsitzender der Staatlichen Plankommission und einer der Initiatoren der Neuen Ökonomischen Politik (NÖP)
**Günter Mittag (1926–1994) entwarf mit Apel die NÖP und war Jahrzehnte für die DDR-Wirtschaft verantwortlich

Von:	Frank Schumann <edition-ost@aaagentur.com>
Datum:	19. März 2012, 19:23
Betreff:	Longseller

Liebe Margot,

ich weiß, dass du derzeit in Gedanken schon auf Kuba bist, und ich will dich auch nicht unnütz belästigen, mich nur artig für deine sehr offenen Worte bedanken, die mich angerührt haben (wobei wir in den wechselseitigen Dank auch Erich einbeziehen sollten: hätte er damals nicht geschrieben, wäre auch nichts daraus zu machen gewesen). Sodann will ich dich nur kurz über die Messe und die medialen Reaktionen informieren.

Bei der *Zeit* in Hamburg *(http://leserservice.zeit.de/diese-woche/2012/12/web/?gclid=CNrTotuL8K4CFYe_zAodlFatlw)* hat das Thema Honecker die halbe Redaktion beschäftigt, wie wir inzwischen erfuhren. Die haben wirklich alle diskutiert, ob sie nun dieses Foto auf die erste Seite oder ein Porträt von dir nehmen sollten. Und in einem demokratischen Meinungsbildungsprozess hat man sich schließlich für diese nicht unsympathische Variante entschieden. Das ist zwar alles sehr unerheblich, zeigt aber, wie sehr selbst im bürgerlichen Hochfeuilleton Honecker inzwischen bewegt: Man hätte auch irgendein billiges Horrorbild nehmen können.

Ich habe auch rührende Geschichten vom Messestand gehört, von Ehepaaren, bei denen das Geld knapp war und sie beratschlagten, was sie unbedingt kaufen müssten, und welches Buch man eventuell auch aus der Bibliothek ausleihen könnte. Den Honecker müssen wir unbedingt mitnehmen, den haben sie bestimmt nicht in der Bücherei, hieß es dann, also den nehmen wir mit. Früher hätte man gesagt: Schon gut, steckt es ein und wir schauen durch die Finger. Das geht nun nicht mehr. Die Messebuchhandlung (man will ja mitverdienen) setzte einen mit Kasse an unseren Stand, da musste jedes Buch bar bezahlt werden. Bei Honeckers und dem Gauck-Buch kamen unsere Mädels nicht nach mit dem Auffüllen der Regale.

Der Messestand und Übernachtungen etc. kostete uns wieder an die 25000 Euro, am Stand verkauft haben wir Bücher für 13500 Euro, aber durch die Verkaufsabschlüsse haben wir keine Miesen gemacht wie in den letzten Jahren. Wir hatten auch Benny von der Olsenbande da, der die Biografie von Egon Olsen präsentierte – da musste die Polizei absperren, weil mehrere Hundert Leute den Stand stürmten, zudem haben diese Bücher* nicht gereicht. (Gestern hatten wir Morten Grunwald auch im Berliner Kino Babylon, da waren 300 Interessierte erschienen.)

Dieser Tage waren auch zwei Vertreter aus Viborg in Dänemark im Verlag – dort hatten wir 1994 die »Moabiter Notizen«

gedruckt, das war der erste Auftrag von Norhaven in Deutschland, weshalb wir danach zu jeder Betriebsfeier nach Jütland eingeladen wurden. Ende der 90er riss die Verbindung ab. Die Druckerei war riesig groß geworden (mit Filialen in Russland, Polen und Belgien) und hatte über 1000 Beschäftigte. Dann kam sie ins Trudeln, weil das Telefonbuch-Geschäft in Großbritannien zusammenbrach. Peer Norhaven, der Besitzer, wurde rausgeschmissen, die Banken übernahmen die Druckerei, nach vier Jahren war diese ausgelutscht und sollte verramscht werden, wie das im Kapitalismus üblich ist. Norhaven hat daraufhin einen Teil seiner Sammlung russischer Malerei der 30er, 40er Jahre nach St. Petersburg verkauft (bis auf das riesige Stalin-Porträt, mit dem mich Peer immer beeindrucken wollte, wenn er mich zum Abendessen in sein Landgut lud), und mit diesem Geld hat er sein Unternehmen zurückerworben. Jetzt sind sie wieder oder noch 60 Leute und auf der Suche nach neuen/alten Kunden. Deshalb klopfte Jane Nees, die Herstellerin, bei uns auch wieder an. Die Welt ist wirklich ein Dorf, und man trifft sich im Leben mindestens zweimal.

Im aktuellen *Spiegel* sind wir wieder von Platz 13 auf 10 gestiegen, inzwischen haben wir uns dort in der dritten Woche behauptet, was ein Indiz dafür ist, dass das Buch kein Strohfeuer ist, sondern ein sogenannter Longseller wird. Inzwischen zieht auch dein Titel an. Bei *amazon* ist dein Buch unter mehreren Millionen Titeln, die sie dort im Angebot haben, schon auf Platz 2244, in verschiedenen Rubriken bereits auf Platz 5, auf Platz 6 und auf Platz 19. Dahinter stecken Tausende von Lesern, die sich dieses Buch besorgt haben. Da ist nichts geschönt, nichts verschleiert. Nach einer Woche – so lange erst ist es auf dem Markt – sind rund 3000 Exemplare bereits über den Ladentisch gegangen.

Dank auch für den Hinweis auf Hermann L., ich werde auf jeden Fall mich in dieser Sache bei ihm melden. So lange wir noch Zeitzeugen haben, die wir befragen können, müssen wir es tun.

Und alles andere noch in den nächsten Tagen, bevor du in den Flieger steigst.

Anbei die aktuelle *Spiegel*-Bestsellerliste und ein paar Bilder vom Wochenendausflug an die Oder. Wir waren auf dem Weg dorthin in Altranft, dort stellt man im restaurierten Schloss (bis in die 80er Jahre eine Schule) Bilder von Günter Brendel aus (das ist der Künstler, der für das Staatsratsgebäude die Fliesen im Festsaal gestaltet hatte): sehr farbige, sehr kräftige Kompositionen und Städtebilder – von Prenzlauer Berg über Florenz bis zur Großen Chinesischen Mauer. An der Oder waren wir an der Dammscharte von Zollbrücke. Da dies das erste sonnige, warme Wochenende im Jahr war, flanierten Unzählige auf der Dammkrone. Wobei man natürlich auch solche Fotos machen kann wie von den beiden verlorenen Alten mit dem Rollator. So kann man mit Bildern gleichzeitig lügen und die Wahrheit sagen.

Sei herzlich umarmt
Frank

*»Mächtig gewaltig, Egon. Die Biografie von Ove Sprogøe«, Das Neue Berlin

De:	Margot Feist <mfeist1@yahoo.es>
Enviado:	23. März 2012, 13:19
Asunto:	Sind die verbiestert

Lieber Frank,

endlich will ich mich für die wunderschönen Fotos vom Ausflug ins Brandenburgische bedanken.

Nun habe ich bis aufs Kofferpacken alles erledigt, was in Vorbereitung der Reise nötig war.

Die Presse habe ich verfolgt. Las auch den Artikel, den die *FAZ* über das Gespräch mit dir brachte. Mein Gott, sind die verbiestert und dumm. Aber immerhin muss die *FAZ* feststellen, die H. bleibt ihrer Überzeugung treu und der Schumann mit ihr. Was wollen wir mehr? Natürlich einen guten Absatz des Buches, stimmt's?

Sie sind es wirklich nicht wert, dass man sich mit ihnen abgibt. Aber, wie du immer sagst, es hilft, die Bücher bekanntzumachen.

Günter W., der mir schrieb, hat sich anerkennend über unsere Publikationen geäußert. Er schreibt: »Die Aufzeichnungen vermitteln einen Eindruck von E. H als Menschen, vermitteln Wissen über Dinge und Vorgänge, die unbekannt waren, zusammen mit den informativen ergänzenden Anmerkungen ist es ein Geschichtsbuch.« Zum Volksbildungsbuch schreibt er sehr positiv, es überzeuge, was wir im Bildungswesen wollten und umgesetzt haben. Das habe ihn und andere Genossen beeindruckt. Er kündigte übrigens eine neue Publikation zu Bildungsfragen an, die ein Kollektiv verfasst habe.

Ich werde mich bemühen, von Kuba aus die eingehende Post über Internet zu beantworten, sonst komme ich nach meiner Rückkehr nicht mit der Beantwortung nach.

Naja, dort habe ich ja auch mehr Zeit, brauche nicht zu kochen und zu waschen und und und.

Jetzt aber will ich meine Siebensachen zusammensuchen.

Liebe Grüße aus dem herbstlich werdenden Santiago
Margot

Von:	Frank Schumann <edition-ost@aaagentur.com>
Datum:	23. März 2012, 15:51
Betreff:	Bundearchiv und anderes

Liebe Margot,

schön, dass du vor deinem Abflug dich noch einmal gemeldet hast, vielen Dank. Es freut mich, dass dich unverändert Zustimmung zu den beiden Büchern erreicht. Heute war

Günter Herlt (damals beim DFF in Adlershof, eine Zeitlang war er auch Korrespondent in Bonn) im Verlag. Er hatte in der Nacht dein Buch gelesen und war auch hin und weg. Vorgestern, nach seiner Lesung, war ich noch mit Prof. Kurt Pätzold beim Italiener. Er hatte beide Bücher gelesen und titelte mich mit »Herr Kollege«. Nana, Kurt, sagte ich, wir wollen nicht übertreiben. Doch er ließ sich seine hohe Wertschätzung nicht ausreden ...

Und so kommen denn nach und nach die wesentlichen und wirklich wichtigen Reaktionen hier an, die sich wohltuend von dem ganzen Quatsch unterscheiden, der in den Blättern steht.

Gestern war ich im Bundesarchiv und habe in Sachen Beate Klarsfeld recherchiert, im Nachlass von Kaul habe ich viele interessante Papiere gefunden, ehe er 1974 entnervt sein Mandat niederlegte. Eine ziemlich egozentrische Dame, die erst in Warschau und Prag gegen den Antisemitismus in Polen, der Tschechoslowakei und der Sowjetunion protestierte, ehe sie in die DDR kam und um Geld und Unterstützung im Kampf gegen den Faschismus bat. Es gibt aufschlussreiche Einschätzungen aus dem ZK und von Kaul. Ich werde, um nicht ganz umsonst Akten gewälzt zu haben, nach 100 Tagen Gauck einen spotless-Band machen, wo ich vielleicht die Klarsfeld-Akten verarbeiten werde. Sehr dosiert, denn letztlich bleiben ihre Ohrfeige, die sie Kiesinger* verpasste, und andere antifaschistische Aktionen, als Positivum in der Geschichte.

Apropos Gauck: Vor wenigen Stunden hat der Pfau im Bundestag gesprochen, und schon jubeln sie in allen Parteien. Gysi hat erklärt, nun sei Gauck auch sein Präsident. Es ist sagenhaft, wie sie diesem Dampftrommler nach dem Munde reden. Gut, im Urteil über die Linkspartei sind wir uns einig, gleichwohl gibt es noch immer Steigerungen. Dass die einstige Antikriegspartei inzwischen im Bundestag für kostenlose Telefonverbindungen zu »unseren Soldaten« in Afghanistan streitet, hast du gewiss mitbekommen. Da fehlen einem die

Worte. Natürlich, auch diese armen Hunde sind Menschen, denen beigestanden werden muss, aber es sind nicht »meine Soldaten« und ich habe sie auch nicht in den Krieg geschickt.

Im Bundesarchiv erfuhr ich hinter vorgehaltener Hand, dass Reinhold A. dieser Tage dort die Tonbänder mit den Gesprächen, die er damals mit Erich für das Buch geführt hatte, hinterlegt hat. Offenkundig will er damit in die Geschichte eingehen, nachdem Honecker öffentlich wieder en vogue ist.

Gleichzeitig bot mir ein Koofmich aus Hamburg jenes von Erich gelesene und mit seinen Anmerkungen versehene Exemplar vom »Sturz« an. Er will es vor Jahren bei einer Auktion für 6000 DM ersteigert haben und nun mit Surplus loswerden. Er kommt in der nächsten Woche in den Verlag. Wenn es wirklich dieses Buch ist und es reichlich Bemerkungen von Erich gibt, werde ich es ihm abkaufen. Dann muss man sehen, ob man die Lizenz von Aufbau nimmt und das Ganze mit Erichs Kommentaren bringt. Das aber würde ich erst erörtern wollen, wenn mir das Buch vorliegt.

Und die zweite, ebenfalls nicht unbedeutende Nachricht aus Lichterfelde: Man bereitet sich dort auf die Übernahme des Archivs der LDPD vor. Das war 1990 von der FDP kassiert worden. Doch da die Liberalen nun überall aus den Parlamenten fliegen (am Sonntag wohl auch im Saarland), vielleicht verschwindet die Partei sogar ganz, werden auch die Mittel knapp für ihre Einrichtungen, deshalb bauen sie schon ab. Damit wäre dann ein Teil der DDR-Geschichte wieder der Allgemeinheit zugänglich, wenn dies geschehen sollte.

Gestern stellte Gotthold Schramm in der Ladengalerie der *Jungen Welt* sein Buch über den BND und den Neubau in der Chausseestraße vor (s. Fotos). Es war wieder das Haus voll. Ich werde dir das Buch mit den anderen Neuerscheinungen in den nächsten Wochen zusenden. Dann dürfte bei deiner Wiederkehr ein größerer Berg an Büchern vorliegen.

Ich wünsche dir ein paar erholsame Wochen auf Kuba. Vielleicht findet sich im Hotel irgendwo eine Steckdose, in die du dich mit dem Laptop einstöpseln kannst.

Ich drücke dich
Frank

PS: Soeben, als ich gerade die Mail abschicken wollte, rief *n-tv* an, um mich zu deinem Buch zu interviewen. Natürlich wurde auf dem gleichen Käse herumgeritten, meine Fragen seien zu unkritisch gewesen etc. Was wollen Sie, fragte ich zurück: Ich habe ein Gespräch geführt und kein Kreuzverhör. Dann kam die Nummer: Aber Margot Honecker hat nicht studiert! Ja, sagte ich, wie Ex-Außenminister Joschka Fischer, und der aktuelle Verteidigungsminister hat noch nicht einmal gedient ... Es ist wirklich albern. Die Journalistin will mir in der nächsten Zeit das Interview zum Autorisieren schicken, da bin ich aber mal gespannt.

*Kurt Georg Kiesinger (1904–1988) war von 1966 bis 1969 Kanzler einer Großen Koalition. Beate Klarsfeld ohrfeigte ihn auf dem CDU-Parteitag 1968 wegen seiner Nazi-Vergangenheit

De:	Margot Feist <mfeist1@yahoo.es>
Enviado:	23. März 2012, 16:26
Asunto:	Einladung nach Bangladesh

Lieber Frank,

vielen Dank für die guten Wünsche. Nur zur Information: Ich habe in Kuba überall Computer. Erinnere dich bitte: Wir korrespondierten voriges Jahr von dort wegen Bemerkungen von Heinz und Fritz zu deren Buch.

Lass dich nicht auf die Schippe nehmen von dem Hamburger Koofmich. Der »Sturz« mit Bemerkungen von Erich und mir liegt hier bei mir. Es lohnt sich aber nicht, sich damit zu befassen, weil das ganze Buch von vorn bis hinten nicht stimmt.

Heute erhielt ich eine Einladung der Regierung Bangladeshs zum Unabhängigkeitstag – allerdings mit Verspätung, denn die Feiern beginnen schon am kommenden Montag. Sie wollen aus diesem Anlass für die Solidarität der DDR danken und Erich postum ehren, weil die DDR seinerzeit ihren schweren Kampf moralisch und materiell unterstützt hat. Dieses Ereignis werde ich nun von ferne verfolgen müssen.

Bis bald herzlichst
Margot

Von:	Frank Schumann <edition-ost@aaagentur.com>
Datum:	23. März 2012, 16:57
Betreff:	Re: Einladung nach Bangladesh

Liebe Margot,

in der Tat: Du hast dich im Vorjahr von Kuba gemeldet. Wäre ja schön, wenn ich zumindest elektronisch meine Glückwünsche zu deinem 85. übermitteln könnte ...

Dein Hinweis auf das von Erich korrigierte Buch-Exemplar ist hochwichtig, vielen Dank. Könnte das Hamburger Exemplar eine Fälschung sein? Schließt du aus, dass es ein zweites Exemplar – neben dem deinigen – geben könnte? Ich werde dich jedenfalls auf dem Laufenden halten.

Ich finde es beachtlich, dass dich die Regierung von Bangladesh einlud. Ich erinnere mich noch gut der 70er Jahre, die für das Land schlecht waren: Hochwasser, Hungersnöte, Elend. Und an den politischen Druck des Westens mit den üblichen politischen Vorhaltungen bis heute. George Harrison, der vierte Beatle, gab im Sommer 1971 im Madison Square Garden in New York ein Solidaritätskonzert, das man noch heute auf Youtube sehen kann. An die Hilfe der DDR, die größer war als die Viertelmillion Dollar, die das Konzert einspielte, erinnert sich niemand mehr. Pardon, die aktuelle Regierung von Bangladesh sehr wohl.

Aber bei Annahme der Einladung bestünde vielleicht die gleiche Gefahr wie bei einer Reise nach Europa: dass dich Chile nicht wieder einreisen ließe. So ist es denn vielleicht ganz gut so, dass du die ehrenwerte Einladung nicht annehmen kannst.

Haben sie die Einladung für den 26. März per Post oder auf dem diplomatischen Wege übermittelt? Kam sie von der Regierungschefin? Entschuldige meine Neugier: Ich bin Journalist.

Herzlichst
Frank

De:	Margot Feist <mfeist1@yahoo.es>
Enviado:	23. März 2012, 17:41
Asunto:	Re: Re: Einladung nach Bangladesh

Lieber Frank

zum »Sturz«: Ich glaube nicht, dass es ein zweites Exemplar mit Streichungen und kaum leserlichen Notizen gibt. Und das Original liegt hier.

Die Einladung nach Bangladesh kam über die Botschaft des Landes in den USA, von Washington haben sie sie mit der Post geschickt. In Chile gibt es keine Vertretung des Landes. Unterschrieben ist die Einladung vom Außenminister im Namen der Regierung.

Ich glaube nicht, dass Chile die Wiedereinreise in diesem Falle verhindern würde. Deutschlands Arm reicht nicht überall hin.

Ist deine Neugier befriedigt?
Margot

Von:	Frank Schumann <edition-ost@aaagentur.com>
An:	Margot Feist <mfeist1@yahoo.es>
Datum:	23. März 2012, 18:25
Betreff:	Idee

Meine Liebe,

meine Neugier ist befriedigt, vielen Dank. Wie haben wir damals gesungen?

Wir begrüßen dich, Bangladesh,
Grüßen das Land ohne Ketten ...
Joi, joi, Mukhti Bahini ...

Wir sind noch immer überall – also nicht nur Chile, Finnland, Nikaragua ...

Der lange Weg via Washington erklärt natürlich, weshalb die Einladung zu spät kam.

Wollen wir sie hier ärgern? Wir stecken einer Agentur, dass du nicht nur Einladungen aus Nikaragua und Kuba bekommst, sondern auch aus Asien. Eine solche Einladung ist doch kein Staatsgeheimnis. Dann werden ein paar Presseheinis nach Dhaka reisen oder vor Ort mobilisiert, um dich vor die Linse zu bekommen. Und damit sie nicht ganz umsonst gereist sind, werden sie vielleicht über den Nationalfeiertag berichten, der ihnen sonst keine Meldung wert gewesen wäre. Spielst du mit? Du musst ja von alldem nichts wissen.

Herzlichst
Frank

De:	Margot Feist <mfeist1@yahoo.es>
Enviado:	23. März 2012, 18:43
Asunto:	Re: Idee

Lieber Frank,

Deine Idee (wie viele andere Ideen von dir) ist bestechend, aber ich möchte die Freunde in Bangladesh nicht brüskieren. Ich machte ihre Einladung publik, bevor ich ihnen dafür gedankt habe. Das aber kann ich erst von Havanna aus. Darum schmeckt mir das nicht.

Ich denke, das verstehst du. Später können wir überlegen, wie wir die Einladung öffentlich machen, denn geheimzuhalten brauchen wir das Ganze nicht.

Einverstanden?

Herzlich
Margot

De:	Margot Feist <mfeist1@yahoo.es>
Enviado:	30. März 2012, 21:02
Asunto:	Wochendgrüße

Lieber Frank,

ich wünsche dir ein geruhsames Wochenende. Nach einem Flug mit Querelen, Verspätung, langem nächtlichen Warten auf dem Flugplatz bin ich nun glücklich in Kuba gelandet und liebevoll wie immer empfangen worden. Die ärztlichen

Kontrollen habe ich inzwischen auch hinter mich gebracht, und nun bin ich am Meer. Die ersten Strandläufe, die mir der Arzt wieder dringend ans Herz gelegt hatte, habe ich absolviert. Du wirst sagen, die hat es gut, während ich hier den ganzen Ärger schlucken muss, den wir mit unseren gemeinsamen Publikationen verursacht haben ... Ich hoffe, es ist nicht gar zu schlimm.

Du siehst, ich denke an dich – das soll ein kleiner moralischer Beistand sein.

Sei herzlich gegrüßt
Margot

De:	Frank Schumann <edition-ost@aaagentur.com>
Fecha:	31. März 2012, 05:27
Asunto:	Re: Wochendgrüße

Liebe Margot,

für die Zeilen der Ermutigung aus Kuba sage ich dir lieben Dank. Ich freue mich, dass du die Strapazen der Anreise hinter dich gebracht hast und nun wirklich Urlaub machen kannst. Ich gönne es dir, denn auch ich weiß die Vorzüge eines Tapetenwechsels zu schätzen, den jeder braucht: auch du! Andere Umgebung, andere Luft, andere Leute – das ist stets erholsam.

Was gab es hier in dieser Woche?

Der Hamburger war mit seinen Devotionalien da, die er 1994 auf einer Auktion ersteigert haben will. Da waren einmal vier in rotes Leder gebundene Bände mit Reden und Aufsätzen von Erich, die im Innenteil einen Stempel »Erich Honecker Berlin« aufwiesen und angeblich von dir zur Versteigerung gegeben worden waren. Das sei eine Fälschung, sagte ich, und das schon aus zwei Gründen: Warum sollte Margot Honecker die Bücher erst mit nach Chile nehmen, um sie dann wieder nach Deutschland zurückzuschicken? Zweitens dürfte Erich

Honecker seine Bücher in seinem Schrank kaum derart gestempelt haben. Der Stempeleindruck sei echt, sagte er. Gewiss, antwortete ich, aber nicht von ihm.

Bei dem anderen Buch (»Der Sturz«) dürfte es sich zweifellos um ein Unikat handeln. Die Handschrift ist von EH, die inhaltlichen Einwände sind logisch und entsprechen seiner Diktion. Gleichwohl: Daraus lässt sich kein neues Buch machen, zumal die Korrekturen ohne den gedruckten Text – dessen Veröffentlichung ohne seine Zustimmung erfolgte – keinen eigenständigen Sinn machten. Ich habe darum dem Mann sein Zeug wieder zurückgegeben, was ihn sichtlich betrübte, da er hoffte, auf diese Weise seine Kasse um 6000 Euro plus x füllen zu können.

Am Donnerstag veröffentlichte das *Neue Deutschland* die Bestsellerliste Ost vom Monat März: Erich Honecker belegte Platz 1. Und der spotless-Band von Klaus Huhn zu Gauck lag auf Platz 5. So gut platziert waren wir noch nie. [...]

Sukzessive erfolgt jetzt eine Verlagerung des Interesses auf dein Buch. Es mehren sich dort Zustimmung und Anfragen, etliche, die mich anriefen, wollen sich noch persönlich bei dir melden, ich solle die Post an dich weiterleiten, was ich natürlich gern tue. Selbstredend häufen sich auch wieder die Pöbeleien namentlich in den Medien (Jugendwerkhof, Mauer, Ossietzky-Schule, die alte Leier eben), aber auch außerhalb finden sie statt. Meine Mutter berichtete mir dieser Tage, dass sie auf der Straße in Torgau von einer Frau angegiftet worden sei, worauf meine Mutter mit der Bemerkung reagierte, es habe sie ja niemand gezwungen, das Buch zu kaufen. Naja, das geht auch wieder vorbei.

In der kommenden Woche haben wir zwei Tage die Vertreter im Hause, um unser Herbstprogramm zu besprechen. Und dann endlich ist Ostern ...

In dieser Woche gab es eine bizarre Nachrichten-Kombination: Margot Honecker und der Papst gemeinsam auf Kuba, und Fidel mit Benedikt im Plausch. Das Treffen wird ohne

Kommentar, allenfalls mit Ironie, in den deutschen Medien verbreitet. Kannst du dich noch erinnern, wie die gleichen Blätter sich entrüstet haben, als Gesine Lötzsch an Fidel Glückwünsche übermittelt hatte? Diese Verlogenheit ist sagenhaft!

Ich wünsche dir viele erholsame Strandläufe und eine gute Zeit.

Sei herzlich umarmt
Frank

De:	Margot Feist <mfeist1@yahoo.es>
Enviado:	1. April 2012, 01:30
Asunto:	Frage

Lieber Frank,

ich will dich am Wochenende nicht belästigen. Kannst du mich aufklären, was das für ein Eric ist, der mit mir in Chile ein Interview gemacht haben will, wovon ich nichts weiß? Aber das Foto, das in der *FAZ** dazu gestellt ist, ist aus Eurem Bestand – oder irre ich mich?

Mir scheint, es gibt da auch Texte, die ich aus Gesprächen mit euch in Erinnerung habe. Ich wäre dir dankbar, wenn du mich aufklären könntest.

Margot

*Der *NDR* präsentierte Ende März in Hamburg bei einer Pressevorführung einen anderhalbstündigen Film von Eric Friedler, den Schumann als technischen Mitarbeiter bei Margot Honecker eingeführt hatte. Friedler hatte absprachewidrig und ohne Kenntnis oder gar Zustimmung von Margot Honecker das Material zu einem Film verarbeitet, der *NDR* hatte die Promotionsmaschine angeworfen und das Interview als eigenständiges journalistisches Produkt ihres erfolgreichen Grimme-Preisträgers angezeigt. Über die »Sensation« berichteten Medien, Friedler verschwieg, wie er zu Margot Honecker gelangt war. Es habe sich um »Reporterglück« gehandelt, verkündete er sibyllinisch, und ließ sich für seinen vermeintlichen Scoop feiern

Von:	Frank Schumann <edition-ost@aaagentur.com>
Datum:	1. April 2012, 10:32
Asunto:	Re: Wochendgrüße

Liebe Margot,

das genau ist der Ärger, von dem du in deiner Mail sprachst. Ich rase seit gestern vor Zorn und werde morgen unseren Rechtsanwalt konsultieren, inwieweit wir juristisch aktiv werden können und müssen. Ohne mein Wissen hat Eric das mitgeschnittene Material verarbeitet und verbreitet – offenkundig, um sich an den wochenlangen Erfolg der beiden Honecker-Bücher anzuhängen. Ich bin konsterniert über diesen Vertrauensbruch. Seit einigen Wochen hatte ich nichts mehr von ihm gehört, als ich ihn jetzt anrief, drückte er die Verbindung weg, und als ich neu wählte, war nur noch der Anrufbeantworter dran.

Am Montag werde ich handeln und dich informieren.

Tief betrübt
Frank

De:	G. P. <...>
Fecha:	2. April 2012, 12:27
Asunto:	Deutschland erregt sich

Liebe Margot,

[...] In den Tagesthemen war gestern Abend zu hören, dass du einem *ARD*-Reporter ein Interview gegeben hast. Das hat mich überrascht. Heute Abend soll es um 21 Uhr ausgestrahlt werden. Schon gestern haben sie nur Ausdrücke wie »unbelehrbar« und »uneinsichtig« verwendet und einen kurzen Ausschnitt gebracht. Dagegen gestellt wurde ein Mann, der in einem Jugendwerkhof nach seiner Aussage unmenschlich behandelt worden war und der natürlich dir dafür die Verantwortung zuteilte.

Von einer negativen Berichterstattung musstest du ausgehen, deshalb bin ich gespannt, was ansonsten zu sehen ist. Denn dann kann ich mir wohl denken, was dich bewogen hat, deine Meinung zu einem Interview mit bürgerlichen Medien zu ändern. [...]

Ich wünsche mir, dass es dir gut geht und dass dir die gute Gesundheit und dein Humor erhalten bleiben, solange du es möchtest.

Kommunistische Grüße,
Günter

De:	Margot Feist <mfeist1@yahoo.es>
An:	G. P. <...>
Datum:	2. April 2012, 12:59
Betreff:	Re: Deutschland erregt sich

Lieber Günter,

natürlich verfolge ich auch von Kuba aus, was dort bei euch abläuft und mir meine Ruhe stiehlt. Ich habe keinem bürgerlichen Medium ein Interview gegeben. Da bleibe ich mir treu.

Der Chef von edition ost, ein vertrauenswürdiger Genosse, der mich in Chile aufsuchte, um Material zu sammeln für die inzwischen veröffentlichten Publikationen zum 100. Geburtstag von Erich, kam mit einer seiner Vertrauenspersonen. Sie machten Aufnahmen, um Material und Hintergrundinformationen für die geplanten Publikationen zusammenzustellen, weil von Berlin aus Gespräche – um solche handelte es sich, nicht um ein Film-Interview – nicht einfach zu führen sind.

Dieser mitgebrachte Vertrauensmann hat nun ohne Wissen des Chefs von edition ost und ohne mein Wissen aufgenommenes Material unerlaubt benutzt, also missbraucht. Noch sehe ich nicht ganz klar, was da gelaufen ist. Das stiehlt mir natürlich ein bisschen die Urlaubsruhe.

Ich hoffe, es geht dir gut, und vielleicht tauchst du ja wieder einmal in meiner Nähe auf.

Herzliche Grüße
Margot

De:	G. P. <...>
Fecha:	2. April 2012, 19:12
Asunto:	Re: Re: Deutschland erregt sich

Liebe Margot,

das heißt, du wusstest das nicht? Das ist ein Skandal ohnegleichen! Wirst du eine Stellungnahme abgeben? Wir könnten versuchen, etwas in der *UZ* und der *Jungen Welt* zu machen.

Da ist der Chef von edition ost aber nicht sehr klug gewesen ... Man kennt doch seine Leute gut genug, um zu wissen, wozu sie fähig sind! Zumal das Ganze offenbar bei dir zu Hause ist, soweit ich das sehen konnte. Vielleicht können dir die Kubaner die Aufnahme verschaffen, aber sonst versuche ich dir den Link zuzusenden. Manches übernehmen sie für die Website, so dass man es später noch einmal sehen kann. Allerdings kann es sein, dass du von Kuba aus keine schnelle Leitung hast, um es flüssig sehen zu können. Dann schaue es später zu Hause an. Wenn es einen Link gibt, dann schicke ich ihn dir zu!

In deiner Nähe war ich bis vor fünf Tagen, nämlich in Buenos Aires. Aber ich hatte nicht genügend Zeit, um noch einmal 1500 km zu fliegen. Aber ich komme sicher noch einmal.

Liebe Grüße,
Günter

Von:	Frank Schumann <edition-ost@aaagentur.com>
Datum:	2. April 2012, 20:28
Betreff:	Kampagne

Liebe Margot,

das Imperium schlägt zurück, weil es zwei erfolgreiche Honecker-Bücher offensichtlich nicht verkraftet. Sie schießen auf dich, sie schießen auf mich, sie schießen auf alles, was nach DDR riecht. Aber: Sie scheinen sich verrechnet zu haben. Die Reaktionen auf der Internet-Seite des *NDR*, wo in vierzig Minuten der Film laufen soll, sind etwa zwei Drittel pro Honecker und pro DDR: *http://meta.tagesschau.de/id/59631/interview-frau-Honecker-zeigt-keine-reue*

Wir reagieren. Hier schon mal die Seite 1 der morgigen Ausgabe der*Jungen Welt:*

»Honni, Stasi, Schießbefehl

Von Arnold Schölzel

Am gestrigen Montagabend strahlte Das Erste *den 90-minütigen Dokumentarfilm »Der Sturz – Honeckers Ende« von Eric Friedler aus. Für zahlreiche Medien war das Anlass für hochgradig erregte Berichterstattung. Der* NDR, *der den Film produziert hatte, lieferte bereits am Freitag in einer Pressemitteilung unter dem Titel ›Margot Honecker gibt erstes TV-Interview seit mehr als zwanzig Jahren‹ eine Richtlinie zum richtigen Sehen: Sie sei die ›einst mächtigste Frau der DDR, Volksbildungsministerin und Gattin des letzten Diktators auf deutschem Boden‹. Anlass, ›sich etwa für das Agieren der Stasi oder für die Mauertoten zu entschuldigen‹, sehe ›die umstrittene Rentnerin weder für sich noch die DDR-Führung‹. Den Tod derjenigen, ›die in die Freiheit fliehen wollten und erschossen wurden‹, bezeichne sie als ›Dummheit‹. Der* NDR *zitiert sie allerdings mit den Worten: ›Es lässt einen nicht ruhig, wenn ein junger Mensch auf diese Weise ums Leben kommt. Man hat sich vor allem auch immer gefragt: Wieso hat er das riskiert?‹*

Ebenfalls am Freitag befasste sich die FAZ *ausführlich mit dem Film. Margot Honecker spreche darin ›in aller Klarheit aus, was eine Partei wie Die Linke angesichts der allgemein obwaltenden Kritik an einem Finanzkapitalismus, der Staaten in den Ruin treibt und die Demokratie bedroht, unterschwellig in die Debatte einführt: Die DDR war das bessere Deutschland [...]‹. Dem* FAZ*-Autor kommt es vor, als liege ›zwischen dem Herbst 1989 und dem Herbst 2011, in dem dieses Interview geführt wurde‹, nur ein Wimpernschlag. Folgerichtig ist sein Text in der Diktion des Kalten Krieges verfasst – bis hin zu der Wendung, Erich Honecker habe sich 1991 ›zu den Russen gerettet‹.*

Eine ähnliche Hilfestellung zum korrekten Verständnis veröffentlichte die Süddeutsche Zeitung *am Montag. Der Autor Gustav Seibt ›beginnt‹ dort, das Ehepaar Honecker ›physiognomisch zu lesen: als Chiffre einer autoritären Blockwart- und Hausmeisterpsychopathologie, die sich über ein ganzes Land zu legen vermochte‹. Man müsse sagen, Margot Honecker sei keine Winifred Wagner. Die ›Hitler bis zu ihrem Ende verehrende Bayreuther Festspielleiterin‹ sei ›umso viel flackernd-interessanter wie das Dritte Reich verheerend-abgründiger war als der sowjetische Kasernenstaat DDR‹. Analog berichteten Internetportale wie* Spiegel online *und* tagesschau.de.

Am selben Tag veröffentlichte der Spiegel *außerdem unter dem Titel ›Gehörnte Böcke‹ einen Artikel über Akten der DDR-Staatssicherheit zum langjährigen Verteidigungsminister des Landes, Heinz Hoffmann. Die Zeitschrift kolportiert u. a. aus einem Bericht über ›Saufgelage‹ in der Militärführung des ostdeutschen Staates (in den 60er Jahren) Details wie das folgende: ›Ein General setzte sich im Suff neben seinen Stuhl, ein anderer fiel hin und kam nicht wieder hoch [...].‹*

Geschichtsbetrachtung dieser Art scheint allerdings nicht die erwünschte Wirkung zu entfalten. Dafür sprechen zahlreiche kritische Leserkommentare im Internet. Auf tagesschau.de *hieß es: ›So wie hier die Aufarbeitung erfolgt, wäre das auch im Blick auf die alte Bundesrepublik notwendig. [...] Ich habe erlebt, wie viele Freunde und Bekannte Berufsverbot erhielten, ich habe erlebt, wie Kommunisten ihrer Überzeugung wegen ins Gefängnis mussten. Ich habe selbst erlebt, wie in Heimen für sogenannte schwer erziehbare Jugendliche geprügelt und unmäßiger Druck ausgeübt wurde. […] Wann wird sich jemand aus dem Kreis der Journalisten da rantrauen?‹«*

Lass dir die Urlaubsstimmung nicht vermiesen. Es reicht, wenn ich Magenschmerzen habe.

Sei herzlich gedrückt.
Frank

Von:	Frank Schumann <edition-ost@aaagentur.com>
Datum:	5. April 2012, 11:45
Betreff:	Schritte gegen NDR

Liebe Margot,

die letzten Tage waren dramatisch und ärgerlich, und wenn man früher sagte, dass man am Helm viele Beulen habe, wovon einige auch vom Klassenfeind stammten, so scheint sich die Gültigkeit dieser ironischen Bemerkung nicht erledigt zu haben. Dazu am Ende der Mail.

Das Wichtigste vorerst: Wir haben die Hamburger Kanzlei Schwenn & Krüger eingeschaltet. Sven Krüger ist jener Medienanwalt, mit dessen Hilfe wir vor einigen Jahren das DDR-Emblem, für das sich ein westdeutscher Koofmich die Rechte gesichert hatte, wieder freibekommen und erneut zu Volkseigentum gemacht haben. Sein Kanzleikollege Schwenn ist jener Anwalt, der vor Jahresfrist den Wetteransager Kachelmann rausgehauen hatte.

Wir prüfen, ob es möglich ist,

a) mit einer Einstweiligen Verfügung jede weitere Ausstrahlung des Films verhindern und

b) Friedler und seine Produktionsfirma verurteilen zu lassen, weil sie illegal und widerrechtlich Filmmaterial von dir verwendeten. Jeder, der vor einer Kamera sitzt, muss schriftlich seine Zustimmung zur Verwertung erteilen. Das ist nicht geschehen. Du hast einen solchen Vordruck nicht unterschrieben.

Damit dürfte alles klar sein.

Nachfolgend die Informationen, mit denen der Anwalt operiert. Ich gebe sie dir unfrisiert zur Kenntnis, damit auch du weißt, wie das alles in Santiago abgelaufen ist. Danach kannst du mich beschimpfen, verurteilen, mir die Freundschaft aufkündigen, was dein gutes Recht wäre. Gleichwohl bleiben unterm Strich die Bücher und die verdiente Anerkennung, die du dadurch erfährst, und das überzeugende, für viele ermutigende Bild, das du mit deiner Haltung und deinem Auftritt in diesem Film vermittelt hast. Der Schuft, den nun manche in mir sehen, bin ich wahrlich nicht, wenngleich vertrauensselig-dämlich.

Hier der Text, mit dem Sven Krüger operiert:

Der Verleger Frank Schumann war im September 2011 in Chile bei Margot Honecker zu Besuch. Er ist – neben seiner freiberuflichen Tätigkeit für den Verlag Das Neue Berlin – publizistisch für diverse Tageszeitungen und andere Verlage tätig.

Eric Friedler nahm – auf Vermittlung von Michael Schmidt, Schumanns Freund und Studienkollege, derzeit Chef vom Dienst beim NDR *in Mecklenburg-Vorpommern – im Oktober 2010 telefonisch Kontakt zu Frank Schumann auf. Hintergrund des Telefonats: Friedler bereitete einen Dokumentarfilm vor, der das Leben der Honeckers in Lobetal 1990 zum Gegenstand haben würde. Geplant war eine Collage aus historischem Filmmaterial, gespielten Szenen und Zeitzeugenberichten. Gewünscht wurde die Vermittlung eines Kontaktes zum Zeitzeugen Werner Großmann, der aber nicht zustandekam.*

Später kam Friedler wiederholt nach Berlin. Man war sich sympathisch. Die Vita Friedlers – Kind von Nazis verfolgter Juden, die nach Australien emigriert waren, wo er geboren wurde – nahm Schumann sehr für ihn ein. Zudem hatte der

Grimme-Preisträger Friedler mit dem Film über die Einbindung der Familie Quandt in das Nazi-System eine deutliche antifaschistische und durchaus couragierte Haltung gezeigt.

In der Folgezeit vermittelte Schumann unentgeltlich einige Zeitzeugen, darunter Hans Modrow und Friedrich Wolff. Allein durch Schumanns Zureden bekam Friedler auch Egon Krenz vor die Kamera. Dazu fand zunächst ein Vorgespräch im Verlag zu dritt statt.

Durch diese regelmäßige Verbindung zu Schumann und dem Verlag erfuhr Friedler von dessen Überlegungen, im Jahre 2012 mehrere Buchprojekte zum Thema Erich und Margot Honecker zu erarbeiten. Geplant war ein Gesprächsband zur Volksbildung der DDR mit Margot Honecker – die im April 85 werden würde –, und eine Biografie Erich Honeckers, der im August 100 geworden wäre. Dazu wollte Schumann auch in Chile mit der Witwe Honeckers sprechen. Auf seine Bitte lud sie ihn im Spätsommer 2011 ein.

Friedler machte sich anheischig, die Reisekosten zu übernehmen, sofern er mitreisen dürfe und ihm die Möglichkeit gegeben würde, Frau Honecker persönlich kennenzulernen und ihr einige Fragen zu stellen, die er in seinem Film über die Honeckers in Lobetal einzubauen gedachte. Ihm war bewusst, dass Schumann Margot Honeckers Vertrauen besaß und nur mit dessen Hilfe ein solcher Kontakt zustande käme, zumal sie auf frühere Interview-Anfragen grundsätzlich abschlägig reagiert hatte. Auch auf seine.

Schumann war nicht abgeneigt, sie miteinander bekannt zu machen, da das Konzept für den Film »Honeckers in Lobetal« ihn überzeugte: Erstmals sollten in der deutschen Fernsehpublizistik diese beiden Personen der Zeitgeschichte als Menschen und nicht als die verleumdeten Diktatoren dargestellt werden. Damit würde auch mit der vorherrschenden Dämonisierung der DDR und ihres Führungspersonals gebrochen und ein sachlicher, realistischer Zugang zur deutschen Vergangenheit gefunden werden.

Außerdem hatte Schumann ein großes Interesse daran, dass für das Archiv professionelle Aufnahmen von Margot Honecker entstünden. Bislang existierten aus Chile nur verwackelte, unscharfe Aufnahmen von journalistischen Überfällen auf der Straße oder von anderen zufälligen Begegnungen, die Frau Honecker als verbitterte, hässliche, abweisende Person denunzierten. Dieses falsche Bild sollte nicht als das letzte von Margot Honecker der Nachwelt überliefert werden. Schumann wollte ein angemessenes, würdevolles Bild für nachfolgende Generationen von Margot Honecker erstellen und für später konservieren.

Friedler und Schumann vereinbarten mündlich, dass Friedler als Schumanns Mitarbeiter, zuständig für die Aufnahmetechnik und technische Abwicklung, ihn zu Frau Honecker begleiten sollte. Die mitgeschnittenen Aufnahmen sollten einerseits das Basismaterial für die Honecker-Biografie und den Gesprächsband zur Volksbildung sein, deren Abschriften – so war ebenfalls mündlich vereinbart – Friedler für Schumann anfertigen wollte.

Andererseits wollte im Gegenzug Friedler bestimmte Sequenzen in seinen geplanten Honecker-Film über Lobetal einbauen. Verabredete Maßgabe war jedoch die Abstimmung mit Frank Schumann. Kein Bild, keine Zeile Text, so lautete auch die Zusage Schumanns an Frau Honecker, sollte ohne seine und ihre Zustimmung publiziert werden dürfen.

Damit waren die Regeln gesetzt, wenngleich auch durchaus vorstellbar, dass Margot Honecker ihre Zustimmung zu den bewegten Bildern verweigern könnte.

Außerdem, und darin sah Schumann in letzter Konsequenz juristische Sicherheit: Er wusste aus dem Umgang mit Fernsehsendern, dass jeder Mitwirkende zuvor auf einem Vordruck die Genehmigung zur Speicherung und Verwertung der Aufzeichnung erteilen musste. Auch bei seinem eigenen Interview mit Friedler zu Beginn des Jahres musste er – wie alle anderen Zeitzeugen, die er an Friedler vermittelt hatte – vor der Aufzeichnung ein solches Formblatt mit Datum und Name signieren, das ihm von Friedlers Assistentin zur Unterschrift vorgelegt worden war. Eine mögliche Verwertung der bewegten Bilder ohne ein solches von Frau Honecker unterzeichnetes Papier wäre darum illegal und damit strafbewehrt.

So wähnte sich Schumann auf der sicheren Seite.

Ein Honorarangebot bis zu 10 000 Euro, das Friedler ins Gespräch gebracht hatte, lehnte Schumann ab. Die Offerte wurde wiederholt im Beisein von Friedlers Assistentin Silke Schütze gemacht, der Betrag sollte Schumann für dessen Beratertätigkeit gezahlt und er in dieser Funktion im Abspann namentlich genannt werden. Das lehnte Schumann unter Zeugen ab. Zudem wies er darauf hin, dass er zu DDR-Zeiten als Journalist verschiedentlich als Kurier der Auslandsaufklärung unterwegs gewesen sei, womit er nach hiesigem Verständnis als IM etikettiert sei. Es wäre gewiss dem Film wenig zuträglich, falls dies ein Naseweis erführe, worauf Friedler erklärte, dies würde er aushalten. Dennoch lehnte Schumann alle Angebote Friedlers ab und bestand lediglich auf Übernahme der Flug- und Hotelkosten.

Die Reise fand vom 23. bis 28. September 2011 statt. Das Flugticket erhielt Schumann per E-Mail von der Firma Cinecentrum in Hamburg. Schumann traf Friedler in Paris, der überraschenderweise von einem Kameramann begleitet wurde, von dem zuvor nicht die Rede gewesen war. Dieser sollte im Hotel den technischen Support übernehmen (Akkus laden, umkopieren etc.), sagte Friedler.

Zu dritt bezog man auf Rechnung von Friedler in der Innenstadt Santiagos je ein Hotelzimmer, das Taxi vom Flugplatz zum Hotel hatte Schumann bezahlt.

Am Mittwochnachmittag fand das erste Treffen im Hause von Margot Honecker statt. Schumann führte Friedler als seinen Bekannten und Mitarbeiter des Verlages ein, was insofern zutraf, als Friedler zugesagt hatte, a) die Ton-Mitschnitte Schumann abgeschrieben für dessen Buch zur Verfügung zu stellen, und b) die Friedler-Interviews zum Lobetal-Film mit den anderen Zeugen – Helmut Schmidt, Gorbatschow, Schewardnadse etc. – als Buch in Schumanns Verlag zu publizieren. Auch das war zuvor im »Entrecôte«, dem französischen Restaurant in der Berliner Schützenstraße, verabredet worden.

Am Abend zeigten Margot Honecker und deren Bekannter Friedler und Schumann die Stadt, man speiste gemeinsam in einem Restaurant.

Am Donnerstagnachmittag fand das erste Gespräch mit Technik statt. Das Interview führte Schumann, Friedler zeichnete auf; im hinteren Teil des Gesprächs nahm Friedler Schumanns Platz ein und stellte seine Fragen an Margot Honecker. Auf der Rückfahrt ins Hotel hatte Friedler einen Tobsuchtsanfall, weil angeblich die Tonaufnahmen miserabel seien. Man müsse darum anderentags mit dem Techniker zu Margot Honecker fahren. Das lehnte Schumann definitiv ab.

Am Freitagnachmittag installierte Friedler ein anderes Mikrofon auf dem Tischchen vor Margot Honecker. Das Interview verlief wie am Vortage: erst Schumann, dann Friedler. Während Friedler interviewte, überwachte Schumann die Kamera.

Beim Gang durchs Haus – Margot Honecker zeigte ohne jeglichen Vorbehalt unaufgefordert alle Räume – folgte Friedler beiden mit der Kamera, wobei er wiederholt Schumann aufforderte, aus dem Bild zu gehen oder nicht zu fotografieren, weil das Klicken des Auslösers störende Geräusche erzeuge.

Im Taxi wiederholte sich der Ausbruch vom Vortag: Angeblich sei auch diesmal der Ton schlecht, jetzt müsse der Techniker ran.

Schumann willigte widerstrebend ein, da auch er an verwertbarem Ton für das Buch interessiert war und nur noch ein Tag für ein intensives Gespräch blieb, weil am Sonntag ein Ausflug mit Margot Honecker nach Valparaíso geplant war. Zudem galt unverändert die Verabredung: kein Bild an Dritte ohne Zustimmung von ihm und Margot Honecker.

Das Problem: Wie sollte der Techniker eingeführt werden?

Da der Fernseher von Margot Honecker defekt war, schlug Schumann den Kauf eines neuen vor, den der Techniker anliefern und installieren sollte. Und bei der Gelegenheit forderte Friedler den Mann auf, auch gleich die Kamera zu überwachen, was dieser dann auch schweigend tat, nachdem er mit Enkel Roberto Yanez das TV-Gerät angeschlossen hatte. Irgendwann ging der »Techniker« dann.

Das Interview verlief wie an den beiden Vortagen: erst fragte Schumann, dann Friedler.

Der Sonntagsausflug dauerte mehr als zwölf Stunden. Dabei drehten sowohl Friedler als auch Schumann. Friedler wollte während der Fahrt im Auto und auf der Uferpromenade von Valparaíso, wo er – gemeinsam mit Margot Honecker – ein Souvenir für seine Tochter aussuchte, von Schumann gefilmt werden, was dieser auch tat.

Es hatte, wie Friedler jetzt wahrheitswidrig behauptet, weder zuvor eine Verabredung mit Margot Honecker über Dauer und Charakter der Gespräche gegeben (dreimal eine Stunde und alle Themen sind erlaubt), noch war ein anderer Eindruck vermittelt worden als jener, der da lautete: Schumann recherchiert für eine Honecker-Biografie und führt überdies ein Interview mit Margot Honecker zur Volksbildung der DDR. Dementsprechend zurückhaltend verhielt sich auch Friedler: Er war Schumanns Assistent. Die Rollenverteilung war eindeutig.

Der Rückflug nach Europa führte über Paris, dort trennte sich Schumann von Friedler, der diesen beim Abschied überglücklich umarmte. Das Rohmaterial verblieb bei Friedler.

Schumann war sich sicher, dass eine illegale Verwertung ausgeschlossen war, weil es keine von Margot Honecker unterzeichnete Zustimmungserklärung gab, die jeder andere von Friedler befragte Zeitzeuge unterzeichnet hatte.

Zum Jahreswechsel erkrankte Friedler und kam ins Krankenhaus, wie er Schumann telefonisch wissen ließ. Nach der

Entlassung telefonierte Schumann mit Friedler und berichtete, dass er am Tagebuch Honeckers arbeite, welches am 15. Februar erscheinen werde. Danach würde er sich an das Interview-Buch machen. Dazu aber benötige er von ihm die verabredeten Abschriften.

Friedler erklärte ausweichend, dass er nur schlecht mit dem Abschreiben vorankäme, er sei gesundheitlich angeschlagen, außerdem würden diese beiden Bücher seine Planung durchkreuzen. Andererseits verstünde er Schumann, das Tagebuch müsse raus, er würde an seiner Stelle ebenso handeln, und den 85. Geburtstag von Margot Honecker könne man nicht verschieben.

Friedler werde doch mit seinem Film auch im Frühsommer von der Existenz der beiden Bücher profitieren, sagte Schumann, das Bett sei bereitet. Außerdem stünde noch immer das Problem, Margot Honeckers Zustimmung für die Verwendung der bewegten Bilder einzuholen. Denn es gelte unverändert die zwischen beiden getroffene Verabredung und Friedlers Zusage: kein Freigabe ohne Schumanns und Honeckers Votum.

Die Frage, wann man denn endlich etwas von dem Rohmaterial sehen könne, blieb unbeantwortet.

Stattdessen wollte Friedler wissen, ob der Verlag Dritte über sein Filmprojekt informiert habe, er hätte so eine merkwürdige Anfrage von einem alten Bekannten vom MDR *erhalten. Und erkundigte sich, ob es noch weitere Bitten um ein Interview mit Margot Honecker an den Verlag gegeben habe.*

Das war das letzte Telefonat zwischen Schumann und Friedler. Alle späteren Anrufe landeten in der Mailbox, oder es wurde im Büro mitgeteilt, dass Herr Friedler nicht erreichbar sei.

Der letzte Versuch einer Kontaktaufnahme erfolgte am Freitag, dem 30. März. Anlass war die Seite in der FAZ*, auf der Friedler »seinen« Film ankündigte, der am Montag von der* ARD *ausgestrahlt werden sollte. Friedler meldete sich am Handy mit Namen, Schumann nannte den seinen. Daraufhin drückte Friedler das Gespräch weg. Bei der Wahlwiederholung sprang* *gleich die Mailbox an. Beim Anruf in der* NDR*-Redaktion, Abteilung Sondervorhaben, erklärte eine Praktikantin, sie solle sagen, dass Herr Friedler nicht erreichbar sei. Auch Silke Schütze nicht, Friedlers Assistentin, nach der sich Schumann ebenfalls erkundigte. Er fragte weiter, ob beide im Hause seien oder unterwegs, worauf es hieß: Das könne sie nicht sagen, was so klang wie: Das dürfe sie nicht sagen.*

Am Dienstag, nach Ausstrahlung des Films am Vorabend in der ARD*, schickte Schumann eine Mail an Friedler. Die automatische Antwort lautete: »Ich bin bis 30.04.2012 abwesend.« Nach Schumanns Kenntnis empfängt Friedler jede an ihn gerichtete Mail auch auf dem iPhone.*

Über die Produktion dieses am 2. April ausgestrahlten Films wurde Schumann weder vorab noch überhaupt informiert. Es wäre nämlich ein zwingender Anlass gewesen, Friedler neuerlich an die mündliche Vereinbarung über die Bedingungen der Materialverwertung zu erinnern und sich nach dem Vorhandensein einer von Margot Honecker unterzeichneten Zustimmungs- und Verwertungserklärung zu erkundigen. Zu keinem Zeitpunkt hatte Friedler geäußert, dass und wann er einen solchen Film machen wolle, für den er das bereits abgedrehte Zeugen-Material für die besprochene Produktion »Honeckers in Lobetal« verwenden mochte. Was tatsächlich erfolgte.

Friedler verschwieg sowohl in Presse-Interviews wie auch im Film das Zustandekommen der Aufnahmen, er sprach nebulos von »Reporterglück«, das ihm zugeflogen sei. Mehr noch: Im Film wird eingangs Schumann als IM der Staatssicherheit und als sein Aufpasser denunziert, der als »Honecker-Vertrauter« es zur Bedingung gemacht habe, Friedlers Gesprächen kontrollierend beizuwohnen. Das war fernab der Realität, bestätigte allerdings indirekt die getroffene Verabredung, dass ohne Schumanns Votum keine Verwertung erfolgen durfte.

Friedler und Schumann hatten über ihre Verabredungen keine schriftliche Vereinbarung geschlossen, es gibt darum weder Verträge noch gegengezeichnete Notizen.

Außer der Bereitstellung des Flugtickets und der Übernahme der Hotelkosten erfolgten keine Zahlungen durch Eric Friedler an Frank Schumann. Es ist überhaupt kein Geld geflossen.

Eine mündliche oder schriftliche Vereinbarung über die Nutzung des Filmmaterials ist nie verhandelt worden, da Schumann jegliche weitere Nutzung nur in gemeinsamer Arbeit mit Friedler sah. Schumann zweifelte zu keinem Zeitpunkt an Loyalität und Lauterkeit Friedlers, der nicht nur im Umgang mit Schumann, sondern auch mit Margot Honecker das vertrauliche DU benutzte. Die Idee, dass Friedler das Material aus Chile ohne Absprache mit Schumann (oder Margot Honecker) einsetzen könnte, bewegte sich außerhalb der Vorstellung beider.

Vor der Reise hatte Eric Friedler keinen einzigen direkten Kontakt mit Frau Honecker.

Auch nach der Reise gab es keinen direkten Kontakt zwischen Frau Honecker und Herrn Friedler. Wohl aber trug Margot Honecker Schumann wiederholt die Übermittlung persönlicher Grüße an »unseren lieben Eric« auf, was auf die zweifellos vorhandene Sympathie zwischen beiden deutete.

Frau Honecker wirft Herrn Schumann nunmehr Vertrauensbruch vor, weil sie sich von ihm getäuscht sieht. Sie hatte öffentlich vor geraumer Zeit erklärt, keinem deutschen Fernsehsender ein Interview zu geben, woran sie sich hielt. Diese Aussage wurde durch Friedler absprachewidrig und wortbrüchig – im rechtlichen Sinne illegal – unterlaufen. Womit Margot Honecker als unglaubwürdig erscheinen muss.

Bekannte von Frau Honecker verbreiteten nach Ausstrahlung des Films, sie habe selbst Angebote in »sechsstelliger Höhe« ausgeschlagen, womit insinuiert wurde, dass Schumann eine erhebliche Summe eingesteckt, also aus niederen Beweggründen gehandelt habe, damit dieser Film zustande kommen konnte. Das stellt für Schumann wiederum eine Rufschädigung sondergleichen dar.

Zudem hat Friedler Schumann vor einem Millionenpublikum denunziert: Zwischen der Vermittlung eines Treffens mit

Margot Honecker und der Tatsache, dass der Journalist Schumann vor mehr als zwanzig Jahren als Kurier der DDR-Aufklärung unterwegs war, besteht kein kausaler Zusammenhang. Für die von Friedler »erzählte« Geschichte ist sie ohne jeglichen Belang und ohne dokumentarischen Wert, ihre Funktion bestand einzig darin, Schumann als unglaubwürdig erscheinen lassen. Die zweite Person, Margot Honecker, besaß a priori keine Glaubwürdigkeit. Somit war Friedler als der Dritte im Spiele der einzige vertrauenswürdige Zeuge, er besaß somit das Wahrheitsmonopol. Und so konnte er widerspruchsfrei und überzeugend von sich eitel behaupten, Margot Honecker habe ihm als erstem deutschen Fernsehjournalisten ein Interview gewährt. Das war gelogen.

Soweit der Text für den Hamburger Anwalt. Inzwischen hat dieser auch andere Anwälte mobilisiert, beispielsweise meldete sich Peter-Michael Diestel im Verlag und erklärte uns seine hundertprozentige Unterstützung in dieser Sache. Er gab sich sehr kämpferisch und optimistisch. Auch von anderen wurde Solidarität nicht nur bekundet, sondern auch praktiziert (siehe den Beitrag von Arnold Schölzel in der *jW*). Dadurch konnten die publizistischen Attacken eines wildgewordnen Wichtigtuers erst einmal abgewehrt werden, auch wenn die Rufschädigung objektiv eingetreten ist.

Das ist der aktuelle Stand. Nun kannst du den Stab über mich brechen. Ich war immer offen und ehrlich zu dir – bis auf die verschwiegene Absicht, die mich mit Friedler verband, was ich aber als der Sache dienlich ansah. Da war ich vielleicht blauäugig und naiv. Man braucht schon einen langen Löffel, wenn man mit dem Teufel zu Tisch sitzt – und meiner war in diesem Fall eindeutig zu kurz. Ich habe mich von Friedler hinters Licht führen lassen, er hat sich bei mir eingeschleimt, und auch bei dir, dass ich mitunter schon fast eifersüchtig werden konnte. Entsinnst du dich unserer Verabschiedung vor dem Hotel am Sonntagabend? Er forderte dich im Licht einer Laterne auf, was schon kitschig genug war, in die Kamera zu sprechen: Eric, du warst eine Nervensäge, aber eine liebe. Und das tatest du lächelnd und mehrere Male, bis Ton und Licht stimmten. Oder wie du mit ihm durch die Souvenirläden im Hafen von Valparaíso gezogen bist und ihn liebevoll beraten hast bei der Suche nach einem Mitbringsel für seine Tochter ...

Er ist entweder ein exzellenter Schauspieler, so er es denn vorhatte, uns hinters Licht zu führen. Oder er ist erst in Hamburg von seinem Geld- und Arbeitgeber dazu genötigt worden, diesen Film und die PR dazu auf diese Weise zu deichseln. Das wissen wir im Moment nicht, was da in den Kulissen gelaufen ist und noch läuft.

Ich bedauere, dass dir auf diese Weise dein verdienter Urlaub und der 85. Geburtstag vermiest werden. Auch dafür entschuldige ich mich bei dir.

Und wie stets frei von jeglicher Heuchelei: Ich umarme dich
Frank

De:	Margot Feist <mfeist1@yahoo.es>
Enviado:	5. April 2012, 20:25
Asunto:	Antwort

Lieber Frank

danke dir für die ausführliche Information, die mir nun Aufschluss gibt, wie unser Treffen in Chile zustandekam. Dass dieses Treffen nicht stattgefunden hätte unter den von dir in der Anwaltsschrift geschilderten Umständen, ist wohl nicht zu bezweifeln.

Mich bewegen die juristischen Aspekte weniger, obgleich ich dem politisch verdienstvollen Verlag edition ost und dir als einem für unsere Sache streitbaren Journalisten wünsche, dass ihr einen möglichen Prozess gegen diesen politischen Ganoven gewinnt. Ich möchte das auch deshalb, weil ich hoffe, dass der Weiterverbreitung des Materials, das offenbar noch in seinem Besitz ist, Einhalt geboten wird. Friedler ist, da ich nun weiß, dass er im Dienst der reaktionären politischen Klasse steht, die in Deutschland das Sagen hat, keine Enttäuschung. Solche Journalisten stehen auf der anderen Seite der Barrikade. Das weiß man. Und wir haben wieder einmal erfahren müssen, dass unsere Offenheit unsere Achillesferse ist.

Es berührt mich schon, dass meine politischen Ansichten in einen solchen Hetzfilm gestellt sind. Das musste auch meine Genossen irritieren. Nie hätte ich dazu meine Zustimmung gegeben und übrigens auch nicht zu dem von Friedler geplanten und von dir vor geraumer Zeit erwähnten Film »Die Honeckers in Lobetal«. Du kanntest meine Begründung für die Ablehnung dieses Projektes.

Menschlich verdaue ich nur schwer, dass du mich auf diese Weise hintergangen hast. Unsere aus der Begegnung in Chile gewachsene freundschaftliche Beziehung hat ohne Zweifel und ohne Abstriche dem Gelingen der beiden Bücher gutgetan. Aber ich denke, der Zweck heiligt die Mittel halt auch hier nicht. Ja, ich glaube dir, dass du auch ordentliche Filmmeter fürs Archiv und die Nachwelt wolltest, wofür ich – da hattest du recht – nicht bereitgestanden hätte. Also streich den Satz »Der Zweck heiligt die Mittel« aus deinem Arsenal, auch wenn es noch so schwer ist in dieser Gesellschaft, für unsere Ideen zu streiten und dafür gute Bücher zu drucken.

Bei all den Unannehmlichkeiten, die dieses Spektakel mit sich gebracht hat, bin ich sehr froh über die große Solidarität, die ich erfahre. Ich habe viel Zuschriften aus Ost und West von Genossen, die mir danken für mein Standvermögen und für die politisch klaren Worte, die ihnen, wie sie schreiben, Mut machen weiterzukämpfen.

Lieber Frank, da wir es mit einem gemeinsamen Gegner zu tun haben, jetzt und für die Zukunft, lass uns auch weiterhin, wie es sich für uns gehört, solidarisch miteinander sein.

Mit Grüßen aus dem freundlichen Kuba
Margot

Von: Frank Schumann<edition-ost@aaagentur.com>
Datum: 11. April 2012, 11:56
Betreff: Hilfe

Liebe Margot,

ich habe nachfolgende Presseerklärung heute abgegeben. Sie wurde von den Agenturen übernommen, am morgigen Donnerstag erscheint sie in der *Jungen Welt* im Wortlaut:

Margot Honecker gab dem NDR *kein Interview*

Im Zusammenhang mit dem von der ARD *ausgestrahlten Film »Der Sturz«, dessen Herzstück ein Interview mit Margot Honecker in Chile bildete, verbreitete der* NDR *zu Ostern eine Pressemitteilung. Darin widersprach der Sender der Erklärung Margot Honeckers, sie habe der* ARD *kein Interview gegeben. »Es handelte sich um ein gesetztes Interview mit Kameramann und zwei Kameras, das an drei aufeinander folgenden Tagen im Haus von Frau Honecker in Santiago de Chile stattfand. Frau Honecker war mit den Aufnahmen ausdrücklich einverstanden«, heißt es im* NDR-*Dementi. »Eric Friedler hat dabei weder seine Identität verleugnet noch zu irgendeinem Zeitpunkt heimlich gedreht.«*

Wahr ist: Eric Friedler begleitete den Verleger und Publizisten Frank Schumann im September 2011 zu Frau Honecker nach Chile. Reiseanlass waren Verlagsrecherchen für Buchprojekte zum 100. Geburtstag Erich Honeckers am 25. August 2012 und zum 85. von Margot Honecker am 17. April 2012 – beide Bücher liegen inzwischen vor: »Letzte Aufzeichnungen. Für Margot«, erschienen in der edition ost, bereits in 4., der Gesprächsband »Zur Volksbildung« bei Das Neue Berlin in 2. Auflage.

Margot Honecker hatte am 13. November 2010 die Anfrage des Verlages, ob sie auch für ein von Herrn Friedler geplantes Filmprojekt »Honeckers in Lobetal« als Zeitzeugin zur Verfügung stehe, klar abgesagt und auch begründet: »Und nun drittens, warum ich meine Mitwirkung definitiv ablehne: In einem Film mit Genscher, Schewardnadse und Gorbatschow aufzutreten, mit Leuten, die die Konterrevolution wissentlich oder irrtümlich mit gesteuert haben, das geht gegen mein politisches Gewissen, gegen meine politische Ehre.«

Deshalb wurde Friedler im September 2011 sehr wohl unter seinem Namen, aber absprache- und sachgemäß als technischer Assistent der edition ost, der Ton- und Bildaufzeichnungen für die beiden verabredeten Buchprojekte machen würde, von Frank Schumann bei Margot Honecker eingeführt. Zudem sollten, was angesichts des Alters von Frau Honecker und der Einmaligkeit dieser Möglichkeit verständlich ist, Filmaufnahmen dieser bedeutenden Zeitzeugin fürs Archiv, also für die Nachwelt, angefertigt werden. Deshalb lief die ganze Zeit auch die Kamera mit.

Entgegen Friedlers Darstellung – z. B. in der FAZ *vom 29. März 2012 – gab es keine von ihm als* NDR*-Mitarbeiter getroffene Verabredung mit Frau Honecker, schon gar nicht jene, dass sie ihm an drei aufeinander folgenden Tagen jeweils eine Stunde für ein Gespräch zur Verfügung stünde. Es gab auch keinen Kameramann und keine zwei Kameras, wie es im Dementi des* NDR *heißt. Es gab Schumann und Friedler, Frau Honecker und eine Kamera, die während der unbefristeten Gespräche mitlief. Es handelte sich auch nicht um Friedlers »Reporterglück«.*

Das Interview mit Frau Honecker führte Schumann, im zweiten Teil der jeweiligen Sitzung nahm Friedler dessen Platz ein und stellte seine Fragen, während Schumann die Kamera kontrollierte. Insgesamt kamen an fünf Tagen etwa 40 Stunden zusammen, die Schumann und Friedler gemeinsam mit Frau Honecker in Chile im Gespräch verbrachten. Die Mitschnitte, so hatten Schumann und Friedler mündlich vereinbart, sollten das Basismaterial insbesondere für das Gesprächs-Buch mit Margot Honecker bilden. Friedler wollte dafür die Abschriften anfertigen. Beides, Abschriften wie Filmmaterial, hält Friedler bis heute zurück.

Inwieweit Teile des von Schumann geführten Gesprächs im NDR*-Film Verwendung fanden und dabei auch gegen Schu-*

manns Urheberrecht verstoßen wird, ist derzeit nicht genau feststellbar.

Im Übrigen gab es Überlegungen, dass andere Interviews, die Friedler für den Film »Honeckers in Lobetal« bereits geführt hatte, als Sammelband im Verlag Das Neue Berlin erscheinen sollten. Diese Interview-Partner, von denen Schumann einige an Friedler vermittelt hatte, unterzeichneten vor dem Dreh – wie Schumann auch, der einmal im Film als »Honecker-Vertrauter« auftauchte – den Vordruck einer Erklärung, dass sie mit Aufzeichnung und Verbreitung der mit ihnen gemachten Aufnahmen einverstanden seien. Ein solcher Vordruck für eine schriftliche Zustimmung ist Margot Honecker nie vorgelegt worden. Sie ist von Friedler auch nicht mündlich nach einer solchen Einwilligung gefragt worden.

Zwischen Friedler, Schumann und Frau Honecker war zudem verabredet, dass kein Bild und keine Zeile ohne ihre Kenntnis verbreitet werden würde. Schumann hielt sich daran: Manuskripte und die von ihm gemachten Fotos wurden Margot Honecker später, wie jedem anderen Autor auch, vor Drucklegung zur Autorisierung vorgelegt. Für den Fall der Verwendung von bewegten Bildern in dem von Friedler geplanten Film »Honeckers in Lobetal« hätte die Einwilligung Margot Honeckers also noch nachträglich eingeholt werden müssen, wie es auch vorab zwischen Friedler und Schumann verabredet worden war. Diese Zustimmung lag durchaus im Bereich des Möglichen, weil es Friedler in jener Woche in Chile gelungen war, Margot Honeckers Sympathie für sich zu gewinnen.

Ende März kündigte der NDR völlig überraschend die Ausstrahlung eines Interview-Films mit Margot Honecker an, nachdem die Tagebuchaufzeichnungen Erich Honeckers bereits in der dritten Woche in den einschlägigen Bestsellerlisten auf vorderen Plätzen rangierten und Margot Honeckers Gesprächsband erfolgreich in den Medien war. Der Versuch Schumanns, bei Friedler Erkundigungen über diesen avisierten Film einzuholen, scheiterte. Friedler verweigerte das Gespräch, andere Versuche der Kontaktaufnahme mit dem Büro Sondervorhaben des NDR *und per Mail scheiterten mit dem Hinweis, Herr Friedler sei bis 30. April nicht erreichbar.*

Halten wir also fest:

1. Margot Honecker hat weder wissentlich noch willentlich dem NDR *ein Interview gegeben; anderslautende Darstellungen entsprechen nicht der Wahrheit. Ihr war die wahre Identität Friedlers als* NDR*-Mitarbeiter zu keiner Zeit bekannt. Hätte Friedler sich geoutet, wäre das Gespräch von Margot Honecker sofort beendet worden.*

2. Margot Honecker war einverstanden mit Gesprächen, die sie dem Verleger und Publizisten Frank Schumann für zwei Buchprojekte gewährte. Zwischen beiden herrschte jenes vertrauliche Verhältnis, das sich in den Filmaufzeichnungen auch sichtbar mitteilt. Ihm begegnete sie offen und ohne Arg, keinem anderen.

3. Eric Friedler übernahm für die Möglichkeit, Frau Honecker persönlich kennenzulernen und mit ihr zu sprechen, Schumanns Reise- und Übernachtungskosten. Es wurde an Schumann kein Honorar gezahlt. Das hätte dem tatsächlichen Verhältnis zwischen beiden – wer nämlich bei der Mission Koch und wer Kellner war – auch nicht entsprochen.

Darauf reagierte der NDR mit dieser Mitteilung.

NDR *weist Vorwürfe des Honecker-Vertrauten zurück*

Hamburg (ots) – Der NDR *weist die Vorwürfe des Berliner Publizisten Frank Schumann im Zusammenhang mit den Dreharbeiten zur Dokumentation »Der Sturz – Honeckers Ende« als völlig unzutreffend zurück. Patricia Schlesinger, Leiterin des Programmbereichs Kultur und Dokumentation/Fernsehen im* NDR: *»Selbstverständlich waren die Aufnahmen für eine Sendung im Fernsehen bestimmt und nicht für ein Archiv. Dem* NDR *liegt eine uneingeschränkte, von Margot Honecker unterzeichnete Einverständniserklärung zur Veröffentlichung der Interviews vor. Die im Film befindlichen Interviews wurden alle* *ausschließlich von Herrn Friedler geführt. Dabei ist Eric Friedler selbstverständlich nicht als technischer Assistent der edition ost aufgetreten, wie Herr Schumann behauptet. Darüber hinaus wurde während der Begegnung klar, dass es sich um eine Aufzeichnung für das Fernsehen handelt.*

Dass Herr Schumann als Vertrauter und Berater von Margot Honecker das Interview begleiten sollte, war im Vorfeld der Dreharbeiten von Frau Honecker zur Bedingung gemacht worden. Der NDR *hat dafür ausschließlich die Flug- und Hotelkosten für Herrn Schumann übernommen. Schon deshalb kann es über die Identität von Eric Friedler und über seine Zugehörigkeit zum* NDR *keinen Zweifel gegeben haben. Zudem gibt es einen umfangreichen E-Mail-Wechsel unter der* NDR*-Adresse von Eric Friedler. Es gab keine sonstigen Vereinbarungen zwischen dem* NDR *und Herrn Schumann.*

Herr Schumann hat zu keinem Zeitpunkt die Kamera bedient. Dass vielmehr ein professioneller Kameramann zugegen war, kann keinem der Beteiligten, auch Herrn Schumann nicht, entgangen sein. Der Kameramann hat auch die Reise von Herrn Friedler und Herrn Schumann – zum Beispiel im Flugzeug – dokumentiert, auch dieser Umstand wurde im Film offen dargelegt.«

Das NDR*-Fernsehen zeigt den 90-minütigen Dokumentarfilm »Der Sturz – Honeckers Ende« am kommenden Donnerstag, 12. April, um 20:15 Uhr noch einmal.*

11. April 2011 / IB

Bis auf einen Satz ist das natürlich alles Quatsch. Es ist eine dreiste Lüge, dass dem *NDR* eine »uneingeschränkte, von Margot Honecker unterzeichnete Einverständniserklärung zur Veröffentlichung der Interviews« vorläge.

Könntest du bitte diesbezüglich rasch eine Antwort senden?

Herzlichst
Frank

De:	Margot Feist <mfeist1@yahoo.es>
Enviado:	11. April 2012, 19:56
Asunto:	Erklärung

Lieber Frank,

ich verstehe deine Anfrage nicht. Ich kann nur zum wiederholten Male erklären, dass ich

1. zu keiner Zeit annehmen konnte, dass Friedler für ein bürgerliches Medium arbeitet, da ich davon ausging, dass er als dein Mitarbeiter agierte und seine Aufnahmen für den Verlag edition ost machte.

2. kann ich nur zum wiederholten Male erklären, dass es weder eine schriftliche noch mündliche Erklärung meinerseits für eine andere Verwendung meiner Aussagen als für die von der edition ost geplanten Publikationen gegeben hat.

3. Für eine solche historisch verlogene, vom *NDR* ausgestrahlte Dokumentation habe ich keine Zustimmung gegeben, eine solche hätte ich, wenn ich von Friedler um eine solche gebeten worden wäre, mit aller Entschiedenheit verweigert.

Lieber Frank, ich weiß nun wirklich nicht, was ich noch erklären soll.

Mit Grüßen
Margot

Von:	Frank Schumann <edition-ost@aaagentur.com>
Datum:	11. April 2012, 16:22
Betreff:	Dreistes Bubenstück

Liebe Margot,

Danke für deine rasche Reaktion. Natürlich war und ist mir klar, dass deine vor Ostern abgegebene Erklärung, dem *NDR* kein Interview gegeben zu haben, die einzig richtige und einzig notwendige Erklärung ist. Insofern ist deine Frage begründet, was du nun noch erklären solltest, schließlich sei doch alles gesagt.

Wir hier gehen davon aus, dass die Aussage: »Dem *NDR* liegt eine uneingeschränkte, von Margot Honecker unterzeichnete Einverständniserklärung zur Veröffentlichung vor«, eine dreiste Lüge ist. Getreu dem von Goebbels verbreiteten Motto: Je größer die Lüge, desto wirksamer – es bleibt immer etwas hängen, behaupten sie nun also dieses.

Wenn sie eine solche »Einverständniserklärung« haben, kann es sich also nur um eine Fälschung handeln. Wir sollten überlegen: Hast du Friedler jemals ein Autogramm gegeben – in ein Buch, auf ein Blatt Papier? Hat es zwischen dir und ihm – was ich für völlig ausgeschlossen halte – einen Mail-Austausch gegeben?

Ich kann mich nicht erinnern, dass du jemals in meinem Beisein ihm irgendetwas unterschrieben hättest. Das aber ist die Schlüsselfrage: Könnte Friedler irgendeine Unterschrift von dir haben?

Wir haben inzwischen einen Anwalt eingeschaltet. Und wir werden alles daran setzen, dass man ihm/uns diese angebliche Einverständniserklärung auch physisch vorweist – so es sie gibt. Die wollen wir sehen. Und dann werden wir die nächsten Schritte planen.

Ich hänge die PDF der morgigen Ausgabe der *Jungen Welt* mit an, dort ist vor allem die S. 3 von Belang.

Wahrlich, ich hätte dir ein paar bessere Tage um deinen Geburtstag gewünscht, und sehe an dem Ärgernis durchaus meine Mitschuld. Gleichwohl findet hier mal wieder eine grundsätzliche politische Auseinandersetzung statt: Hat eine Kommunistin im Rechtsstaat überhaupt Rechte?

Ich melde mich morgen wieder bei dir und werde bis dahin mit deiner heutigen Feststellung operieren.

Bis dahin: innigste Kampfesgrüße
Frank

De:	Margot Feist <mfeist1@yahoo.es>
Enviado:	11. April 2012, 21:49
Asunto:	Re: Dreistes Bubenstück

Lieber Frank,

selbst wenn ich ihm ein Autogramm gegeben haben sollte, was mir aber nicht erinnerlich ist, ist es eine Fälschung, wenn dieses für eine sogenannte Erklärung verwendet worden wäre.

Ich habe mit ihm keinen Kontakt gehabt – weder während eures Aufenthaltes noch danach, von dem du nichts wüsstest. So weit ging meine Sympathie nicht, dass ich mit ihm, der ja nicht mein Verhandlungspartner war, irgendetwas vereinbart hätte. Wenn er aus den Dokumenten, die er in der Hand hatte, einen Namenszug von mir abgekupfert hat, wäre auch das eine nachweisbare Fälschung, die strafbar ist. Er ist ein Hochstapler, ein Denunziant und ein Lügner. Ob er auch ein Fälscher und damit ein Krimineller ist, wird sich erst erweisen.

Bald sehe ich nicht mehr durch, was dort abläuft. Leider ist von dem Spektakel auch etwas nach Chile geschwappt.

Bis demnächst
Margot

Von:	Frank Schumann <edition-ost@aaagentur.com>
Datum:	13. April 2012, 21:49
Betreff:	Auskunft aus Hamburg

Liebe Margot,

Arnold Schölzel hat in seiner Funktion als Chefredakteur der *Jungen Welt* in Hamburg wegen der dort abgegebenen Presseerklärung nachgefragt. Die Auskünfte von Patricia Schlesinger – am heutigen Freitag, dem 13., um 12:13 Uhr in der Redaktion eingegangen – sind erhellend. Hier Arnolds Fragen und die Antworten und zwischendurch meine Kommentierungen.

»Sehr geehrter Herr Schölzel,

da Martin Gartzke auf Dienstreise ist, leite ich Ihnen die Antworten von Patricia Schlesinger weiter, Leiterin des NDR Programmbereichs Kultur und Dokumentation/Fernsehen. Hier sind sie.

1. Auf welche Weise kam der Kontakt Herrn Friedlers zu Frau Honecker zustande? Genauer: Worin bestand sein ›Reporterglück‹?

/Unsere Anfragen wurden über Herrn Schumann an Frau Honecker weitergeleitet. /«

Falsch. Ich habe keine »Anfragen« (Plural) an Margot Honecker weitergeleitet.

Wahr ist, dass ich am 11. November 2010 Margot Honecker den Wunsch Friedlers vorgetragen habe, als Zeugin in einem 90-Minuten-Film über die Honeckers in Lobetal mitzuwirken, der in der *ARD* im Vorfeld des 100. Geburtstages von Erich Honecker 2012 laufen sollte. (Mail liegt vor.) Am 13. November lehnte Margot Honecker definitiv ab. (Mail liegt vor, wurde auch in der Erklärung am Mittwoch zitiert.) Danach gab es keine weiteren Anfragen bei ihr in dieser Sache.

*»*2. Hatte Herr Friedler vor und nach den Dreharbeiten in Chile persönlichen, direkten Kontakt zu Frau Honecker?**

/Nein. /

3. Wäre er ohne einen ›Türöffner‹ über die Schwelle des Hauses von Frau Honecker gelangt?

/Diese Frage bewegt sich im Bereich der Spekulation. Fest steht: Durch die Vermittlung des Vertrauten von Frau Honecker, Herrn Schumann, wurde das Interview möglich. /«

Diese Frage bewegt sich keineswegs im Bereich der Spekulation. Margot Honecker hatte definitiv abgesagt, Friedler wäre darum allein und ohne Schumann nicht ins Haus gekommen. Und Friedler ist auch nicht als Mitarbeiter des *NDR*, sondern als Mitarbeiter und Freund Schumanns eingelassen und auch so von Frau Honecker behandelt worden.

*»*4. War Frau Honecker bekannt, dass Herr Friedler die Filmaufnahmen für einen Film, wie er am 2. April ausgestrahlt wurde, verwenden würde, d. h. war ihr der Charakter des Films erläutert worden? Hat sie als zentrale Figur des Films – wie bei solch umfangreichen Projekten üblich – vor der Ausstrahlung eine Roh- oder eine andere Fassung zu sehen bekommen?**

/Bereits im November 2010 hat Eric Friedler das Vorhaben seiner Dokumentation ausführlich dem Vertrauten von Margot Honecker vorgestellt, mit der Bitte, seine Interviewanfrage weiterzuleiten. Frau Honecker wusste daher ganz genau, wer Herr Friedler ist und welches Projekt er realisieren wollte. /

/Es ist unter keinen Umständen üblich, dass einem Protagonisten ein Rohschnitt zur Abnahme vorgelegt wird. /«

Das ist unwahr. Friedler hatte Schumann das Filmprojekt »Honeckers in Lobetal« vorgestellt, was Schumann am 11. November an Frau Honecker mit der Bitte um Mitwirkung übermittelte. Am 13. November 2010 kam darauf ihre definitive Absage. Daraus kann weder eine Kenntnis noch eine Zustimmung zu dem am 2. April 2012 ausgestrahlten Film abgeleitet werden, zumal »Der Sturz« nichts mit dem von Friedler geplanten und Schumann vorgestellten Filmprojekt »Honeckers in Lobetal«, bestehend aus Zeugenaussagen, Dokumentaraufnahmen und von Schauspielern gespielten Szenen, zu tun hatte.

*»*5. Hat Frau Honecker vor den Aufnahmen eine solche Zustimmungs- und Verwendungserklärung vorgelegt bekommen und unterzeichnet wie – nach unseren Informationen – andere im Film interviewte Personen?**

/Frau Honecker hat eine solche Einverständniserklärung vor Ort in Anwesenheit des NDR*-Redakteurs und des Kameramannes unterzeichnet und übergeben. /«*

Das wird von Margot Honecker bestritten. Sie hat neuerlich am 11. April 2012 erklärt, »dass es weder eine schriftliche noch mündliche Erklärung meinerseits für eine andere Verwendung meiner Aussagen als für die von der edition ost geplanten Publikationen gegeben hat. Für eine solche historisch verlogene, vom *NDR* ausgestrahlte Dokumentation habe ich keine Zustimmung gegeben, eine solche hätte ich mit aller Entschiedenheit verweigert.«

Wenn es – entgegen dieser Aussage – eine solche schriftliche Zustimmungerklärung gibt, möge man sie vorlegen und deren Echtheit feststellen lassen.

*»*6. Sofern eine solche schriftliche Erklärung nicht vorliegt und auch mündlich von Herrn Friedler nicht gegenüber Frau Honecker ausgesprochen wurde, ergibt sich daraus die Frage: Gelten für Frau Honecker besondere Persönlichkeitsrechte?**

//Siehe oben./

7. Ist an Frau Honecker ein Honorar oder eine Aufwandsentschädigung vom* NDR *gezahlt worden?

/Nein. /

8. Hat der von Herrn Friedler im Film als ›Honecker-Vertrauter‹ vorgestellte Herr Schumann Honorarzahlungen von ihm oder vom* NDR *erhalten – von der Übernahme der Flug- und Hotelkosten abgesehen? Hat Herr Schumann selbst Teile des Interviews mit Frau Honecker vor der Kamera geführt? Hat er selbst Aufnahmen von Herrn Friedler und von Frau Honecker gemacht – unabhängig davon, ob diese im Film verwendet wurden oder nicht?

/Herr Schumann hat keine Honorarzahlungen erhalten. Er hat fotografische Aufnahmen gefertigt, aber zu keiner Zeit eine Film-Kamera bedient. /«

Das ist unzutreffend. Wahr ist: Schumann hat z. B. während der Autofahrt nach Valparaíso im Auftrag von Friedler Aufnahmen mit Friedlers Kamera von ihm gemacht. Schumann filmte ihn auf seinen Wunsch hin auch auf der Hafenpromenade von Valparaíso in verschiedenen Einstellungen, als er mit Margot Honecker in mehreren Souvenirläden nach einem Geschenk für seine Tochter suchte.

»Zur Kenntnis schicke ich Ihnen zudem unsere Pressemeldung vom 11. April, in der wir auf die Vorwürfe von Frank Schumann eingehen.

Mit freundlichen Grüßen
Iris Bents
Norddeutscher Rundfunk
Presse und Information«

Von:	Frank Schumann <edition-ost@aaagentur.com>
Datum:	18. April 2012, 17:35
Betreff:	Der Intendant lässt lügen

Liebe Margot,

ich hatte am Donnerstag, dem 12. April, an den *NDR*-Intendanten Lutz Marmor eine Mail gesandt in der – zugegeben: naiven – Annahme, dass der sich seinen Mitarbeiter zur Brust nehme.

»Sehr geehrter Herr Marmor, als Intendant des NDR kennen Sie gewiss den Vorgang inzwischen, ich muss also nichts wiederholen. Dass sich der *NDR* in der Causa Friedler vor seinen Mitarbeiter stellt, war erwartbar. Wenn dadurch aber die Glaubwürdigkeit des Senders in Mitleidenschaft gerät, sollte vielleicht auch im eigenen Hause gründlicher nachgefragt werden, um Klarheit in die Sache zu bringen.

Man könnte zum Beispiel dem nach Chile mitgereisten Kameramann Armin Plöger drei Fragen stellen:

a) Wie oft war er im Hause von Margot Honecker?

b) Wann war er im Hause von Margot Honecker?

c) In welcher Eigenschaft wurde er im Hause von Margot Honecker eingeführt?

[...]

Oder man könnte Eric Friedler nach der Mailadresse von Margot Honecker fragen, unter der er laut Patricia Schlesinger mit Margot Honecker kommuniziert haben will. [...]«

Heute Nachmittag ging bei mir die Antwort ein.

»Sehr geehrter Herr Schumann, vielen Dank für Ihre E-Mail an Herrn Marmor vom 12. April 2012, in der Sie sich kritisch mit unserem Film ›Der Sturz – Honeckers Ende‹ auseinandersetzen. Ich antworte Ihnen in seinem Auftrag als NDR*-Fernsehdirektor.*

Dieser Film hat eine große Aufmerksamkeit erzielt, wie sie nur wenige unserer Dokumentarfilme erreichen. Das liegt auch an den darin enthaltenen Aussagen von Margot Honecker. Unbestritten ist, dass die Interviews von Eric Friedler mit Margot Honecker dank Ihrer Vermittlung zustande gekommen sind.

Den Vorwurf, Frau Honecker habe ihr Einverständnis zu diesen Interviews nicht gegeben, kann ich nicht nachvollziehen. Dem NDR *liegt eine von Frau Honecker eigenhändig unterschriebene Einverständniserklärung zur Ausstrahlung dieser Interviews in einer Fernsehdokumentation vor. Damit dürften Ihre Fragen, sehr geehrter Herr Schumann, beantwortet sein.*

Ich hoffe, Sie sind den Programmen des Ersten *und des* NDR *weiterhin gewogen.*

Mit freundlichen Grüßen
Frank Beckmann«

Die Wagenburg ist errichtet, sie lügen, dass sich die Balken biegen. Es langweilt nur noch. Und darum werde ich dich, während wir unsere Sträuße ausfechten, damit nicht mehr behelligen.

Sei umarmt
Frank

De:	Margot Feist <mfeist1@yahoo.es>
Enviado:	27. April 2012, 20:57
Asunto:	Wieder in Chile

Lieber Frank,

zurück in Chile, will ich mich endlich für deine guten Wünsche zum Geburtstag bedanken.

Kuba hat mir wie immer sehr gut getan. Ich hatte Zeit, mich ein wenig umzusehen. Mein Eindruck ist, dass es bei allen noch zu lösenden und auftretenden neuen Problemen sichtbare Fortschritte gibt. Bei uns schreibt man viel über die kubanische Privatisierung, das ist ein Nebenprodukt im Rahmen ihrer ökonomischen Politik, die voll darauf gerichtet ist, die eigene Wirtschaft zu entwickeln.

Chile hat mich mit Herbstregen und Studentendemos empfangen. Es sollen 80000 junge Leute auf der Straße gewesen sein.

Ich muss mich nun wieder an den hiesigen Alltag gewöhnen. Zunächst muss ich Berge von Post beantworten, die inzwischen eingegangen sind. In fast allen Briefen gibt es eine positive Bewertung unserer Bücher. Ich bedauere nur, dass ich bei Volksbildung zu spät darauf kam, dass wir die Polytechnik, das Markenzeichen der DDR-Schule, so unterbelichtet haben. Gerade das fand ja das große Interesse im Ausland. Schade, da hätte ich aufpassen müssen.

Ich hoffe, dass du den Ärger mit Friedler bald ausgestanden hast und er in dieser Angelegenheit mit dem Material, was er hat, nicht noch größeren Mist anstellt. Unser Anstand wurde von den Unanständigen mal wieder erkennbar in den Dreck gezogen.

Die Bücher, die du inzwischen abgeschickt hast, sind wohlbehalten angekommen. Vielen Dank.

Gefreut habe ich mich über den neuen Computer, das Kollektivgeschenk zum Geburtstag aus Halle. Ich kann ihn sehr gut brauchen, der alte ist schon sehr langsam, und ich werde dann auch mit größerer Schrift schreiben und lesen können. Das ist notwendig, weil meine Augen nicht mehr so gut sehen.

Sei herzlich gegrüßt aus dem verregneten Santiago
Margot

De:	Margot Feist <mfeist1@yahoo.es>
Enviado:	7. Mai 2012, 15:40
Asunto:	Unterlagen

Lieber Frank,

hab Dank für deinen anschaulichen Bericht über die Wiederherstellung der alten Verhältnisse an der Ostseeküste*. Da erinnere ich mich an eine Begegnung, die lange zurückliegt. Bei einem meiner geliebten Strandspaziergänge an der Ostsee am frühen Morgen sprach mich eine andere Frühaufsteherin an. Sie erzählte mir bewegt, dass sie zum ersten Mal das Meer sehe, zum ersten Mal habe ihr Betrieb, sie war wohl aus Karl-Marx-Stadt, eine Reise an die Ostsee ermöglicht, weil sie gut gearbeitet habe und, wie sie sagte, ein wenig erholungsbedürftig sei. Und sie sei so glücklich, dass sie diesen Urlaub in Ruhe genießen könne, da der Betrieb ihren Mann bei der Betreuung ihrer drei Kinder unterstütze. Ob sie wie ich noch an diese Begegnung denkt?

Ja, die Generation der alten Kämpfer stirbt aus, und die Generation, die Sozialismus bewusst erlebt und mitgestaltet hat, ist auch bald nicht mehr. Das ist der Lauf der Dinge: Die nächsten Kämpfe müssen von den nachfolgenden Generationen ausgefochten werden.

Ich sitze noch immer vor einem Berg von zu beantwortenden

Briefen. Draußen beginnt es herbstlich kühl zu werden. Manchmal schiebe ich praktische Dinge vor mir her.

Ich möchte dich daran erinnern, dass ihr rechtzeitig die Dokumente (einschließlich des Original-Tagebuches), die ich dir geliehen habe, reisefertig zusammenstellt, damit D., wie schon in Santiago mit ihm vereinbart, sie zurückbringen kann.

[...]

Mit Grüßen aus dem kühlen Santiago
Margot

*Schumann war Anfang Mai für einige Tage auf Usedom

De:	Margot Feist <mfeist1@yahoo.es>
Enviado:	14. Mai 2012, 15:43
Asunto:	Fanpost

Lieber Frank,

Bitten oder Anfragen von Fans und Autogrammjägern beantworte ich in der Regel nicht. Meine Adresse – weder Post noch Internet – muss ja nicht jeder haben. Bitte abwimmeln. Für dein Angebot, Postkarten zu drucken, danke ich. Es ist aber aus dem eingangs genannten Grund nicht nötig. Das wird mir alles zu viel.

Ich bin in Eile,
herzlich Margot

De:	Frank Schumann<edition-ost@aaagentur.com>
Fecha:	16. Mai 2012, 05:53
Asunto:	Re: Fanpost

Liebe Margot,

so machen wir es: Ich werde auch diesen (vermeintlichen oder tatsächlichen) Freunden mitteilen, dass Post an dich grundsätzlich über uns weitergeleitet wird und du dann entsprechend deinem Zeitfonds selbst entscheidest, ob und wie du darauf reagierst.

Und nun noch etwas Amüsantes aus der Merkelei:

[...]

Wie wir erfuhren, recherchieren sie bei *Bild* seit Tagen ganz hektisch, weil sie erfahren haben wollen, dass Margot Honecker in Deutschland sei. Sie versuchen herauszubekommen, ob ich ein Haus habe (was ich nicht besitze, selbst die Datsche bei Bernau haben wir vor Jahren verkauft), denn es geht das Gerücht, dass du bei mir abgestiegen wärst. Auch Fritz Streletz und Heinz Keßler sind als mögliche Quartiergeber im Gespräch ... Sie müssen wohl auch schon bei Manfred gewesen sein und haben kurz mit deiner Schwägerin gesprochen.

Initiator dieser Ente ist dem Vernehmen nach ein Reporter aus Halle, der herausbekommen haben will, dass du heimlich die Urne mit Erichs Asche überführt habest ...

Ich vermute nun, dass dieser ganze Schwachsinn seinen Ursprung hat in der Tatsache, dass D. im Lande ist. Nichts Genaues weiß man nicht, es ist wie eine Anfrage an den Sender Jerewan: Stimmt es, dass Margot H. in der BRD ist? Im Prinzip ja, aber es ist keine Frau, sondern ein Mann, und er heißt auch nicht Margot, sondern D., und Margot Honecker besucht auch nicht Stendal, sondern einen Supermarkt in Santiago de Chile.

Aber ansonsten stimmt alles.

Jetzt überlege ich, ob ich die »Recherche« (von der ich ja offiziell nichts weiß) weiter laufen lasse, oder ob wir in die Offensive gehen und beste Grüße aus Chile verbreiten sollten. Was meinst du?

Sei herzlich umarmt
Frank

De:	Margot Feist <mfeist1@yahoo.es>
Enviado:	16. Mai 2012, 23:58
Asunto:	Um Himmels Willen

Lieber Frank,

hab Dank für den neuesten Klatsch aus der Merkelei. Wir sollten die Verrückten auflaufen lassen und nicht über jeden Stab springen, den sie uns hinhalten. Sie sind stinksauer, weil das Echo auf gute Argumente und gute Haltung nicht für sie spricht. Das haben sie natürlich mitbekommen.

[...]

Ich habe heute eine Bitte. Mein langjähriger argentinischer Freund, der Genosse Alfredo Bauer, Arzt und Schriftsteller, möchte gern unsere beiden Bücher haben. Kannst du veranlassen, dass sie ihm direkt geschickt werden (sie erst über mich zu senden ist zu umständlich). Hier seine Adresse [...]

Ich habe momentan genügend Exemplare von der »Volksbildung«, ich benötige lediglich drei »Aufzeichnungen«.
Ich wäre dir dankbar, wenn du welche schicken könntest.

Wir haben hier noch ein paar warme Tage erwischt, das belebt und schont die Haushaltskasse.

Herzlich
Margot

Von:	Frank Schumann <edition-ost@aaagentur.com>
Datum:	22. Mai 2012, 18:16
Betreff:	Ausflug

Liebe Margot,

wir kommen soeben von der Veranstaltung in den Spittelkolonnaden in der Leipziger Straße, wo wir über dich, die Bücher und Chile redeten. D. hat aus dem Stegreif zur Innenpolitik in Chile und die Entwicklung dort sehr gut gesprochen.

Es gab viele Fragen, und am Ende kamen wir nicht weg, weil man in »Privataudienz« noch was erfahren wollte. Ich glaube, es waren mehrheitlich Pädagogen zugegen. Einer sagte, er habe mit Sonja gearbeitet und wollte wissen, wie es ihr gehe. Ich habe ihn gleich an D. verwiesen, weil er dazu mehr erzählen kann als ich.

Ansonsten viele Grüße an dich von vielen unbekannten Berliner Lehrern.

Draußen lungerte ein Journalist herum, den sie offenkundig nicht hereingelassen hatten. D. ist ein richtiger Medienprofi und reagierte sehr clever. Ich sagte: Boulevard-Zeitung, Achtung. Und er wusste sofort Bescheid. Die besten Bockwürste von Deutschland gibt es in Berlin am Alexanderplatz, und das beste Bier habe ich in der Kneipe an der Jannowitzbrücke getrunken, diktierte er dem Mann in den Block.

Am 12. Juni habe ich eine Einladung in die Russische Botschaft zum Nationalfeiertag. Da ich jemanden mitnehmen kann, werde ich D. auch dorthin schleppen ...

Es freut mich, dass dir die Fotos von unserem Wochenendausflug gefallen und Liebenberg noch in guter Erinnerung ist. Es ist schon ein schönes Fleckchen Erde, und wenn man die Beine und die Seele mal baumeln lassen kann und alle Kümmernisse sich für kurze Zeit in Luft auflösen, dann macht das Leben Spaß. Gleichwohl: Als wir dort auf der Terrasse saßen und Spargel lutschten (der nicht zu D.s Favoriten zählte), dazu ein kühles Radeberger tranken, sagte ich zu ihm, dass er sich mal das Publikum an den Tischen betrachten solle. Er zog seine Schlüsse. Erst im Park wurde es wieder voller. Ich denke, das ist nur eine Frage der Zeit, bis auch dort Eintritt genommen wird. Im Park Sanssouci hatten sie im Vorjahr schon mal Anlauf genommen, aber der Protest zwang sie zur Rücknahme dieser Entscheidung.

Die Reaktionen auf die beiden Bücher halten hier auch noch an, es ist, als habe man eine Schleuse gezogen. Die Repliken gehen querbeet. Heute hat auch die *taz* Erich besprochen.

Da ich nicht weiß, ob du den Text schon im Netz gefunden hast, liefere ich den Link vorsichtshalber mit: *http://www.taz.de/Aufzeichnungen-aus-Moabit/!93756/*

Eine Frau Christine K. – ich glaube, dir ihre Mail weitergeleitet zu haben, sie wollte für ihre Bekannte zum 90., die mal bei dir gearbeitet hat, ein Autogramm – hat mich nun erneut bedrängt. Ein Foto von dir mit Autogramm wäre ihr schönstes Geburtstagsgeschenk, daraufhin habe ich per Mail ein PDF geschickt. Die hat sie nun ausgedruckt und ausgeschnitten und ist hin und weg:

Wollen wir nicht doch die Karte drucken? Es machte die Sache einfacher. Ja, ich weiß, da steht deine Bescheidenheit dagegen, du willst kein Pop- und Filmstar sein, aber die Gewohnheiten auch unserer Genossen haben sich merklich den aktuellen Gepflogenheiten angepasst …

Nun aber wartet mein Haushalt: Ich muss das Buch über Schalck fertigmachen. Das ist wirklich ein Tanz auf einer Rasierklinge.

Sei herzlich umarmt
Frank

De:	Margot Feist <mfeist1@yahoo.es>
Enviado:	22. Mai 2012, 14:54
Asunto:	Grüße

Lieber Frank,

ich kann mir vorstellen, dass ihr D. eine große Freude mit dem Ausflug gemacht habt, der Besuch in Wandlitz und in Bogensee war eine Reise in die Geschichte und in seine Erinnerung.

Endlich glaubte ich meine Post beantwortet zu haben, da trifft ständig neue ein. Die Resonanz auf die Bücher und das nicht frei gegebene »Interview« vom *NDR* ist beeindruckend. Man spürt, dass viele Menschen nachdenklich geworden sind, und sie honorieren es, wenn Klartext gesprochen und geschrieben wird. Die anderen, von denen du schreibst, die sich anpassen, bilden natürlich die Mehrheit. Aber wie die Proteste in aller Welt zeigen: Die gestern noch schliefen, werden langsam wach.

Deine Erfahrungen mit dem für anständig gehaltenen Bekannten muss man leider immer wieder machen. Wir neigen dazu, an das Gute im Menschen zu glauben und legen unsere Wertmaßstäbe selbst bei jenen an, von denen man weiß, dass sie auf der anderen Seite der Barrikade stehen. Wir sind gegen Irrtümer nicht gefeit und glauben, dass unser Anstand und unsere Offenheit mit gleicher Haltung entgolten wird. Ich habe aus solchen Erfahrungen die Lehre gezogen, nicht zu plaudern und mich zu kontrollieren. Aber manchmal vergesse auch ich solche Vorsätze. Denn machen wir uns doch nichts vor: Es widerstrebt, uns ihrem Diktat zu unterwerfen. Kommunisten konspirieren nicht aus freien Stücken, sondern weil sie dazu gezwungen werden. Argwohn ist auch uns nicht angeboren.

Der politische Alltag ist sehr lebhaft hier. Aktuell verschärft sich in Chile der Kampf zwischen rechts und der linken Opposition. Über die großen Nationen und ihre Politiker rollt die Krise erbarmungslos. Die Volksmassen wollen nicht mehr so weiter, so werden soziale Versprechungen gemacht, und im Hintergrund werden – als Ausweg aus der Krise – neue Kriege geplant.

Die Linke in Deutschland steht nun, was kommen musste, vor der Entscheidung, eine linke Sozialdemokratie zu sein und zu bleiben, oder in der SPD aufzugehen. Lebhafte Zeiten.

Ein Dankeschön für die schönen Fotos, in Liebenberg habe ich in jungen Jahren einen Lehrgang zusammen mit jungen Genossen aus Ost und West besucht. Das aber schrieb ich wohl schon mal.

Jetzt muss ich mich wieder dem schnöden Haushalt widmen.

Herzliche Grüße, auch an D.
Margot

De: Margot Feist <mfeist1@yahoo.es>
Enviado: 3. Juni 2012, 23:25
Asunto: Ach, der Aurich

Lieber Frank,

schon wieder beginnt eine neue Woche. Was kann man wünschen? Dass man alles schafft, was man sich vorgenommen hat, möglichst keinen Ärger und ab und an Sonnenschein ...

Von hier nichts Neues. [...] Alles redet und schreibt über Wahlen, siehe USA, und derweil werden neue Kriege vorbereitet. Bevor der erste Schuss fällt, schießen die Medien schon mit scharfer Munition. Man mag es kaum noch lesen.

Was deine Nachricht zu E. Aurich betrifft, so nahm ich ohnehin an, dass er sich mit seiner »Initiative« an dich gewandt hatte. Manche können es halt nicht lassen, sich ihrer »Heldentaten« zu rühmen.*

In einer der nächsten Nummern der *Marxistischen Blätter* wird eine gute Besprechung »Aufzeichnungen« erscheinen. Autor ist Heinz Hammer, ein DKP-Genossen aus dem Ruhrpott, der seit vielen Jahren in Essen für »Cuba sí« streitet.

F. F. hat ja inzwischen sein Lobetal mit Andert im *MDR* verhökert. Aber das weißt du wohl.

Es ist Abend, und da wird es kühl in meiner Behausung, obwohl es am Tag noch recht warm ist.

Wünsche dir eine gute Woche.

Herzlich
Margot

*Eberhard Aurich, in der Nachfolge von Egon Krenz von 1984 bis 1989 FDJ-Chef, hatte ein kritisches Statement zum Buch von Margot Honecker (»Ideale, Illusionen und Wirklichkeit«) in die Welt gesandt, am 25. Mai 2012 auch direkt an Margot Honecker. Darin hieß es: »Die Arbeit an dem Text diente auch meiner Selbstverständigung.«

Von:	Frank Schumann <edition-ost@aaagentur.com>
Datum:	4. Juni 2012, 15:42
Betreff:	Wittenberg

Liebe Margot,

ich freue mich, von dir wieder einmal ein Lebenszeichen erhalten zu haben, wiewohl ich weiß, dass du unablässig am Korrespondieren bist, und da es augenblicklich auch nichts Akutes zwischen uns zu beplaudern gibt, ist es auch normal, wenn sich die Pausen ein wenig dehnen. Ich finde es schon beachtlich, welch Pensum du leistest, mitunter sogar handschriftlich, wie ich dieser Tage in irgendeiner bayerischen Tageszeitung sah: Dort hatten sie einige Zeilen von dir an Genossen (in Nürnberg, Augsburg, Würzburg, Fürth?) faksimiliert und sich wie Bolle darüber amüsiert, dass dem abschließenden Gruß das Adjektiv »sozialistisch« vorangestellt war.

Ich verstehe inzwischen immer mehr deinen Unmut über den Umgang mit dir und deinen Äußerungen. Du musst stets gewärtig sein, dass jedes Wort, jedes Bild, jede Mitteilung von dir irgendwo kolportiert und ohne dein Wissen und Zutun verbreitet wird. Wenn's denn eben freundlich wäre, könnte man es noch hinnehmen, aber so ist es ja nicht. (Nur in Parenthese und nebenbei zu Friedler: An dem vom *MDR* am 29. Mai gesendeten Film »DDR geheim – Die Honeckers in Beelitz« ist er unschuldig und unbeteiligt. Das haben Bulthaupt und Andert verbrochen, es war eine *MDR*-Eigenproduktion und, soweit ich es sehe, aufgewärmter kalter Kaffee. Friedler selbst ist erst einmal an die Kette gelegt, der wird vermutlich nicht noch einmal auf dem Honecker-Ticket reisen. Dazu bei Gelegenheit mehr.)

Zu Aurich: Seine umfangreiche Petition traf mich so überraschend wie dich auch, ich hatte jahrelang nichts von ihm gehört, er war völlig abgetaucht, aber deine Beobachtung scheint zuzutreffen: Nun ist er Rentner und hat viel Zeit, um mit Texten an die Öffentlichkeit zu gehen. Am Samstag brachte das *ND* einen Leserbrief von ihm, in welchem er sich zu einem Kinder-Armutsbericht der UNICEF erklärte und dort speziell zu den Angaben über Deutschland. Der aktuellen Kinderarmut in der BRD stellte er die Zuwendungen der DDR gegenüber. Alles richtig und überzeugend – allerdings ohne den notwendigen Zusatz, weshalb es so war. Die Entkleidung solcher Fakten von ihrem politischen Kontext macht ärgerlich, und bei Ex-DDR-Politikern geradezu wütend. Der nächste Schritt ist zu behaupten: Das sei alles gegen den Willen der SED geschehen.

Pfingsten besuchte ich mit meiner Taube Wittenberg, in der edelsanierten Innenstadt stießen wir auf ein »Haus der Geschichte«, in welchem in allen Etagen Wohnungseinrichtungen aus allen vier DDR-Jahrzehnten gezeigt wurden, ohne hämische und höhnische Kommentare wie sonst gemeinhin üblich. Die Ausstellung war gut besucht, viele Familien im mittleren Alter mit Kindern und Westverwandtschaft, wiederholt hörte ich einen Mann zu seiner auswärtigen Begleitung sagen: Wir hatten doch alles, nur reisen konnten wir nicht, aber sonst konnten wird doch zufrieden sein.

In der zweiten Etage muss ein Kindergarten gewesen sein, mit einer Batterie von Waschbecken mit Plastikwasserhähnen, und nebenan die Reihe mit Toiletten … Ein amüsantes Déjà-vu für meine Taube, natürlich. Jaja, sagte der Mann, Typ einfacher Arbeiter, für die Kinder haben sie viel gemacht. Wenn ich sehe, was die mit den Kindern heute in den Kitas anstellen, merkt man den Unterschied …

Genau solche Erkenntnisse und Einsichten machen den Herrschenden zu schaffen.

Und wenn die, die sie haben, auch noch begreifen, dass es nach 1945 nur zwei Möglichkeiten gab – entweder zurück in bürgerlich-kapitalistische Verhältnisse, also weiter so, oder vorwärts in eine gänzlich andere, in eine sozialistische Gesellschaft –, dann würde heute die Haltung zu dieser DDR auch bei den Linken als Partei anders aussehen. Ich komme nur darauf, weil am Wochenende Parteitag in Göttingen war, über weite Strecken wurde wieder Schmierentheater geboten.

Sie machen die Personalisierung von Politik, die ihnen die bürgerlichen Medien aufdrücken, vollständig mit, die Entpolitisierung der Politik setzt sich fort, das Schicksal dieser Partei ist unverändert offen. Es kann einen grausen, wenn man weiß, dass diese Partei – irgendwie – in der Arbeiterbewegung wurzelte und auf Marx, Engels, Bebel, Liebknecht, Mehring usw. gründete.

[...]

Und während es hier auf den Sommer zugeht, wird es, wie ich bei dir lese, langsam in Santiago ungemütlich. Sieht man von den wenigen Wochenenden ab, an denen wir hier gelegentlich ins Grüne fahren, rauschen die Jahreszeiten an unsereinem nur so vorbei; nach meiner Wahrnehmung läuft die Zeit immer schneller, je älter man wird. Aber das Thema hatten wir schon mal.

Am Samstag werde wir wieder nach Torgau fahren, meine Mutter wird 86, es gibt selbstgebackenen Kuchen ...

Sei herzlich umarmt
Frank

De:	Margot Feist <mfeist1@yahoo.es>
Enviado:	18. Juni 2012, 15:19
Asunto:	Unsere marxistischen Historiker schweigen

Lieber Frank

ich möchte mich bedanken, die gewünschte Büchersendung ist eingetroffen – auch in Argentinien. Von hier gibt es nicht viel Neues zu berichten, es regnet, und die Rechte versucht sich weiter in der Offensive und bedient sich dabei der Erinnerung an Pinochet.

Ich habe mehrmals mit Heinz telefoniert. Ich bin sehr besorgt. Ruth muss Pflege haben, sie ist zur Zeit noch in der Rehabilitation, und Heinz besucht sie täglich mehrere Stunden, was natürlich über seine Kräfte geht. Der Preis des Alters ist hoch.

Ich bekam Post von einem, der wieder einmal eine Biografie von EH schreibt und meine Mithilfe erbat. Die Leute können es nicht lassen, sie schreiben und schreiben und unsere marxistischen Historiker schweigen sich ganz aus oder schreiben das gleiche Zeug über den »Sturz« von Ulbricht und die »Liquidierung des Neuen Ökonomischen Systems« usw. Aber wie auch immer: Die Welt dreht sich weiter in ziemlich rasantem Tempo.

Wünsche dir eine gute Woche,

herzlich
Margot

Von:	Frank Schumann <edition-ost@aaagentur.com>
Datum:	18. Juni 2012, 18:39
Betreff:	Zurück aus Kiew

Liebe Margot,

vielen Dank für die Nachrichten – und wie ich sehe, funktionieren auf dem Laptop jetzt die Umlaute. Das ist mir bisher entgangen, wobei bei dir vermutlich oe, ue, ae etc. in Fleisch und Blut übergegangen sind.

Ich kam gestern erst aus der Ukraine zurück, wo ich auf den Spuren von Julija Timoschenko war. Ich hatte etwa ein Dutzend Gespräche mit hochkarätigen Leuten, darunter dem Generalstaatsanwalt der Ukraine und dem Chef aller Gefängnisse (wovon sie etwa 300 haben mit rund 200 000 Strafgefangenen). Ich habe Timoschenkos Zelle in der U-Haftanstalt Kiew besichtigt, war im Gefängnis in Charkow und schließlich in der 9. Etage im dortigen Eisenbahnerkrankenhaus, die man extra ihretwegen umgebaut hatte. Sie ist ein falsches Luder und kriminell, einige hundert Millionen Dollar schwer, die sie sich in den 90er Jahren als Chefin eines Energiekonzerns unter den Nagel gerissen hat. Dazu hatte sie der Ministerpräsident Lasarenko gemacht, der inzwischen in den USA wegen Geldwäsche einsitzt. Sie wurde 2010 zu sieben Jahren u. a.

wegen Steuerhinterziehung verurteilt, in diesem Herbst gibt es ein zweites Verfahren wegen Beihilfe zum Mord: Sie hat, so wird vermutet, in den 90er Jahren durch Auftragskiller Rivalen im Gasgeschäft beseitigen lassen. Ich habe mit dem Sohn eines Opfer gesprochen, der mir erzählte, wie sein Vater und seine Mutter beim Aussteigen aus dem Flugzeug in Donezk von drei Männern erschossen wurden. Er selbst rückte zum Gespräch mit zwei Aufpassern an, er besitzt eine Bank mit 36 Niederlassungen und hier und da ein Stahlwerk. Es ist sagenhaft, wie sich eine bestimmte Schicht in den 90er Jahren bereichert hat. Naja, ich spare mir die Details, du kannst das alles im Buch nachlesen, wenn du möchtest, es müsste so im September kommen.

Timoschenko, die den Beinamen »Gasprinzessin« trägt, wird insbesondere in Deutschland als Ikone von Demokratie und Freiheit gefeiert, und die Tatsache, dass sie einsitzt, wird hierzulande als Verstoß gegen die Menschenrechte etc. scharf kritisiert. Ich habe mir die Haftbedingungen angeschaut und sehe, wie sie – eine Kriminelle – den Behörden und dem Staat auf der Nase herumtanzt und diese sich das gefallen lassen. Interessanterweise kam der Generalstaatsanwalt Renat Kusmin selbst auf Erich Honecker zu sprechen. Er verglich den Umgang mit ihr mit dem Verhalten der BRD-Justiz zu Honecker und sagte, es sei doch ganz klar, welcher Staat sich undemokratisch verhalten und die Menschenrechte verletzt habe. Und deren Politiker wollen uns nun Moral und Menschenrechte predigen?

(Übrigens ist in der heutigen Ausgabe von *Kommersant* ein Interview mit Kusmin. Seine Sekretärin und sein Adjutant hatten eifrig mitgeschrieben, als ich anderthalb Stunden mit ihm sprach. Ich habe den Eindruck, dass das mein Gespräch war, das gedruckte Interview hat jedenfalls eine verdammte Ähnlichkeit. Ich weiß nicht, wie fit du im Russischen bist, ich hänge mal die Seite mit an: *http://kommersant.ua/doc/1960941*)

[...]

Was Heinz betrifft, so fürchte ich, dass deine Vermutung zutrifft. Er ist über 90, und zu der seelischen Anspannung gesellt sich nun auch noch die physische, denn jeder Besuch strengt an. Und im Unterschied zu Santiago, wo es jetzt in den Winter geht, brennt die Sonne hier unbarmherzig vom Himmel, heute waren es bestimmt fast dreißig Grad. Auch in Kiew und Charkow herrschten bereits hohe Temperaturen, nur in Donezk gab es Wolkenbrüche und Temperaturstürze um 20 Grad.

Ich weiß nicht, ob und wann du mal in Kiew warst. Mein letzter Besuch liegt inzwischen mehr als dreißig Jahre zurück – die Stadt ist kaum wiederzuerkennen, Berlin mutet dagegen wie ein Dorf an. Inzwischen leben dort etwa fünf Millionen Menschen, alles ist groß, gewaltig und modern, das internationale Kapital hat sich überall breitgemacht, keine Bank, die dort fehlt. Jedoch: Der Genosse Lenin steht noch unerschütterlich, auch andere Denkmale und Straßennamen aus Sowjetzeiten blieben erhalten, man scheint dort ein wenig sorgfältiger mit der Geschichte umzugehen. Bei der Obersten Gefängnisbehörde, ein neuer Palast aus Marmor und Glas, zeigten sie mir ihr Museum, wo sie sehr sachlich die siebzig Jahre Sowjetmacht behandelten. Inzwischen aber haben sie in jedem Gefängnis, das ich sah, eine Kirche, und an den Hälsen der Genossen Generäle hingen Kreuze, was ich schon recht putzig fand. Dafür redete mich der Staatsanwalt Kusmin mit »Towarischtsch« an. Ach, verrückte Welt.

Anbei ein paar Bildchen zum Amüsieren und Informieren. In Kiew sah ich endlich auch, was es heißt, mit Kanonen auf Spatzen zu schießen.

Sei herzlich umarmt
Frank

De:	Margot Feist <mfeist1@yahoo.es>
Enviado:	22. Juni 2012, 19:51
Asunto:	Ukraine

Lieber Frank,

wünsche dir ein erholsames Wochenende nach dem Trip auf dem schwierigen Pflaster der Ukraine. Ich war mehr als einmal in der Ukraine und habe viele Erinnerungen an das Land, erinnere mich an gute Freunde, an Alleen mit wunderschön blühenden Kastanien , an einen kurzen Ausflug ans Kiewer Meer, auf dem mich leider eine Nierenkolik erwischte. Ein alter kriegserfahrener Arzt hat mich dann rigoros von den Schmerzen befreit.

Die Dame, mit der du dich befasst, ist ja schon seit der orangenen Revolution die Heldin der westlichen Großmächte. Das Buch, an dem du arbeitest, interessiert mich natürlich auch. [...]

Ich sehe gerade auf dem Kalender, dass der Juni schon wieder zu Ende geht. Da D. ja bald hierher zurückkehren wird (zur Zeit scheint er nicht in Berlin zu sein), bitte ich dich wie vereinbart, meine Papiere reisefertig zu machen. Du hast ja wohl schon alle Dokumente wieder beisammen.

Herzliche Grüße aus dem verrückten Santiago (morgens bis gegen Mittag 2–4 Grad und nachmittags bis zu 23)

Margot

Von:	Frank Schumann <edition-ost@aaagentur.com>
Datum:	28. Juni 2012, 20:38
Betreff:	Miniermotten

Liebe Margot,

entschuldige bitte die übermäßig lange Sendepause, ich hänge mit etlichen Titeln zum Herbstprogramm, und außerdem beschäftigt mich auch Frau Timoschenko. [...]

Es hat mich angerührt – dafür Dank –, wie du dich an die Ukraine erinnerst. Die Kastanienalleen gibt es noch, doch inzwischen sind auch sie Opfer der Miniermotte geworden, deren Nachwuchs sich durch die Blätter frisst und sie braun macht, lange bevor es Herbst wird. Der Schädling kam aus dem Mittelmeerraum und über die Alpen. Vor zehn, zwölf Jahren kehrten wir einmal aus dem Italienurlaub zurück, und als wir – von Garmisch kommend – in München einrollten, mussten wir mit dem Auto durch eine herrliche Kastanienallee. Da sah ich diese braunen Blätter zum ersten Mal. Und dann brauchte das Ungeziefer nur wenige Jahre, bis es Berlin erreichte. Und nun also auch in Kiew. Willkommen in Europa, kann man da nur sagen.

Berlin ist inzwischen zum Treppenwitz verkommen, womit ich nun mal nicht die große Politik meine (obgleich sie diese Titulierung durchaus ebenfalls verdiente). Die Stadt ist nicht nur eine einzige unkoordinierte Baustelle, sondern auch bei den großen Objekten kriegen sie nichts mehr gebacken. Die Sache mit dem Flughafen Schönefeld hast du gewiss mitbekommen. Zum Termin nicht fertig werden auch die BND-Zentrale in der Chausseestraße, die Staatsoper Unter den Linden (deren Nebengebäude abgerissen wurden: ein schönes Beispiel für das Grundprinzip des Kapitalismus: Geldvermehrung durch Kapitalvernichtung) und der Zoopalast, ein Festivalkino in Westberlin.

Ich hatte dieser Tage ein Gespräch mit Frank F., seinerzeit hatte er in der FDJ-Initiative Berlin den Hut auf. F. ist noch immer im Baugeschäft, wir wollen mit ihm ein Buch machen zum Wohnungsbauprogramm, im nächsten Jahr wird es vierzig Jahre her sein, dass es beschlossen wurde. Daran sollten wir erinnern, weil wir darauf mit Recht stolz sein können. (Ich war heute Nachmittag in Marzahn, wo inzwischen die Häuser schön grün eingewachsen sind und eben der fundamentale Unterschied zu den Satellitenstädten des Westens erkennbar ist: Bei uns fußte alles auf städtebaulichen Konzeptionen, das waren eigenständige Siedlungen mit Zentren und allen Einrichtungen, die eine Siedlung brauchte.

Sie waren zugeschnitten auf menschliche Bedürfnisse, und vor allem: Es war bezahlbar. Was meinst du, was die heute für Miete kassieren in diesen lange Zeit geschmähten Plattenbauten?) F. erzählte, dass wir – hätten wir das Geld und das Material gehabt – den Flughafen Schönefeld in zwei Jahren fertiggestellt hätten. Die bauen dort nun fast ein Jahrzehnt. Des Pudels Kern: Das Personal in den Führungsebenen wurde nach parteipolitischen und Proporzerwägungen besetzt, denn in den diversen Gremien ist viel Kohle zu verdienen*. Sie alle haben zwar das richtige Parteibuch, aber keine Ahnung vom Bauen. Und deshalb muss das folgerichtig in die Hose gehen. Es sind ja schließlich nur Steuergelder, die dort verbrannt werden, um einigen die Taschen zu füllen.

[...]

Ich umarme dich – und eile jetzt an den Fernseher. In acht Minuten ist Anpfiff.
Frank

* Wie später bekannt wurde, verdiente beispielsweise Flughafenchef Hartmut Mehdorn an einem Tag 4167 Euro. Offenbar zu wenig, er quittierte schon nach kurzer Zeit den Dienst

De:	Margot Feist <mfeist1@yahoo.es>
Enviado:	29. Juni 2012, 17:34
Asunto:	Keine Bedenken

Lieber Frank,

bevor ich mich zu meiner Tochter auf den Weg mache – alles hat hier zur Zeit Grippe – und bevor du dich wieder an den Fernseher begibst, um die Fußballeuropameisterschaften zu beäugen, schnell einige Zeilen. Deine Erzählung über das ukrainische Abenteuer habe ich mit Schmunzeln gelesen. Das scheint ein interessantes Buch zu werden.

Hier waren gestern wieder die Studenten im ganzen Land auf der Straße, allein in Santiago 120000. Es ist auf diesem Kontinent sehr unruhig geworden. Du hast sicher trotz deines derzeit ostwärts gerichteten Interesses verfolgt, dass in Lateinamerika wieder geputscht wird, nicht nur in Paraguay, auch in Bolivien gibt es Versuche, in Argentinien sind die Lastkraftwagenbesitzer gegen die in vieler Hinsicht progressive Regierung aufgefahren. Die Rechten wittern Morgenluft.

Wenn ich die deutsche Presse lese, wird mir schlecht vor diesem nationalistischen Getöse, das sich hinter dem Geschwafel von einem einheitlichen Europa hervortut.

Was das Reisegepäck für D. betrifft , so habe ich keine Bedenken. [...]

Ich wünsche dir trotz Bücher-Schreiberei ein angenehmes Wochenende.

Herzlich
Margot

De:	Margot Feist <mfeist1@yahoo.es>
Enviado:	16. Juli 2012, 12:36
Asunto:	Lieferung eingetroffen

Lieber Frank,

gestern hat mir D. die Sachen gebracht. Ein großes Dankeschön für alles, was du für die Herausgabe der beiden Bücher getan hast. Bei den Dokumenten, die du mitgegeben hast, fehlt nur der große Aktenordner mit meinen in misslicher Lage gefertigten Niederschriften.

Gestern erhielt ich nun ein Schreiben vom *NDR* folgenden Inhalts:

»Im September letzten Jahres hatten Sie Herrn Eric Friedler verschiedene Dokumente und Unterlagen überlassen mit der Bitte, Sie bei Gelegenheit zurückzuschicken.

Diese Unterlagen würden wir Ihnen gern zurücksenden. Da wir gehört haben, dass Sie umgezogen sein könnten, bitten wir um eine kurze Mitteilung, ob an die o. g. Adresse zugestellt werden kann, um eine sichere Versendung zu gewährleisten. Anderenfalls werden wir versuchen zu veranlassen, dass Sie diese Unterlagen über die Deutsche Botschaft in Santiago erreichen.

gez. Bärbel Harder«

Ich nehme an, dass es sich bei diesen Unterlagen um meine Niederschriften handelt.

Ich beabsichtige den Brief von *NDR* folgendermaßen zu beantworten:

»Ich habe Herrn Friedler keine Dokumente und Unterlagen überlassen. Dokumente und Unterlagen habe ich im September dem Verlag edition ost für eine Buchproduktion ausgeliehen.

Sollte Herr Friedler im Besitz solcher Unterlagen sein, bitte ich Sie zu veranlassen, dass diese dem Verlag edition ost, Herrn Schumann, zugestellt werden.

Ich verweise noch einmal darauf, dass eine Verwendung der genannten Dokumente und Unterlagen oder deren Kopien für publizistische Zwecke ohne meine Zustimmung nicht statthaft ist.«

Lieber Frank , ich denke, solche Antwort ist zweckmäßig. Solltest du Verbesserungsvorschläge haben, teile sie mir bitte bald mit. Ich muss den Brief mit der Post schicken, weil ich dem Sender nicht meine Internet-Adresse mitteilen will.

[...]

Ich habe meine Erkältung nun fast überwunden und stürze mich nun in die Alltagsgeschäfte der neuen Woche.

Dir eine gute Woche.

Mit herzlichen Grüßen
Margot

Von:	Frank Schumann <edition-ost@aaagentur.com>
Datum:	16. Juli 2012, 19:20
Betreff:	Schlechtes Gewissen beim NDR?

Liebe Margot,

vielen Dank für dein Lebenszeichen und die Eingangsbestätigung der Sendung. Ich war doch ein wenig in Sorge, ob das alles so klappen würde wie geplant, wobei ich weder an der Zuverlässigkeit von I. noch von D. zweifelte, aber es ist eine klassische Lehre der Konspiration: Je weiter der Weg und je mehr Leute beteiligt sind, desto größer ist objektiv das Risiko. Koffer verschwinden, Zöllner schnüffeln, Taschen werden geklaut ... Aber nun ist alles gut.

Zu den Unterlagen: Ich habe hier noch einiges Gedrucktes und Geschriebenes von dir, einen ganzen Beutel, den ich aber einzig aus Gewichtsgründen zurückbehielt. Wichtig war mir zunächst die Rückgabe der einmaligen Dokumente, das andere kann man notfalls mit der Post senden oder vom nächsten Kurier mitnehmen lassen. [...]

Was das Schreiben des *NDR* betrifft – das haut mich denn doch aus den Schuhen.

Zum Ersten: Damit haben Sie dir gegenüber zugegeben, was sie mir gegenüber stets bestritten, nämlich dass sich Friedler Papiere unter den Nagel gerissen hat. (Und unter uns: Es sind über zwanzig Dokumente und Papiere, deren Herausgabe ich sowohl von Friedler als auch von der Rechtsabteilung des Senders wiederholt gefordert hatte. Bislang haben sie nie darauf reagiert. Offenkundig muss jemand dort endlich begriffen haben, dass dieser Vorgang inzwischen als Diebstahl gewertet werden kann.)

Zum Zweiten: Die Finte ist zu durchschauen – Sie schicken dir einen Brief, um zu fragen, ob du dort noch wohnst. Wieso solltest du nicht mehr dort zu erreichen sein? Könnte es sein, dass sie darauf spekulieren, du schicktest ihnen einen Brief des Inhalts: Ich lebe noch, und zwar an selber Stelle, bitte schicken Sie mir die Sachen zurück, mit freundlichen Grüßen Margot Honecker? – Inzwischen traue ich dem Pack alles zu, das Fälschen von Dokumenten und Unterschriften inklusive. Die nähmen das Papier zum Beweis, man habe doch einvernehmlich mit dir korrespondiert.

Zum Dritten: Deine Antwort ist gut, genau so sollten wir es machen. Kein Wort mehr, und keines weniger. Die Ansage ist klar und unmissverständlich. Schickst du es ihnen mit der Post, wäre es zwar unhöflich, nicht zu unterschreiben (wozu ich dringend riete). Aber was ist schon diese Unhöflichkeit gegen ihre Unverschämtheit? Nein, ich würde es begrüßen, so zu verfahren: Sie sollen es hier im Verlag abliefern, und ich sehe zu, wie ich die Unterlagen nach Chile bekomme. Damit ist noch einmal deutlich gemacht, dass Dreh- und Angelpunkt der Geschichte der Verlag war und ist und niemand sonst. [...]

Was nun ganz unterging: die Befriedigung darüber, dass du (fast) genesen bist. Genau das vermutete ich als Grund, weshalb du zwei Wochen lang den Computer gemieden hast. Also, Kopf hoch und gute Besserung für den Rest.

Sei herzlich umarmt
Frank

Von:	Frank Schumann <edition-ost@aaagentur.com>
Datum:	21. August 2012, 19:20
Betreff:	Post vom NDR?

Liebe Margot,

hier sind die Dokumente* aus Hamburg eingegangen, Absender war das »*NDR*-Justitiariat« in der Rothenbaumchaussee 132. Ich habe dem Absender höflich geantwortet:

»Betr.: Eingang der Honecker-Dokumente
Sehr geehrter Herr Siekmann,
auch wenn Ihnen die Übergabe Ihrer Sendung mit den beigefügten 23 Honecker-Dokumenten dank Einschreiben mit Rück-

schein und dem Zusatz ›persönlich/vertraulich‹ bereits quittiert wurde, möchte ich der guten Ordnung halber den Eingang auch persönlich bestätigen.

Ihre Post ging hier am Freitag, dem 17. August 2012, ein.

Zur guten Ordnung gehört auch Korrektheit.

Und deshalb möchte ich auf drei Aspekte hinweisen:

a) Diese Dokumente hatte Frau Honecker mir persönlich übergeben, weshalb sie zu Recht in einem Schreiben an den NDR *darauf bestand, dass diese Unterlagen auch an mich zurückzugeben seien. Dem sind Sie nunmehr nachgekommen. Ich muss darum Ihrer Darstellung entschieden widersprechen, dass es sich bei diesen Unterlagen um Papiere handele, die Margot Honecker Herrn Friedler ausgehändigt habe. Diese Feststellung ist unwahr (und auch unlogisch). Tatsache ist: Herr Friedler hat die Dokumente beim Abfilmen im Hotel in Santiago, wofür ich sie ihm – mit Fotos und weiteren Papieren – kurzzeitig überlassen hatte, einbehalten, ohne mich darüber zu informieren oder mich gar darum gebeten zu haben.*

b) Die Reise nach Chile fand im September 2011 statt. Die Rückgabe der Dokumente erfolgte im August 2012, also nach fast einem Jahr. Und sie erfolgte auch nicht aus freien Stücken, sondern erst nach mehreren Interventionen – die erste unmittelbar nach Rückkehr aus Chile telefonisch bei Herrn Friedler persönlich, zuletzt und gezwungener Maßen unter Einschaltung eines Rechtsanwalts. Sie werden sich erinnern: Dr. Sven Krüger forderte mit Schreiben vom 6. Juni 2012 mit Fristsetzung von Herrn Friedler die Dokumente zurück.

c) Bei den in Rede stehenden Unterlagen handelt es sich um Originale, d. h. um persönliche Dokumente Erich Honeckers. Deren ›Auswahl‹ durch Herrn Friedler war erkennbar kundig und absichtsvoll erfolgt: Die weniger bedeutenden Papiere gab er mir noch im Hotel in Santiago zurück mit der Maßgabe, dass es sich um alle ihm zeitweise überlassenen Dokumente handele. Zudem: Die Fertigstellung des Films – wozu offenkundig diese Dokumente nicht benötigt wurden, denn sie spielten darin keine Rolle – erfolgte im März 2012. Unabhängig vom politischen Urteil über die Person Honecker sind es ausnahmslos zeitgeschichtliche Zeugnisse von erheblicher Bedeutung, weshalb sie auch Eingang ins Bundesarchiv finden werden, dazu wurden bereits Gespräche geführt. Ich muss Sie gewiss nicht auf die Existenz des Gesetzes über die Sicherung und Nutzung von Archivgut des Bundes (Bundesarchivgesetz – BArchG) von 1988 hinweisen. Auch deshalb ist allein ein Versuch der Unterschlagung historisch wichtiger Dokumente nicht hinnehmbar. *Berlin, 21. August 2012*

Mit freundlichen Grüßen
Frank Schumann«

*Unter den auf vier Seiten vom NDR-Justitiar aufgeführten 23 Dokumenten befanden sich beispielsweise der Personalausweis Erich Honeckers, ausgestellt am 9. März 1984 in Berlin, seine 13-seitige Persönliche Erklärung vor dem Berliner Landgericht vom 3. Dezember 1992 mit handschriftlichen Ergänzungen, der Durchschlag einer Erklärung Honeckers mit Originalunterschrift zu den Fälschungen der Wahlergebnisse am 7. Mai 1989 vom 14. Februar 1990 und der Durchschlag einer Strafanzeige Honeckers mit Originalunterschrift wegen »Öffentlicher Verleumdung« an den DDR-Generalstaatsanwalt Wendland vom 1. Dezember 1989

De:	Margot Feist <mfeist1@yahoo.es>
Enviado:	27. August 2012, 16:51
Asunto:	Muss das sein?

Lieber Frank,

ich war nicht wenig beschäftigt, musste eine Reihe Examen absolvieren zur Vorbereitung einer nötig gewordenen kleinen Augen-OP. Das Ganze ist harmlos, aber wenn ich es nicht machen lasse, muss ich weiter das viele Kleingedruckte mit der Lupe lesen. Ich hatte es etwas aufgeschoben, aber nun muss und kann ich es auch machen lassen.

Die bürgerliche Presse kam an dem 100. nicht vorbei, Totschweigen ging nicht, also dann das Übliche, mal mehr oder weniger dosiert. Man kann halt die sozialistische DDR nicht aus der Geschichte streichen. Linke Presse, auch international, haben die Rede vor Gericht ins Zentrum gerückt, die spricht ja in der Tat nicht nur für ihn, sie spricht für geschichtliche Wahrheit. Ist dir nicht auch aufgefallen: Um EH vom politischen Sockel zu stoßen, auf den er sich selbst nie gestellt haben wollte, macht man nun in Honecker privat, den biederen Spießer, der morgens gern Kaffe trinkt und abends Bier aus Büchsen. Als wir über das Projekt »Letzte Aufzeichnungen« sprachen, war, wie du weißt, meine Befürchtung, dass es zu privat sei. Aber du hattest recht: Was er niederschrieb und deine Anmerkungen dazu ergaben ein politisches Dokument.

Warum dein Verlagsshaus nun mit dem Herzog-Buch* diesen neuen Trend mitmacht, den Politiker EH (wie immer man ihn als solchen beurteilt) zu ignorieren, indem man ihn im Bereich des privaten Spießers ansiedelt, vermag ich mir nicht zu erklären. Schade!

Gespannt bin ich nun auf dein Timoschenko-Buch, Schalck hast du mir noch nicht geschickt. Kannst du mir noch ein paar Bücher schicken? Ich brauche je zwei »Aufzeichnungen« und »Volksbildung«. [...]

In Santiago meldet sich langsam der Frühling an. Die Nächte sind noch kalt, aber am Tag wärmt die Sonne.

Ich wünsche dir gutes Gelingen bei den geplanten Neuerscheinungen.

Sei herzlich gegrüßt
Margot

*Lothar Herzog: »Honecker privat. Ein Personenschützer berichtet«, Das Neue Berlin 2012. Das Buch war annähernd so erfolgreich wie die »Letzten Aufzeichnungen«

Von:	Frank Schumann <edition-ost@aaagentur.com>
Datum:	27. August 2012, 20:33
Betreff:	Fragen

Liebe Margot,

ich habe mich – was selten genug in letzter Zeit geschah – von Herzen über dein Lebenszeichen gefreut. Freude kommt angesichts der vielen Betrübnisse, die täglich Auge und Ohr erreichen, selten genug auf. Da sind die menschlichen Tragödien (vorhin war ein Genosse da, der mir vom dramatischen Verfall seiner Frau berichtete und dann lakonisch schloss: Das sei normal, sie wäre bereits 83. Dabei wurde er selbst in diesem Jahr 80), da sind die gesellschaftlichen und politischen Ärgernisse, von den sozialen und wirtschaftlichen Verwerfungen ganz zu schweigen. Darum herzlichen Dank für dein Lebenszeichen nach langer Zeit, das mich wirklich anrührte.

Willst du – indiskrete Frage – die Augenlinsen lasern lassen? Das ist hierzulande inzwischen gängige Praxis, allerdings bleiben die erhofften Resultate mitunter aus. Meine Mutter hat es im vergangenen Jahr auch gemacht, jedoch gehörte sie zu jenen, bei denen es keine spürbare Verbesserung gab. Aber ich möchte nicht unken und Besorgnisse wecken und stattdessen Glück und gutes Gelingen wünschen.

Ich will nun doch noch einmal auf das große Thema zurückkommen, weil es mich aus verschiedenen Gründen unverändert bewegt. Die seit Monaten andauernde Beschäftigung mit Erich Honecker hat, wie ich bemerke, verschiedene Wirkungen erzeugt (neben jener, die wir nicht gesondert erörtern müssen, nämlich dass er überhaupt präsent ist).

Auf der einen Seite setzt sich die Verblödung fort auch bei jenen, die einmal ein politisches Koordinatensystem besaßen, mit dem sie durch die Welt kamen, und die einst eigenständig fähig waren, in historischen Kategorien und Zusammenhängen zu denken. Auf der anderen Seite beobachte ich bei manchem, der nach 1990 abdriftete und sich nach der Selbstzerfleischung und -kasteiung entpolitisierte, eine erstaunliche Besinnung. Der Tenor geht so: Wir müssen doch damals bescheuert gewesen sein, wie wir mit Honecker umgegangen sind. Er war, trotz aller Kritik – und dahingestellt sei, in welchem Maße sie berechtigt oder falsch war – unser, mein Genosse. Und so geht man mit einem Genossen nicht um, wie wir es getan haben. Deshalb: Wir stehen zu ihm, wie wir unverändert zur DDR stehen.

Dann beobachte ich schließlich in der Wissenschaft eine Tendenz der Entdämonisierung. Das hat aber oft nichts mit Politik zu tun, sondern mit der Eitelkeit des schreibenden Historikers. Der sich natürlich dadurch selbst erhebt, indem er den Gegenstand groß und bedeutend macht. Siehe S. im *Spiegel* (»Der unterschätzte Diktator«), du hast den Text möglicherweise im Internet gelesen. Die dort aufgestellte These von der Konföderation – er zitiert dort aus unseren »Letzten Aufzeichnungen« – geisterte danach als Meldung durch alle Zeitungen, und S., dieser Pfau (»Ich bin für die Konföderationsüberlegung, die ich am Montag im *Spiegel* und gestern in der *Zeit* losgetreten hatte, ja nicht nur freundlich bedacht worden. Aber das muss mir als Historiker nebensächlich sein *[ist es aber natürlich doch nicht – F. S.]* und nur wichtig, welche stichhaltigen Argumente sich aus der öffentlichen Befassung entwickeln. Bisher leider keine, daher meine Anfrage, ob wir uns darüber etwas näher austauschen wollen?«), beruft sich insbesondere auf Maxymitschew, jenen Wichtigtuer aus der Sowjetbotschaft, der unter Insidern als Quelle nicht ernst genommen wird. Der Russe hatte u. a. über ein Gespräch mit Werner Krolikowski* geschrieben, in welchem der angeblich mit der Konföderation gedroht habe. Wie gestern Krolikowski – seit Jahren bettlägerig und von seiner ebenfalls nicht gesunden Frau Adriane umsorgt – auf Nachfrage bestätigte, habe es dieses Gespräch zwar gegeben, aber nicht des Inhalts. Das Thema »Konföderation« war keines, der Begriff ist nie gefallen.

Hat es überhaupt Sinn, mit solchen »Historikern« darüber zu reden? Sie biegen sich die Wahrheit, wie sie sie brauchen.

Und noch eine Tendenz bei der Honecker-Rezeption fällt auf: der verschärfte Angriff auf seine antifaschistische Überzeugung. Dass der Antifaschismus – da zum Fundament der DDR gehörend – seit 1990 infrage gestellt, diskreditiert oder als verordnet denunziert wird, ist so neu nicht. Nun versucht man es konkret bei Honecker. Nachdem die Verratsnummer mit der Fedorova nicht so richtig zündete, kommt jetzt die vermeintliche Ehe mit Charlotte Schanuel – einer Justizwachtmeisterin der Nazis! – ins Spiel. Dir wird dann auch noch die Rolle der dritten Ehefrau zugestanden und dann Bigamie – wo Erich doch mit Edith bis 1955 verheiratet gewesen sein soll und Sonja schon 1952 geboren wurde ...

Ach, das ist alles ein solch unglaublicher Rotz, mit dem er abgeschmiert wird. Und dann kommt man um die Ecke und sagt die Steigerung: Wer ein richtiger Antifaschist war und ist, muss auch ein richtiger Antikommunist sein, denn erst in der Ablehnung der beiden Extreme zeigen sich moralische Reife und wahre demokratische Gesinnung.

Über diesen Unsinn müssen wir nicht diskutieren, da dürfte unsere Meinung deckungsgleich sein. (Gleichwohl, ich werde das mal zusammentragen und mich polemisch in einem spotless-Bändchen damit auseinandersetzen. Das darf man nicht durchgehen lassen: Schweigen bedeutet Zustimmung.)

Hingegen gehen möglicherweise unsere Auffassungen über Herzogs Erinnerungen (»Honecker privat«) auseinander. So gut sollten wir uns inzwischen doch kennen und vertrauen, dass es unwahrscheinlich ist, dass ein Anti-Honecker-Buch in unserer Verlagsgruppe erschiene. Nur über meine Leiche! Was die Medien daraus gemacht haben (und vermutlich kennst du nur diese Beiträge) ist das eine, Herzogs Text ist das andere. Du weißt besser als ich, dass die Journaille nur das herausliest, was sie herauslesen will. Herzog geht respektvoll mit Erich und dir um, es ist, wie mir letztens ein zunächst ebenfalls erregter Genosse sagte, nachdem er es selbst gelesen hatte, ein »hochanständiges Buch«. Die Frage ist – und sie zu stellen ist legitim, selbst wenn die Antwort bereits gegeben wurde: Es liegt ja gedruckt vor – musste es sein? Muss man nun auch das letzte Detail ausbreiten? Einer der Leiter des Personenschutzes, Günter T., einst Chef von Herzog, sagte mir nach der Lektüre: Alles korrekt, hat er ordentlich gemacht – ich hätte es nicht gekonnt, und deshalb habe ich es sein lassen.

Wie sich zeigt, kommt dieses Buch bei »politikfernen Kreisen« insbesondere im Westen, die wir mit den »Letzten Aufzeichnungen« und unser beider Gespräch nicht erreichten, merklich an. Sprich: Honecker kommt an. Wir sind damit, wie schon mit den Aufzeichnungen, wieder unter den ersten 10 in den einschlägigen Bestsellerlisten. Zweimal Honecker bei den Spitzentiteln in Deutschland in einem Jahr und das 22 Jahre nach dem Untergang der DDR! Hätten wir uns das 1990 träumen lassen?

Und es kommt zu ganz merkwürdigen Begegnungen. Vorige Woche sprach mich eine Frau an, die den Herzog gelesen hatte. Sie war, sagte sie, in der Akademie der Pädagogischen Wissenschaften tätig und meinte, man habe mit dem Ministerium eine gemeinsame Toilette gehabt. (Bis auf die Waffenkammer der Kampfgruppe unterm Dach der APW, die ich bis Mitte der 80er Jahre regelmäßig aufsuchte, kannte ich nur den Hof.) Dort, also auf der Toilette, sei sie dir wiederholt begegnet, und du habest stets freundlich gegrüßt. Sie hielt die Mitteilung für bedeutend, dass du keine separate Ministertoilette gehabt hättest (also bescheiden, irdisch und natürlich warst). Keine Sorge: Ich mach daraus keine Geschichte, und ich hielte das auch nicht der Erwähnung wert, wenn denn nicht der Anlass dieser durchweg positiven Erinnerung klar verortet gewesen wäre: nämlich Herzogs Publikation.

Das Buch ist, um die Sache abzuschließen, weder große noch politische Literatur, es ist unterhaltsam und informativ, sozialistisches Feuilleton eben. So, ich schicke dir das Buch, und danach verlieren wir darüber kein Wort mehr. Wer über Honecker-Witze lacht, der steht auch souverän über solchen Sachen.

Deine anderen Buch-Bestellungen werden in den nächsten Tagen realisiert.

Ich quäle mich noch mit Timoschenko. Stoff genug habe ich, es fehlt nur die Ruhe zum Schreiben. Die Ankündigung in der *Jungen Welt* hat erstaunliche Reaktionen provoziert: In der Ukraine kreisen bereits Übersetzungen, eine Zeitung in Luxemburg druckt die beiden Seiten nach, und eine schiitische Sekte aus Deutschland hat sich bei mir gemeldet und möchte ein Interview mit mir zu Timoschenko führen. Dass diese Truppe regelmäßig im Verfassungsschutzbericht auftaucht und angeblich vom Iran ausgehalten wird, stört mich nicht, im Gegenteil. Nur frage ich mich: Was interessiert deren Klientel Timoschenko? Ich habe noch nicht zu-, aber auch nicht abgesagt. Ich denk noch drüber nach.

Ach, die Welt wird immer komplizierter.

Ich drücke dich
Frank

PS: Auch wenn ich Salz in eine offene Wunde reibe: Was hat es mit diesem Text von Roberto in der *Bild* auf sich? Wenn derselbe K. dort als Verfasser genannt wurde, der damals die

Geschichte mit D. ohne mein Zutun brachte, habe ich auch diesmal damit nicht die Bohne zu tun. K. hat hier am Donnerstag wiederholt angerufen und auch eine Mail geschickt, aber ich habe nicht reagiert. Das Interessante daran ist: In der Berliner Ausgabe hat *Bild* – mit Rücksicht wohl auf die Westberliner Leserschaft – die Sache nur auf einer Innenseite gebracht, in der Ausgabe in Ostdeutschland groß auf Seite 1 und innen, dazu mit sechs, sieben weiteren Fotos und, im Text eingeblockt, die *dpa*-Meldung von Krenz, die ich dir geschickt hatte. Das heißt: Sie gehen offenbar davon aus, dass es im Osten eine positive Grundstimmung in Bezug auf EH außerhalb Berlins gibt, weshalb sich die Postille völlig opportunistisch verhielt und auf eine provokative Schmähung verzichtete. Und nun frage ich dich (nur rhetorisch, wir kennen die Antwort): warum wohl?

* Werner Krolikowski, Politbüromitglied und von 1976 bis 1989 auch Mitglied der Wirtschaftskommission und der Arbeitsgruppe Zahlungsbilanz und BRD beim Politbüro des ZK der SED

De:	Margot Feist <mfeist1@yahoo.es>
Enviado:	3. September 2012, 16:53
Asunto:	Egon hat recht

Lieber Frank,

es gibt so wenig Erfreuliches, abgesehen davon, dass hier nun Frühling wird. Wolfgang Reinhold, unser Luftwaffenchef und ein alter, lieber Freund von mir und natürlich von Heinz, ist verstorben. Man weiß, dass das der Lauf der Welt ist, und ist dennoch traurig.

Du schreibst über die Beschäftigung mit dem Thema EH. Was die Möchtegern-Historiker da zusammenschreiben, ist nicht der Mühe wert, sich damit zu befassen. Konföderation zu einem Zeitpunkt, als Einheit historisch nicht mehr auf der Tagesordnung stehen konnte, ist reine Fantasie. Als sie nach 1989 wieder auf die Tagesordnung kam, hat der Westen es natürlich verhindert, wie Egon in seiner *dpa*-Meldung richtig sagte. Ich bleibe dabei: Wir müssen aus der Verteidigungsstellung heraus und offensiver ihre Politik entlarven, ihre Entstellungen. Die Verleumdungen der DDR sind doch letztlich Teil ihres antikommunistischen Feldzuges, den sie mit Ablenkungsmanövern zu tarnen versuchen, auf die wir nicht hereinfallen sollten. Zu häufig noch springen wir über den Stock, den sie uns hinhalten. Aber genug davon.

Gut, dass die Friedler-Leute das Material geschickt haben. Bewahre es bitte noch ein bisschen auf, der Sommer kommt hier und damit eventuell auch verlässliche Touristen, wenn nicht, bleibt immer noch die Post.

Wenn hier die Feiertage (Nationalfeiertag) vorüber sind, werde ich nun mit dem Augen-Doktor einen Termin für die Behebung des Schadens vereinbaren. Die Augenerkrankung heißt Katarakt, umgangssprachlich »Grauer Star«, kommt schleichend und mindert zunehmend die Sehkraft. Bei mir existiert sie wahrscheinlich schon an die drei Jahre und ist jetzt doch schon sehr lästig. Ich gehe auch diese Sache mit Optimismus an. Nicht gut lesen zu können ist für mich eine Qual.

Ich hoffe für dich, dass du nun dein Timoschenko-Buch bezwungen hast.

Mit herzlichen Grüßen
Margot

Von:	Frank Schumann <edition-ost@aaagentur.com>
Datum:	24. September 2012, 19:35
Betreff:	Erich in der Schönhauser

Liebe Margot,

Dank für dein Lebenszeichen, was ich mit einer aktuellen Ansicht aus der Schönhauser Allee beantworten kann. Wie du siehst, ist Erich inzwischen »Kult«. Nun kann man sicher darüber streiten, ob es besonders geschmackvoll ist, dass man ihn zur Werbung für Fritten und Curry-Wurst einsetzt, oder ob dieses Bild künstlerisch besonders gelungen ist – egal, Tatsache bleibt, so diktatorisch scheint der Diktator nicht gewesen zu sein, wenn man ihn neben dem Nobelpreisträger Einstein an die Fassade malt und ihn postum als positiven Werbeträger nutzt. [...]

Sei herzlich gedrückt
Frank

De:	Margot Feist <mfeist1@yahoo.es>
Enviado:	24. September 2012, 16:42
Asunto:	Wir sind zu sehr unter uns

Lieber Frank,

na, endlich ist die Post dort angekommen. Zur Zeit braucht ein Brief bis zu vier Wochen von Deutschland nach hier. Ich warte seit Wochen auf eine angekündigte Briefsendung. [...]

Neben vieler Schreiberei habe ich lauter Alltagskram um die Ohren, da ich nun in Angriff genommen habe, was in meinem derzeitigen Wohnsitz noch in Ordnung gebracht werden muss.

Um den 7. Oktober gibt es, wie ich meiner Post entnehme, wieder einige Treffen. Das ist gut so, aber leider sind wir nach meinem Eindruck zu sehr nur unter uns.

Hier beginnen wieder Aktionen der Studenten, die sich mit den Versprechungen der Regierung nicht zufrieden geben. Und es scheint, auch in Deutschland beginnnt sich einiges zu regen, bei Weitem nicht so mächtig wie in Spanien und Griechenland. In Portugal musste die Regierung ihre Sparmaßnahmen aufgrund der starken Proteste zurücknehmen.

Hier hat der Frühling begonnen, man müsste Zeit haben, um ihn genießen zu können.

Mit herzlichen Grüßen
Margot

Von:	Frank Schumann <edition-ost@aaagentur.com>
Datum:	13. Oktober 2012, 18:32
Betreff:	Schon wieder Friedhof

Liebe Margot,

soeben komme ich von dort, wohin es mich selten freiwillig drängt. Ich weiß nicht, ob du dich noch an den Kabarettisten und Satiriker Edgar »Eddi« Külow erinnern kannst. Er ist vor zwei Wochen mit 87 Jahren gestorben; die Operation, die nach einem Sturz, bei dem er sich den Oberschenkelhals brach, notwendig wurde, hatte er nicht überlebt. Es kamen etwa 200 Freunde und Weggefährten, darunter auch einige Bundestagsabgeordnete der Linkspartei, zu deren Wahl er 2009 öffentlich aufgerufen hatte. Höpcke war auch da, ihn musste man im Sommer mehrmals operieren, der Darmkrebs hatte sich zurückgemeldet. Wenn ich schriebe: Er sah nicht sehr gut aus, dann wäre das eine schmeichelhafte Übertreibung.

Zugegen war auch jener Historiker H., über den wir uns unterhielten und der auch in deinem Buch vorkommt. Er hatte nichts Wichtigeres mitzuteilen, dass selbstverständlich Platz wäre für die Honeckers auf dem Friedhof in Friedrichsfelde. Natürlich nicht in der Gedenkstätte der Sozialisten, die stünde unter Denkmalschutz – da käme jetzt keiner mehr raus, aber auch keiner mehr rein. Und um den Zynismus noch zu steigern, fügte er an: Und Beisetzungen auf dem Feld am Pergolenweg könnten nur erfolgen, wenn dort bereits Angehörige lägen, dann wäre es wirklich eine Bei-Setzung. Also Erich könnte dann dem Grab der dort ruhenden Edith Baumann beigesetzt werden.

Wo also wäre dann Platz für Margot, fragte ich ihn, weil es mich – trotz dieses unangenehmen Untertons – nun denn doch interessierte, was in einem solch kruden Hirn vor sich geht. Als anerkanntes Opfer der Nazis auf dem VVN-Feld, sagte er. Und zeigte sich davon angetan, dass er demnächst alle Berliner Stadtbezirksbürgermeister über den Friedhof führen werde. Was für ein Fortschritt – und wie peinlich:

Nach 22 Jahren bewegen sich die meisten dieser Kommunalpolitiker erstmals in die Gedenkstätte nach Friedrichsfelde …

Unter den Trauergästen traf ich auch Carmen W., die in Leipzig mit mir studiert hatte. Sie ist – mein Gott, wie alt sind wir inzwischen? – in diesem Jahr mit 60 in Rente gegangen, nachdem sie in den letzten zwei Jahrzehnten ein Kinderprojekt betreut hatte. Sie lebt mit ihrem Mann am Werbellinsee unweit der ehemaligen Pionierrepublik. Wir hatten uns mindestens sechs, sieben Jahre nicht gesehen. Und das Erste war gleich: Mensch, ich habe den Film gesehen – Margot hat mich überzeugt. Ich winkte, wie du ahnen wirst, gleich ab, und erwähnte die Begleitmusik, doch Carmen beharrte darauf: Ach, steck es weg, Margot war gut, und das ist das Wichtigste.

Gestern habe ich nun in Berlin das Timoschenko-Buch vorgestellt. Die Resonanz war wie erwartet: in Deutschland gering, dafür in der Ukraine (und sogar in Polen) beachtlich. (Ich füge einige Links an. Sofern dich das interessiert, kannst du sie ja anklicken.)

Nach Lage der Dinge verliert sie in der Ukraine immer mehr an Einfluss. Zwei Wochen vor den Parlamentswahlen liegt ihre Partei bei etwa 15 Prozent, die Partei von Boxweltmeister Klitschko hat sie überrundet – die liegt bei 17 Prozent. Stärkste Kraft ist die Partei der Regionen, die derzeit sowohl den Präsidenten als auch den Regierungschef stellt. Diese Partei wird mit 27 Prozent gehandelt und hat bereits zu verstehen gegeben, dass sie mit den Kommunisten (9 Prozent) koalieren würde.

Bei der gestrigen Präsentation war, wie im Bild zu sehen, Manfred Schünemann dabei, das ist der Herausgeber der Erinnerungen von Gerd König. Er gab eine bemerkenswerte Lageeinschätzung und hat offenkundig insbesondere die Journalisten aus der Ukraine überzeugt. Dort sind ja auch solche Knallchargen unterwegs wie hierzulande. Aber anscheinend haben wir sie überzeugen können. – Nun, warten wir also ab, wie sich das Echo (und die Nachfrage) entwickelt.

Jetzt bin ich dabei, die liegengebliebenen Buchprojekte aufzuarbeiten, ich bin mit etlichen Titeln säumig, die schon längst in der Druckerei hätten sein müssen. Und nach einem goldenen Herbst sieht es auch nicht gerade aus. Wir hatten heute bei der Beisetzung Glück, dass der Himmel aufriss und die Sonne schien. Sonst ist es trübe und kalt, nicht einmal die Pilze wachsen.

Was machen die Augen? Hast du schon alles überstanden?

Sei ganz herzlich gegrüßt
Frank

De:	Margot Feist <mfeist1@yahoo.es>
Enviado:	16. Oktober 2012, 01:12
Asunto:	Depression vorbei?

Lieber Frank,

schon wieder hat eine neue Woche begonnen. Du hast sicher deine, wie mir schien, etwas herbstlich angehauchte Stimmung überwunden. Ist ja auch kein Wunder, so ein ungastlicher Ort wie ein Friedhof, das Gerede von einem Wichtigtuer über sich ergehen lassen zu müssen und vor sich eine Menge Liegengebliebenes: Da kann man schon depressiv werden.

Unsere Zeit ist sehr schnelllebig, gestern noch schienen Gedenktage, die Tiraden der Timoschenko, die Querelen in der Linken wichtig, inzwischen brodelt es stärker in aller Welt, weder im Irak, in Afghanistan, Libyen, in Tunesien noch in Ägypten ist die von den westlichen Großmächten gewünschte »Demokratie« eingezogen, statt dessen toben Bürgerkriege. Die Politiker reagieren nervös, mal greifen sie zu scheinbaren Zugeständnissen, holen sich – wie in Deutschland – wieder die Sozialdemokratie an Bord, mal versuchen sie es mit Gewalt. Die Situation in Griechenland, Spanien, Portugal und anderswo macht sie doch erkenntlich unruhig.

Immer wieder schießen sie Selbsttore, wie etwa die Verleihung des Friedensnobelpreises an die EU. Aber sie haben eben noch immer die Mittel in der Hand, die Völker zu verdummen. Es ist wahrlich nicht leicht, dagegen anzugehen, aber aufgeben ist nicht.

Meine Augen, naja, der zweite Arzt, den ich konsultierte, rät derzeit von einer OP ab, ich habe auf beiden Augen eine Erkrankung der Netzhaut und dazu links eine starke Schädigung durch den Grauen Star. Eine OP würde derzeit die Netzhauterkrankung forcieren.

Also erst mal stärkere Lesebrille und engmaschige Kontrolle, um das Fortschreiten dieses Prozesses zu verlangsamen. Das Altwerden hat halt so seine Tücken.

Ist nur ein Problem, wenn man so gerne liest wie ich. Ich bin z. B. schon wieder neugierig auf das in der *jW* besprochene Buch von Ligatschow, was ihr bei Neues Leben gemacht habt, und Timoschenko hast du ja wohl schon auf den Weg geschickt.

Mit herzlichen Grüßen
Margot

De:	Frank Schumann <edition-ost@aaagentur.com>
Enviado:	22. Oktober 2012, 16:39
Asunto:	Fwd: zu Händen Herr Schumann, Brief an Frau Margot Honecker

Liebe Margot,

am Wochenende erreichte mich diese Mail aus Dresden mit der Bitte um Weiterleitung an dich. Diesem Wunsche komme ich gern nach. Ich kenne die beiden nicht, es scheinen anständige, aufrechte Genossen zu sein.

Sodann rief mich »Pille« (Dr. Manfred Pilgrim) an, den du ja auch kennst. Er wird seine Gründe gehabt haben, warum er mir mitteilte, dass er am 31. Oktober nach Chile fliegt und mich deshalb um deine Adresse und Telefonnummer bat.

Seine Frau wird 70, sie wollen aus diesem Anlass eine Rundreise runter nach Patagonien und nach Argentinien machen. Aber vor allem will er dich besuchen. Er ist zwar kein Augenarzt, aber ein sehr guter Hausarzt und Internist, vielleicht sollte er auch mal ...

Ich treffe mich mit ihm am Dienstag und werde ihm die restlichen Unterlagen für dich mitgeben. Brauchst du noch etwas, was ich »Pille« ins Gepäck packen soll? So eine Gelegenheit haben wir wahrscheinlich nicht so bald wieder.

»Pille« fliegt mit der gleichen Maschine Paris-Santiago, die ich damals hatte. Er wollte aber versuchen, dich vorher telefonisch von Berlin aus zu kontaktieren.

So weit das Wichtigste in aller Kürze.

Sei ganz lieb gegrüßt
Frank

De:	Margot Feist <mfeist1@yahoo.es>
Enviado:	22. Oktober 2012, 17:49
Asunto:	»Pille« ante portas

Lieber Frank

Dank für die Übermittlung des Briefes aus Dresden.

»Pille« hat sich bereits gemeldet. Ich habe ihn gebeten, nach seiner Ankunft in Santiago noch einmal anzurufen, um einen Termin für ein Treffen auszumachen. Wenn er bereit ist, die Unterlagen mitzubringen, ist das wirklich eine gute Gelegenheit.

Im Moment habe ich schon einige »Voranmeldungen« von Chile-Reisenden. Es wird Sommer, die Zeit für Touristen.

Ich wünsche dir eine gute Woche.

Herzlich
Margot

De:	Margot Feist <mfeist1@yahoo.es>
Enviado:	1. November 2012, 16:15
Asunto:	Papiere eingetroffen

Lieber Frank,

[...]

Gestern, am späten Nachmittag, war »Pille« mit Frau bei mir zu einem kleinen Plauderstündchen. Nette Genossen, die sich nun auf ihre Reise begeben haben.

Ich bin auch froh, dass die Papiere jetzt wieder in meinen Händen sind. Sicher wurden sie in Hamburg kopiert. Was F. damit anfangen wird, wissen wir nicht. Hoffentlich ist diese leidige Angelegenheit bald aus der Welt. Ein zweites Mal passiert so etwas sicher nicht mehr – weder dir noch mir. Trotzdem wundere oder bewundere ich mich manchmal selbst wegen meiner Gelassenheit über die Dinge, mit denen andere mir Ärger bereiten. Vielleicht ist es das Alter, das einen milder stimmt, vielleicht die Gewöhnung, dass einen nichts mehr überrascht, weil es im Wesentlichen immer das Gleiche ist. Vielleicht ist mir auch ein dickes Fell gewachsen, oder wie manche sagen: Ich sei hart. Wie kann ich da aber zugleich milde und nachsichtig sein?

Hier haben die Ultrarechten bei den Kommunalwahlen eine schwere Niederlage hinnehmen müssen. Die Kandidaten von links haben die rechten Bürgermeister – so in Santiago und anderen Zentren – abgelöst. Die Rechte war schockiert und schreit »Wahlbetrug«. Diese Wahlen sind ein Stimmungsbarometer, das für die kommenden Präsidentschaftswahlen hoffen lässt.

Herzlich
Margot

De:	Frank Schumann <edition-ost@aaagentur.com>
Enviado:	10. November 2012, 14:40
Asunto:	Alte Bekannte

Liebe Margot,

nur eine kurze Nachricht von der heutigen 10. Vertreterkonferenz der GRH, der Gesellschaft zur rechtlichen und humanitären Unterstützung e.V. Die Organisation, im kommenden Jahr zwanzig Jahre alt, zählt noch etwas mehr als tausend Mitglieder, die in Territorialen Arbeitsgruppen (TAG) zusammenwirken und zu den konsequentesten Verteidigern der DDR gehören, weshalb dem Verein von staatswegen die Gemeinnützigkeit aberkannt wurde, was steuerrechtliche Folgen hat. Das aber wirst du alles wissen, da erzähle ich dir gewiss nichts Neues. Unter den herzlich begrüßten Gästen – und allein darum berichte ich darüber – waren auch Heinz Keßler und deine Nachfolgerin Helga Labs.

Gekommen waren auch Egon Krenz, Hans Reichelt, Lothar Berthold und andere honorige Persönlichkeiten, an die zweihundert Menschen, doch wie überall das gleiche Bild: kein Nachwuchs, keine jungen Leute, und die Reihen lichten sich zunehmend – seit der letzten Zusammenkunft vor zwei Jahren waren auch wieder um die 150 Mitglieder gestorben.

Heinz hielt in bewundernswerter Disziplin zwei Stunden in der ersten Reihe tapfer durch, wie stets sein linkes steifes Bein von sich gestreckt, den Stock dagegen gelehnt und aufmerksam jede Rede verfolgend. Dann aber ging er zur Mittagspause, was jeder verstand. Die Pause begann ein wenig später, weil die Kartoffeln noch nicht durch waren, wie aus der Küche gemeldet wurde. Auch in dieser Hinsicht hatte das Ganze etwas Familiäres. Das Treffen fand, das nur abschließend, in Berlin-Biesdorf statt, dort, wo früher das Erich-Weinert-Ensemble zu Hause war.

So weit der kurze Bericht vom Tage mit einem herzlichen Gruß zum Wochenende
Frank

De:	Margot Feist <mfeist1@yahoo.es>
Enviado:	12. November 2012, 14:16
Asunto:	Besucher

Lieber Frank,

ich danke dir für die Fotos. Heinz hast du besonders gut getroffen. Die liebe Helga hätte ich nicht wiedererkannt, wäre ich ihr auf der Straße begegnet. Ihr würde es mit mir sicher ebenso ergehen.

Nach dem Besuch von »Pille« kam ein aus dem Westen stammender Professor vorbei, der den Sozialismus und die DDR ohne Scheuklappen sieht und sich für Literatur über die DDR interessiert. Unser Buch über die Volksbildung hat ihm gefallen. Er meinte, dass Leser, die nichts oder nicht viel über die DDR und ihr Bildungswisen wissen, darin erfahren, wie wir was und wie gemacht haben. Die Leute, sagte er, die etwas über den Sozialismus wissen wollen, und das würden nach seiner Meinung künftig mehr werden, interessierten sich mehr und mehr für Fakten, nicht für die Anti-DDR-Propaganda.

Die Bücher, die du abgeschickt hast, sind noch nicht angekommen. Im Winter wird die Post in Chile langsam ausgetragen, weil es kalt ist – und im Sommer, weil es heiß ist.

Wünsche dir eine gute Woche,

herzlich
Margot

De:	Margot Feist <mfeist1@yahoo.es>
Enviado:	25. November 2012, 13:20
Asunto:	Re: Zurück aus Kiew

Lieber Frank,

nachdem du den Staub aus der Ukraine* von den Füßen geschüttelt hast, bist du gleich wieder in ein neues Projekt eingestiegen. Egon informierte mich über das geplante Ulbricht-Buch und bat mich um einen Beitrag. Versteht sich, dass ich gern liefere, obwohl ich derzeit ein wenig schreibmüde bin. Wenn es gelingt, mit dem Buch wieder ein Stück DDR-Geschichte aufzuschreiben, wäre das gut. Die Befragung von Zeitzeugen bringt, das ist normal, viele subjektive Sichten auf Ereignisse mit sich, die sein dürfen und sollen, soweit dies nicht die Sicht auf objektive Sachverhalte verstellt. Aber das ist ja nicht mein Brot.

Ich habe nun die »Gauklerin« gelesen. Was man in diesem Politkrimi über das Ende der Sowjetunion erfährt, über die gesellschaftlichen Verwerfungen nach der Konterrevolution, über diese aufgekommene »Goldgräber-Stimmung«, den Verfall von Moral, über das Gerangel um Macht und Pfründe, während das Volk mehr und mehr verarmte – das macht traurig und wütend zugleich. Wenn nur nicht diese verfluchte Gleichgültigkeit vorherrschte! So viele leben in den Tag hinein und lassen alles mit sich geschehen, überall auf der Welt.

Habe herzlichen Dank auch für die Fotos. Ich habe geschmunzelt über den rauchenden Heinz – er hatte doch striktes Rauchverbot von Ruth. Soll er rauchen, wenigstens das sollte ihm in dieser miesen Situation erlaubt sein. [...]

Herzliche Grüße
Margot

*Schumann hatte in Kiew die ukrainische und die russische Ausgabe des Timoschenko-Buches vorgestellt

Von:	Frank Schumann <edition-ost@aaagentur.com>
Datum:	12. November 2013, 21:47
Betreff:	Ausstellungseröffnung heute Abend mit Roberto

Liebe Margot,

schnell ein paar Fotos von der Vernissage und der Lesung mit Roberto vorhin in der Fasanenstraße. Etwa 120 Neugierige waren gekommen, darunter auch Ellen Brombacher, der Schauspieler Jürgen Heinrich, der Wandlitz-Koch Lothar Herzog und natürlich Thomas Grimm, der das alles eingerührt hat. Über Film (erstaunlich gut) und die Ausstellungseröffnung kann ich gern, sofern es dich interessiert, demnächst ausführlich berichten, auch über mein Gespräch mit Roberto. Er hat sich wacker geschlagen, du kannst stolz auf ihn sein.

Sei herzlich umarmt
Frank

Von:	Frank Schumann <edition-ost@aaagentur.com>
Datum:	4. Januar 2014, 21:47
Betreff:	Hamburger Armutszeugnis

Liebe Margot,

zu Beginn des neuen Jahres haben wir nunmehr das Finale in der Causa Friedler. Wir wären gern vor Gericht gezogen, um feststellen zu lassen, ob auch eine deutsche Kommunistin, die jenseits der Anden eine deutsche Rente bezieht, vom Grundgesetz (»Die Würde des Menschen ist unantastbar«) geschützt wird oder nicht, ob für sie § 22 des Kunsturhebergesetzes gilt oder ob sie aus Prinzip vogelfrei ist. »Bildnisse dürfen nur mit Einwilligung des Abgebildeten verbreitet oder öffentlich zur Schau gestellt werden ...«, heißt es dort nämlich. Du mochtest als Betroffene nicht klagen, weil du mit 85 Jahren die damit verbundenen Strapazen und Aufregungen meiden wolltest, ich oder der Verlag hätten allenfalls auf Verleumdung und üble Nachrede gehen können, und über diesem wie auch über jedem anderen Verfahren hätte die Parole als Damoklesschwert gehangen: Vor Gericht und auf hoher See ruhen wir in Gottes Hand.

Das ist schon ulkig, dies als Atheist nüchtern feststellen zu müssen.

Ich hatte darum, unabhängig von der juristischen Aufklärung, auf die innerbetriebliche Demokratie gesetzt und, wie ich nunmehr erfahren durfte, damit auf Sand gebaut. Eigentlich hätte ich das ahnen können, aber selbst Hartgesottene wie unsereiner glauben mitunter doch an den Weihnachtsmann.

Beim *NDR* gibt es einen Redakteursausschuss. Und der hat sich auf die Fahne geschrieben: »Wo droht Qualitätsverlust? Wo wird Berichterstattung beeinflusst? Wo gibt es die Programmarbeit betreffende Konflikte, die im direkten Miteinander nicht gelöst werden können? Das sind die zentralen Fragen, mit denen sich der Redakteursausschuss beschäftigt. Er streitet für die innere Rundfunkfreiheit, setzt sich für eine unabhängige Berichterstattung ein, engagiert sich für die Qualität der Programme des *NDR* und begleitet kritisch hausinterne Entwicklungen.«

Am 20. April 2012 hatte ich die Ausschuss-Ansprechpartnerin Petra Volquardsen über die Vorgänge in Chile und den Umgang ihres Hauses detailliert informiert, weil diese doch etwas mit der »Qualität der Programme des *NDR*« zu tun hätten.

»Am 18. April antwortete im Auftrag von Lutz Marmor Frank Beckmann, dass er ›den Vorwurf, Frau Honecker habe ihr Einverständnis zu diesen Interviews nicht gegeben, … nicht nachvollziehen‹ könnte. ›Dem NDR *liegt eine von Frau Honecker eigenhändig unterschriebene Einverständniserklärung zur Ausstrahlung dieser Interviews in einer Fernsehdokumentation vor.‹*

Wenn dem so sei – was ich in Abrede stellte und unverändert stelle –, dann möge man mir dieses Dokument vorweisen und öffentlich machen, antwortete ich. Bis zur Stunde erfolgte keine Reaktion.

Patricia Schlesinger hatte per Pressemitteilung nach Ausstrahlung des Films in der ARD *öffentlich behauptet, dass dem NDR eine entsprechende Erklärung von Frau Honecker vorläge. Iris Bents erklärte am 13. April gegenüber der Tageszeitung* junge Welt: *›Frau Honecker hat eine solche Einverständniserklärung vor Ort in Anwesenheit des NDR-Redakteurs und des Kameramannes unterzeichnet und übergeben.‹*

Sollte sich eine derartige Zustimmungserklärung von Frau Honecker nicht finden – wovon ich ausgehe: Sie hat mir zwei mal schriftlich mitgeteilt, keinerlei Erklärung unterzeichnet zu haben –, dann erfüllen Abgabe und Verbreitung der gegenteiligen Behauptung durch den NDR *den Tatbestand der Verleumdung und üblen Nachrede. Frau Honecker und auch ich wurden insofern als Lügner dargestellt, weil sie und ich die Existenz einer solchen Erklärung in Abrede stellen. Frau Honecker hat zu keiner Zeit weder wissentlich noch willentlich eine Erklärung dieser Art unterzeichnet.*

Das sind möglicherweise nicht Gegenstände der Erörterung im Redaktionsausschuss, wohl aber ethisch-moralische Grundsätze seriöser journalistischer Tätigkeit. Diese scheinen m. E. verletzt worden zu sein. Inwieweit dabei auch gegen die NDR-*Redaktionstatuten verstoßen wurde, gebe ich Ihrer Untersuchung anheim.*

Für Nachfragen gleich welcher Art stehe ich Ihnen selbstverständlich zur Verfügung.«

Es erfolgte keinerlei Reaktion auf dieses Schreiben.

Am 24. April 2013, nach Jahresfrist, mahnte ich eine Antwort an.

Daraufhin kam von Petra Volquardsen eine Mail:

»Sehr geehrter Herr Schumann, zunächst möchte ich mich im Namen des Redakteursausschusses, vor allem aber auch persönlich bei Ihnen entschuldigen für die Versäumnisse des Redakteurausschusses in Ihrem Fall. […]

Als Sie dann im vergangenen Jahr nochmals nachgehakt haben, haben wir bei einer Sitzung des Redakteursausschusses darüber gesprochen und fanden die Lage sehr unübersichtlich: Niemand von uns war dabei, keiner kann wirklich beurteilen, was wer wann gesagt hat. Daraus ergab sich insgesamt eine Unentschlossenheit, wie wir als Gremium damit umgehen können. Sich dann einmal mehr gar nicht bei Ihnen zu melden war natürlich ein Fehler, den ich auf meine Kappe nehme.

Der Eindruck ist ja durchaus, dass einiges vom Ablauf her absolut nicht in Ordnung war – etwa dass Sie ja offensichtlich nach dem Dreh nichts mehr davon gehört haben, was aus dem Material geworden ist etc. Wie wir hören (hören? Von wem? – F. S.), *gibt es zurzeit ein Gerichtsverfahren in der Sache. Ich würde daher vorschlagen, dass Sie uns zunächst über den weiteren Verlauf auf dem Laufenden halten. Mit der gleichen Bitte würden wir uns – Ihr Einverständnis vorausgesetzt – auch an die Leitung des Hauses wenden, um so dem* NDR *zu signalisieren, dass 1. Sie sich an uns gewandt haben und 2. wir als Gremium am Verlauf der Angelegenheit interessiert sind.*

So weit erst mal, da wir zurzeit Neuwahlen haben und ich turnusgemäß aus dem Gremium ausscheiden werde, setze ich in dieser Mail Kathrin Weber – Sprecherin des Redakteursausschusses – in Kopie. Antwort gern an uns beide und an die Mailadresse redakteursausschuss@ndr.de.

Nochmals ›Entschuldigung‹ von meiner Seite und schöne Grüße!«

Nach dieser nichtssagenden Antwort verging der Rest des Jahres, weshalb ich am 29. Dezember 2013 neuerlich intervenierte:

»Sehr geehrte Kollegen vom Redakteursausschuss des NDR, *auch wenn ich Gefahr laufe, von Ihnen als querulatorische Nervensäge etikettiert zu werden, erlaube ich mir den Hinweis, dass die erbetene Auskunft in der Causa Friedler unverändert aussteht. Ich hatte seinerzeit darum gebeten, die angeblich vorliegende schriftliche Zustimmung von Margot Honecker für die Mitwirkung an Friedlers Film vorzuweisen, deren Existenz der* NDR *erklärt hat und von Margot Honecker bestritten wird.*

Solange via Internet wahrheitswidrig behauptet wird, Frau Honecker habe ›schriftlich ihre Einwilligung‹ erteilt und ich absichtsvoll als ›Ex-Stasi-Mann‹, also als unglaubwürdig öffentlich permanent denunziert werde, ist die Sache keineswegs erledigt. Denn wie solche Einträge (http://de.wikipedia.

org/wiki/Der_Sturz_–_Honeckers_Ende) *zustande kommen, wissen Sie so gut wie ich, weshalb unverändert insistiert werden muss.*

Kurzum: Auch wenn diese journalistisch unseriöse, höchst unappetitliche Angelegenheit bald zwei Jahre zurückliegen wird, bleibt sie als unerledigt auf Ihrem Tisch. Womit wir aber inzwischen zwei Probleme haben: erstens die Arbeitsweise Friedlers und deren Deckung durch den NDR, *und zweitens den Umgang des Redakteursausschusses mit meiner Bitte, diesen internen Vorgang transparent zu machen. Darauf wollte ich zum Jahreswechsel aufmerksam gemacht haben.*

Mit besten Wünschen für 2014
Frank Schumann«

Und nun, liebe Margot, haben sie am 3. Januar 2014 darauf reagiert. Du wirst schon ahnen, auf welche Weise:

»Sehr geehrter Herr Schumann, wir haben im Redakteursausschuss über Ihre Anfrage gesprochen und die Frage nach einer Einwilligung Margot Honeckers in dem Fall mit den Verantwortlichen im NDR*-Fernsehen besprochen. Wir sehen keinen Grund, an den öffentlichen Äußerungen des* NDR *dazu zu zweifeln, die Sie ja kennen.*

Was die Aufgaben des NDR-Redakteursausschusses angeht, möchten wir ein mögliches Missverständnis Ihrerseits aufklären: Der Ausschuss ist nicht per se dazu da, ›einen internen Vorgang transparent‹ zu machen oder gar Unterlagen des NDR weiterzugeben. Wir sind nicht der richtige Adressat, wenn Sie die Vorlage der Einwilligungserklärung Honeckers verlangen. Wenden Sie sich dafür bitte an die zuständigen Stellen im NDR, *sprich Redaktion, Fernsehdirektion, Justiziariat oder Programmausschuss. Und natürlich sind wir nicht verantwortlich für Formulierungen etwa bei Wikipedia zu der Causa.*

Im Übrigen wundert uns, dass Sie dem Ausschuss gegenüber auf eine Klärung der erwähnten Frage drängen, selbst aber nach unserem Wissen eine von Ihnen angestrebte gerichtliche

Klärung nicht weiter verfolgt haben und die Frage damit aus Ihrer Sicht ›unerledigt‹ blieb.

Mit freundlichen Grüßen
Kathrin Weber und Torben Börgers
für den NDR-*Redakteursausschuss«*

Erstens: Sie haben mit den Verantwortlichen »gesprochen«. Deine Zustimmungserklärung haben sie nicht gesehen. Was aber sehen sie? Keinen Grund, »an den öffentlichen Äußerungen des NDR dazu zu zweifeln«. Selten so gelacht.

Zweitens: Warum sollten sie die Sache aufklären, wo wir doch selbst die »angestrebte gerichtliche Klärung nicht weiter verfolgt haben«?

Dass es sich hierbei um zwei verschiedene Paar Schuhe handelt, ist diesen Einfaltspinseln offensichtlich entgangen: Das eine ist der Gesetzesbruch, indem ohne deine Zustimmung Bilder von dir gesendet wurden – das andere ist die journalistische Arbeitsweise im Hause und der Umgang mit Kritik. Das eine Problem ist juristischer Natur, das andere eine Frage von Ethik und Moral und des eigenen Berufsverständnisses.

Liebe Margot, ich gebe es auf. Hier ist Hopfen und Malz verloren, die Glaubwürdigkeit dieser Institution ist dahin.

Ich drücke dich
Frank

De:	Margot Feist <mfeist1@yahoo.es>
Enviado:	24. Februar 2014, 19:55
Asunto:	Veranstaltung in Halle

Lieber Frank,

auf den Fotos, die mir meine Hallenser Freunde schickten, siehst du aber sehr ernst aus. Lag es nur am Thema Ukraine, über das du gesprochen hast? Da vergeht einem schließlich auch das Lachen. So schnell sind die alten Ostland-Ritter wieder auf die Gäule gestiegen. Was sie da verzapfen, kann für sie noch zum Bumerang werden. Noch sind Optionen offen. Einige Politiker scheinen zu begreifen, das man – wie auch immer – mit Russland rechnen muss. [...]

Das Buch zu Walter Ulbricht ist noch immer nicht bei mir eingetroffen, andere Bücher von euch sehr wohl. Würdest du bitte noch mal nachfragen, ob es abgeschickt worden ist?

Wünsche dir eine gute Woche. Ärger lässt sich ja nicht vermeiden in den Zeiten, die wir erleben.

Herzliche Grüße
Margot

Von:	Frank Schumann <edition-ost@aaagentur.com>
Datum:	24. Februar 2014, 21:31
Betreff:	Putsch in Kiew

Liebe Margot,

nun warst du schneller als ich, vielen Dank für dein Lebenszeichen. Ich schiebe momentan einen ganzen Berg Arbeit vor mir her, was aber nichts Neues ist. Vielleicht war es das, was mich in Halle ein wenig abgespannt ausschauen ließ. (Welche Fotos hatte Peter dir geschickt? War auch das Gruppenfoto dabei, das wir extra für dich arrangiert hatten? Falls nicht, muss ich es nachreichen.)

Die Zusammenkunft bei den Rotfüchsen empfand ich als sehr angenehm, es ist ein munteres Häufchen, und Peter hält den Trupp auf Trab. Sie zeigten sich sehr interessiert, aber es fiel auf (und das beobachte ich immer wieder), dass auch unsere Leute in den vielen Informationen ersaufen, die über uns ausgegossen werden, und am Ende wissen sie gar nichts oder nur sehr wenig.

Es ging um die Ukraine.

Am Wochenende haben die Amerikaner (»Fuck the EU«) kurzen Prozess gemacht. Nachdem die EU-Außenminister (endlich) verhandelten, haben die Amis über Nacht gehandelt. Nicht grundlos war die Timoschenko am Sonntag bei US-Botschafter Pyatt und hat sich bei den Amerikanern bedankt.

Dadurch ist die EU und insbesondere Berlin sichtlich angefressen, und plötzlich ist Timoschenko die Kriminelle, die auf keinen Fall Präsidentin werden darf *(http://www.tagesspiegel.de/meinung/neuordnung-in-der-ukraine-warum-julia-timoschenko-nicht-praesidentin-werden-sollte/9525340.html).* Selbst in Frankreich – meine Übersetzerin, die damals das Buch für den Pariser Verlag übertrug, meldete sich heute – ist man auf erkennbare Distanz zur »Gasprinzessin« gegangen.

Meine Freunde in Kiew sind erst einmal geschockt und abgetaucht, auf einen wurde am Freitag vor dem Parlament geschossen. Die Zentrale der Partei der Regionen ist eine Ruine, am Sonntag wurde die Parteizentrale der KP verwüstet. Es marschieren der Mob und die Neonazis. Am Samstag hatte ich in der *jW* noch ein Wochenendgespräch mit dem Vize-Fraktionschef der Partei der Regionen Schenzew, was mit ihm geworden ist: keine Ahnung.

»Pille« rief heute an und erkundigte sich, ob sie mich auch schon suchten, ich könne jetzt gewiss nicht in die Ukraine reisen. Das habe ich auch nicht vor, beruhigte ich ihn. Aber wart's mal ab: Schon bald werden sich die Oppositionshäuptlinge gegenseitig an die Kehlen gehen, und die Masse, die auf dem Maidan das Pflaster aufriss, wird sich mit Wehmut an die Tage erinnern, als das Gas und die Lebensmittel noch bezahlbar waren. Es ist alles derart fragil, dass es schwer sein wird, überhaupt eine Macht zu etablieren, die für Ruhe und Ordnung sorgen kann. Da muss man fast dankbar sein, dass die 400 deutschen Firmen, die dort bereits Niederlassungen haben, und jene 800, die an ukrainischen Unternehmen beteiligt sind, darauf drängen werden, dass endlich Frieden einzieht, denn Profit kann man nur machen, wenn Ruhe herrscht. Die Frage natürlich ist: welche Art Ruhe?

Ach, das ist ein nachtfüllendes Programm, das wir jetzt erörtern müssten – wozu ich große Lust, aber wenig Zeit habe. Ich muss morgen früh schon an die polnische Grenze kurz vor Görlitz und will mich noch ein wenig aufs Ohr hauen ... In den nächsten Tagen mehr.

Ich umarme dich
Frank

PS: Peter war sich nicht sicher, ob du im nächsten Monat auf die Insel fliegst.* Fritz hat es offensichtlich vor, und Hans Modrow ist gegenwärtig dort, er hat sein Perestroika-Buch, das nun auf Spanisch erschienen ist, welches ich ihm druckte, auf der Buchmesse in Havanna vorgestellt.

Ich selbst war vorige Woche auf Malta und traf dort Karolos Papoulias, den griechischen Staatspräsidenten, ein kregeler, kämpferischer alter Herr jenseits der 80, sehr sympathisch ... Aber das ist schon wieder eine andere Geschichte, die heben wir uns fürs nächste Mal auf.

*Margot Honecker flog wie schon 2013 auch in diesem Jahr nicht nach Kuba. Es gab ernsthafte gesundheitliche Gründe, von denen die Anschaffung eines Hörgerätes das geringste Übel war

De:	Margot Feist <mfeist1@yahoo.es>
Enviado:	15. Oktober 2014, 14:20
Asunto:	Neues Honecker-Buch

Lieber Frank,

[...] Auf Umwegen erfahre ich, das ihr ein neues Honecker-Buch plant. Es kann doch wohl nicht sein, dass das ohne mein Wissen in Gang gesetzt ist. Lass mich bitte wissen, was da läuft.

Herzlich
Margot

Von: Frank Schumann <edition-ost@aaagentur.com>

Datum: 16. Oktober 2014, 12:45

Betreff: Anfrage

Liebe Margot,

[...] Was das »neue Honecker-Buch« betrifft: Erstens ist alles nicht mehr als eine vage Überlegung, weshalb man zweitens den Ball flach halten sollte. Aufgrund der Tatsache, dass von den 70 Autoren, die am Ulbricht-Buch beteiligt waren, binnen eines Jahres zwölf bereits verstarben, entstand die Idee, ob man nicht ein ähnliches Projekt in Bezug auf Erich Honecker in Angriff nehmen sollte, bevor auch dort der Kreis der potenziellen Gesprächspartner immer kleiner wird. Sodann überlegten wir (und diese Phase der Überlegung dauert an), wer dort als Zeuge infrage käme. Denn: Wir wollen keine Schmähschrift, sondern eine Würdigung des Politikers Honecker erarbeiten (was letztlich eine Fortsetzung der »Moabiter Notizen« und der »Letzten Aufzeichnungen« sein müsste). Der wohl wichtigste hiesige Gesprächspartner für ein solches Buchprojekt ist in meinen Augen sein Freund Heinz. Deshalb haben wir (Egon und ich) bei unserem Besuch schon einmal vorgefühlt, ob Heinz für ein solches Interview zur Verfügung stünde. Dem hat er grundsätzlich zugestimmt, machte aber seine Zusage davon abhängig, wer in diesem Band alles versammelt wäre.

Das ist bislang alles, was diesbezüglich geschehen ist. Da wir bislang mit keinem anderen über eine solche Absicht gesprochen haben, es auch keine Papiere etc. gibt, kann man schlechterdings nicht sagen, dass hier bereits etwas »in Gang gesetzt ist«. Es kann ja durchaus sein, dass wir nicht genug geeignete Zeugen finden und dann die Idee still beerdigen. Außer Heinz und nunmehr dir würde das niemand auch nur merken.

Also, meine Liebe, alles halb so wild.

Weitaus ärgerlicher finde ich die Besprechung eines Theaterstücks von Sch. im *ND* vom Montag. Im (Westberliner) Renaissance-Theater gibt es ein Stück über drei »Diktatorenwitwen«, bei denen dir natürlich die zentrale Rolle zugeschrieben ist. So saublöd wie dieses Stück ist, so fies und widerlich ist dessen Rezension. Auch wenn Sch. über eine Kunstperson schreibt, meint er natürlich dich. Ich weiß nicht, ob du diesen Beitrag gelesen hast. Sofern nicht, würde ich ihn dir mailen. Es ist mehr als nur »unterste Schublade«, es ist politisch reaktionär, auch wenn die Besprechung und das Stück – wie in solchen Fällen immer – so daherkommen, als seien sie völlig apolitisch.

Sei herzlich umarmt
Frank

De:	Margot Feist <mfeist1@yahoo.es>
Enviado:	22. Dezember 2014, 13:13
Asunto:	Grüße

Lieber Frank

ich wünsche dir angenehme, erholsame Feiertage, einen guten Rutsch und alles Gute dir, der Familie und dem Verlag für das Jahr 2015.

Herzlichst Margot

Von:	Frank Schumann <edition-ost@aaagentur.com>
Datum:	30. Dezember 2014, 18:17
Betreff:	Guten Rutsch

Liebe Margot,

das Jahr ist vorbei und auch unser Verlagsumzug. Nun müssen wir nur noch die Kisten auspacken. Der Blick aus dem Bürofenster auf den Gendarmenmarkt entschädigt für alles (s. Foto). Dank der DDR, die die Ruine wieder aufbaute.

Und Weihnachtsmarkt ist dort bis morgen, wenn sich das Jahr verabschiedet.

Sei herzlich umarmt – und wünschen wir uns ein gutes 2015. Ich fürchte jedoch, dass dies ein frommer Wunsch bleiben wird.

Frank

De:	Margot Feist <mfeist1@yahoo.es>
Enviado:	31. Dezember 2014, 13:07
Asunto:	Re: Umzug vollzogen

Lieber Frank,

viel Spaß beim Kisten auspacken, vielleicht findest du noch ein paar Ladenhüter von mir, brauche noch ein paar Volksbildungs-Bücher.

Wünsche auch dir einen guten Rutsch in das neue Jahr, das zu Ende gehende lässt ahnen, was der Menschheit bevorsteht, wenn sie sich nicht zur Wehr setzt, da gibt es aber Hoffnungsschimmer.

Alles Gute
Margot

De:	Margot Feist <mfeist1@yahoo.es>
Enviado:	20. April 2015, 20:38
Asunto:	Re: Glückwunsch

Lieber Frank,

habe mich gefreut, von dir zu hören, du musst dich aber nicht entschuldigen. Ich kann mir denken, dass die Verlagsarbeit nicht leichter geworden ist. Das Auschwitz-Buch, das du mit Fritz gemacht hast, gefällt mir sehr. Und so habe ich auch erfahren, dass er den *dpa*-Nachwuchspreis bekommen hat. Da hast du wohl nicht alles falsch gemacht bei der Erziehung.

Freundlich geht es in der Welt derzeit nicht zu. In allen Regionen Unruhen, Krisen. Das USA-Imperium und seine europäischen Verbündeten wandeln auf dem Kriegspfad, den Drang nach Osten hat der deutsche Imperialismus immer verspürt. Und dass Faschisten ins Boot geholt werden, wenn man sie braucht, ist nicht neu. Die Ängste der Menschen schlagen noch nicht in Widerstand um. Da muss alles, was links ist, sich zusammenraufen, damit sich etwas bewegt.

Hier in der Region wird der Kampf auch härter. Das US-Imperium will die eingeleitete progressive Entwicklung mit allen Mitteln stoppen. Darum setzt man Venezuela unter Druck, womit man auch Kuba treffen will. In Brasilien, Argentinien und nun auch in Chile versucht die Reaktion, mit Korruptionsskandalen Druck auf die Regierungen auszuüben, welche nicht nach ihrer Pfeife tanzen. In Chile wollen sie die eingeleiteten Reformen stoppen. Da der Sohn von Bachelet* in einen solchen Skandal verwickelt ist, lässt sich denken, wie stark der Druck von rechts ist.

Für deine guten Wünsche zum Geburtstag ein Dankeschön.

Ich grüße dich aus dem nun kälter werdenden Chile
Margot

*Michelle Bachelet amtiert seit März 2014 erneut als Präsidentin Chiles. Ihr Sohn Sebastián Dávalos Bachelet trat aufgrund von Korruptionsvorwürfen als Leiter der Präsidialabteilung für Soziales und Kultur zurück. Die Firma seiner Frau soll am Tag nach der Präsidentenwahl von einer Privatfirma einen Kredit erhalten haben

Von:	Frank Schumann <verlag@edition-ost.berlin>
Datum:	25. April 2015, 20:07
Betreff:	Seelow

Liebe Margot,

[...] Ich telefonierte dieser Tage mit Dieter I. – der dich herzlich grüßen lässt – wegen des Treffens an der Elbe vor siebzig Jahren. Heute gab es in Torgau eine ordentliche Feier, die Botschafter legten Kränze nieder, und tatsächlich hatte man noch einen lebenden Teilnehmer von 1945 gefunden. Ich erinnerte mich in der *Jungen Welt* daran, dass ich seinerzeit wiederholt über das Treffen in der *jW* geschrieben hatte.

Am vergangenen Wochenende waren wir in Seelow auf den Höhen. Die Gedenkstätte war ordentlich hergerichtet, und die Kränze und Blumengebinde häuften sich nur so. So viele habe ich, mit Verlaub, nicht einmal zu unserer Zeit dort gesehen. Der letzte Dorfvorsteher aus dem Oderbruch hatte ein Gebinde niedergelegt. Es war wohl eine Demonstration gegen die allgegenwärtige Russophobie. Auch die Botschafter Russlands, Belorusslands und Kasachstans hatten die Sowjetsoldaten geehrt, natürlich. Nur der ukrainische Diplomat tanzte aus der Reihe: Er legte seine Schleife nicht neben die der anderen, sondern abseits. Selbst bei diesem Anlass meinte er sich distanzieren zu müssen. Das ist beschämend.

[...]

Bleib gesund, ich umarme dich
Frank

De:	Margot Feist <mfeist1@yahoo.es>
Enviado:	22. August 2015, 14:58
Asunto:	Re: Glückwunsch

Lieber Frank,

dein Gespräch mit Alfred Kosing* ist eine Wohltat inmitten des Geschreibsels und Geschreis über Europa.

Herzliche Sonntagsgrüße
Margot

*»Das ist die internationale Diktatur der Konzerne und Banken. Über die Aktualität von Lenins Europa-Schrift, die vor 100 Jahren erschienen ist, und den politischen Charakter der EU«, *jW* vom 22./23. August 2015

Von:	Frank Schumann <verlag@edition-ost.berlin>
Datum:	22. August 2015, 17:03
Betreff:	Dies & das

Liebe Margot,

vielen Dank für die freundlichen Worte. Aber noch mehr freue ich mich, dass es dir offenkundig gut geht, zumindest insoweit, dass du im Netz Zeitungen lesen kannst. Seit meiner letzten Mail Ende April kam kein Lebenszeichen aus Chile, was mich ein wenig beunruhigte. Auch Dieter I., mit dem ich gelegentlich telefoniere, oder Hermann L. wussten nichts außer deinem Schweigen zu berichten, und Heinz K., der alte Fuchs, hält sich auch bedeckt. Unlängst waren Egon Krenz und Siggi Lorenz zu Besuch bei ihm, nachdem das *ZDF* hier bei uns im Hause gedreht hatte: Die Aufnahme diplomatischer Beziehungen zwischen Kuba und den USA nahmen sie zum Anlass, eine Acht-Stunden-Produktion mit Kuba-Zeitzeugen zu drehen, und Egon konnte schlecht Nein sagen. [...]

Wie auch immer: Ich freue mich über die Nachricht und bin mir meiner Nachlässigkeit bewusst, mich nicht zwischendurch gemeldet zu haben. Aber die Arbeit wird nicht geringer, was damit zusammenhängt, dass es immer weniger werden, die die Materie noch beherrschen. [...]

In der kommenden Woche kommen das Gesprächsbuch mit Lafontaine und Diestel sowie Sindermanns Erinnerungen heraus, die ich dir schicken werde, und auch der Asarow-Band sollte aus der Druckerei kommen. Ich habe die deutsche Übersetzung des ukrainischen Ex-Premiers in eine lesbare Form gebracht, das ist ganz interessant, was er über den Putsch 2014 und seine Vorgeschichte berichtet. Nun hat er in Moskau eine Art Exil-Regierung gebildet, die gewiss nichts bewirken wird, aber inzwischen haben Berlin, Brüssel und selbst Washington Kiew längst abgeschrieben, weshalb man Asarow im Auge behalten sollte. Er hat Einreiseverbot in Deutschland.

Aktuell sitze ich an der Autobiografie von Andreas Schmidt-Schaller (Polizeiruf 110), der im Oktober 70 wird, weshalb ich noch im August damit fertig werden muss, und dann hoffe ich im September auf zwei Wochen Urlaub – wo, wissen wir noch nicht. Hauptsache raus und weg.

Sei umarmt
Frank

PS: Anfang Mai war ich noch bei Bahr im Willy-Brandt-Haus, dann trafen wir uns noch einmal in der russischen Botschaft – er war einer der wenigen, die gegen diese idiotische Russophobie Front machten. Nun ist er nicht mehr. Auch wenn er einst ein Kalter Krieger war – in seiner letzten Phase war er ein Freund der Ossis und eine wichtige Stimme.

Von:	Frank Schumann <verlag@edition-ost.berlin>
Datum:	8. Oktober 2015, 09:23
Betreff:	Anfrage aus Athen

Liebe Margot,

hier hat sich ein Journalist aus Griechenland von einer staatlichen Nachrichtenagentur gemeldet, der dich zu interviewen wünscht zum 25. Jahrestag der deutschen Einheit. Ich weiß, wie du zu solchen Ansinnen stehst. Aber vielleicht siehst du das in diesem Falle einmal anders. Wir spielen einfach über Bande. Und die Griechen sind ohnehin gebeutelt von Deutschland und der EU, es wäre eine Demonstration der Solidarität.

Wenn du nicht abgeneigt bist, kann er dir ja per Mail die Fragen schicken. Oder er soll sie mir schicken und ich leite sie an dich weiter. Oder ich beantworte die Fragen, gebe dir das Ganze, du machst deine Änderungen und Ergänzungen, schickst es an mich zurück und ich maile das von dir autorisierte Interview nach Athen.

Was meinst du?

Herzlichst
Frank

De:	Margot Feist <mfeist1@yahoo.es>
Enviado:	8. Oktober 2015, 15:18
Asunto:	Interview

Lieber Frank

ich bin wie immer nicht geneigt. Wieso will eine griechische staatliche Nachrichtenagentur ein Interview mit mir, die ich hier in Chile sitze? Das könnte man vielleicht aus den Fragen, die er hat, sehen, aber wenn man diese anfordert, betrachtete er es gleich als Zusage.

Für dein Hilfsangebot hab Dank.

Liebe Grüße
Margot

De:	Margot Feist <mfeist1@yahoo.es>
Enviado:	12. Oktober 2015, 13:01
Asunto:	Re: Interview

Lieber Frank,

entschuldige, ich sehe erst jetzt dein Mail mit dem Interview, ich war übers Wochenende außerhalb Santiagos und kam erst gestern Nacht zurück.

Die Fragen des Griechen ähneln sehr denen der deutschen Journalisten, aber du hast mit deinen Antworten etwas daraus gemacht. Natürlich hätte ich da einige Ergänzungen. Ich muss da in Ruhe noch einmal darüber gehen, so viel Zeit muss sein, der Grieche hat ja auch Zeit gebraucht für seine Anfrage.

Ich melde mich wieder.

Herzlichst
Margot

De:	Margot Feist <mfeist1@yahoo.es>
Enviado:	16. Oktober 2015, 18:33
Asunto:	Re: Re: Interview

Lieber Frank,

ich sehe den Wald vor lauter Bäumen nicht mehr. Ich bitte dich: lies gründlich, was aus dem Mix von deinem und meinem geworden ist.

Sag mir, was zu verändern und zu verbessern ist oder was noch fehlt. Es muss auf jeden Fall ein Interview herauskommen, das ich verantworten kann. Denn ich bin mir nicht so sicher, dass das nur in Griechenland kursiert.

Sei herzlich gegrüßt
Margot

P.S. Das Ukraine-Buch ist auch angekommen, danke.

De:	Margot Feist <mfeist1@yahoo.es>
Enviado:	18. Oktober 2015, 14:57
Asunto:	Reste im Unterholz

Lieber Frank,

danke dir!!!!!! Es ist dir erfolgreich gelungen, die Bäume deutlich sichtbar zu machen, und auf die kommt es ja an. Ich bin einverstanden, es der griechischen Agentur zu übermitteln.

Nur einige Kleinigkeiten, die mir noch aufgefallen sind (Reste im Unterholz), es sind alles Tipp-Fehler. [...]

Ich bedanke mich für die Arbeit, die du mit dem Interview hattest, mir hat es auch gereicht.

Aber du warst ein so glühender Befürworter. Hoffen wir, dass es ankommt.

Herzlichst
Margot

Von: Frank Schumann <verlag@edition-ost.berlin>
Datum: 5. November 2015, 10:29
Betreff: Interview läuft

Liebe Margot,

die griechische Nachrichtenagentur hat heute dein Interview in den Dienst gegeben (siehe Link).

Ich habe Arnold Schölzel angeboten, das Gespräch als Nachdruck (d. h. im vollen deutschen Wortlaut und mit Verweis auf die griechische Quelle) in der *Jungen Welt* zu veröffentlichen. Er möchte es am kommenden Mittwoch, dem 11. November, bringen.

Ich denke, dass du damit einverstanden bist, denn damit beugen wir Fehlinterpretationen und -übersetzungen vor – wenn deutsche Agenturen aus der griechischen Vorlage zitieren sollten. Und außerdem dürfte es sie ärgern, dass du mit den Griechen, aber nicht mit ihnen gesprochen hast.

So weit in Kürze und wie stets in Eile,
herzlichst
Frank

De: Margot Feist <mfeist1@yahoo.es>
Enviado: 5. November 2015, 21:18
Asunto: Gute Idee

Lieber Frank,

hab Dank für deine Information. Deine Idee, das Interview in der *jW* zu veröffentlichen, ist sehr gut. Wie üblich wird die Giftpresse entstellende Kommentare fabrizieren oder es totschweigen. Ignoranz ist ihre schärfste Waffe.

Soeben habe ich zwei 40-Jährige aus Dresden zum Taxi gebracht. Sie versuchen in Chile ein Geschäft zu installieren, weil sie weg wollen aus dem heutigen Deutschland. Während der Ereignisse 1989 war der eine Schüler am Bogensee und der andere bei der Armee. Mir wollten sie einfach mal Guten Tag und Dankeschön für ihre gute Ausbildung sagen.

Herzlichst
Margot

Von:	Frank Schumann <verlag@edition-ost.berlin>
Datum:	6. November 2015, 13:55
Betreff:	Welle

Liebe Margot,

ich danke dir für deine rasche Zustimmung, das Interview in der *Jungen Welt* zu veröffentlichen.

Die Sache schlägt inzwischen Wellen.

Vor einer Stunde rief mich Antonys aus Athen an und informierte mich, dass sich die *Bild* bei der Agentur gemeldet habe. Sie wollten das Interview mit dir exklusiv kaufen. Ich fragte zurück, wie viel sie geboten hätten, worauf Antonys meinte, er selber habe 1000 Euro gefordert, worauf sie erklärt hätten, das sei ihnen zu viel, und begannen zu verhandeln.

Er setzte erst einmal aus, um Rücksprache zu nehmen. Er wolle mit diesen Brüdern nichts zu tun haben, sagte er mir, schon aus politischen Gründen nicht, *Bild* war bei der Anti-Griechenland-Kampagne stets publizistischer Vorreiter und Wortführer. Aber sie seien eine staatliche Agentur, und wie es um die griechischen Staatsfinanzen bestellt sei, müsse er mir nicht sagen. Er fürchte darum, dass die Leitung jeden Euro nehme, auch wenn er von der *Bild* käme. Daraufhin sagte ich, dass Margot Honecker ihr Interview exklusiv Athen gegeben habe – sie sei gegen eine Weitergabe an *Bild*.

Antonys und ich waren uns einig, dass die *Bild* sich nur einen Satz herauspicken und daraus ihre Schlagzeile machen würde. Und außerdem, da sie das Gespräch ja exklusiv bekämen, wäre das Interview vom Markt.

Inzwischen telefonierte ich mit Arnold Schölzel und fragte ihn, ob die *jW* nicht ein Nachdruckhonorar für die Griechen lockermachen könnten – aus Solidarität und weil sie so anständig waren, mich zu informieren.

Du hättest mal Antonys erleben sollen, als ich ihm sagte, er könne eine Rechnung über 500 Euro an die *jW* richten. Der freute sich wie ein Schneekönig, dass er einerseits politisch sauber geblieben war, andererseits seinen Chefs etwas anbieten konnte. Und wir haben die Befriedigung, jemandem den Daumen gezeigt zu haben.

Es ist immer wieder erstaunlich, was die alles mitbekommen – eine griechische Nachrichtenagentur verbreitet ein Interview auf Griechisch und schon springt – wie du richtig bemerkt hast – die deutsche Presse an. Sie sind allerdings inzwischen derart knickrig und anmaßend zugleich, dass sie meinen, sich für weniger als tausend Euro »Exklusivrechte« sichern zu können. Sie hätten eine Trophäe vorzuweisen und alle Blätter müssten sie mal wieder als Quelle zitieren. So läuft normalerweise der Hase. Aber dieses Mal eben nicht.

Ich umarme dich
Frank

De:	Margot Feist <mfeist1@yahoo.es>
Enviado:	6. November 2015, 18:54
Asunto:	Danke

Lieber Frank,

es ist gut zu wissen, dass nicht alles für Geld zu kaufen ist, weil es ein paar anständige Männer gibt, in diesem Falle dich, den Griechen Antonys und den hilfsbereiten Schölzel.

Ich habe ja schon manches geschluckt, aber diese Kröte wäre mir doch im Halse steckengeblieben. Danke euch!

Herzlichst
Margot

De:	Margot Feist <mfeist1@yahoo.es>
Enviado:	11. November 2015, 15:25
Asunto:	Richtiger Riecher

Lieber Frank,

erste zustimmende Worte zum Interview von Genossen angekommen. Es ist mir ein Bedürfnis, dir für deine Initiative, deine Umsicht und deine Hilfe zu danken. Du hattest mal wieder den richtigen Riecher.

Herzlichst
Margot

Von:	Frank Schumann <verlag@edition-ost.berlin>
Datum:	11. November 2015, 14:11
Betreff:	Interview läuft

Liebe Margot,

ich danke dir für deine freundlichen Worte – auch wenn es doch eine Selbstverständlichkeit ist, dass man sich wechselseitig hilft und solidarisch beisteht.

Ich habe bisher ebenfalls nur positive Reaktionen auf das *jW*-Gespräch vernommen, eine prinzipielle Erklärung zur rechten Zeit, hieß es.

Die *Bild* in Gestalt von K. (»Chefreporter Ost«) meldete sich prompt nach der Lektüre des Gesprächs und wollte als Trittbrettfahrer ebenfalls ein Interview mit dir. Es war mir ein Vergnügen, ihm mitzuteilen, dass *Bild* die Chance gehabt hätte, das Interview bei den Griechen zu kaufen, aber da man zu knickrig war, hätte man in die Röhre geschaut. Daraufhin schickte er mir nun heute Mittag eine Mail mit Bitte um Weiterleitung an dich, und eben jetzt rief er an und fragte, ob du schon reagiert habest. Ich sagte, du machst Post nur am Morgen, da sei er zu spät gekommen.

Ich schicke dir seine Mail einzig aus dem Grunde, dass du

einmal diese Chuzpe siehst: Der meint offenbar, dass du seinen Überfall 2007 in Chile in solch warmer Erinnerung hast, dass du umgehend reagieren wirst:

»Guten Tag Frau Honecker,

Die junge Welt *druckt heute (11. November 2015) ein Interview mit Ihnen nach, das Sie der griechischen Nachrichtenagentur ANA-MPA gaben. Ich wäre Ihnen sehr dankbar, wenn Sie folgende Fragen zum Interview beantworten würden. (Wir hatten schon mal das Vergnügen. Ich war anlässlich ihres 80. Geburtstags im April 2007 in Santiago. Bestimmt erinnern Sie sich.)*

Im Interview sagen Sie Sätze wie ›Es war uns nicht gelungen, geplante Reiseerleichterungen rechtzeitig in Kraft zu setzen‹. Oder: ›Die DDR war kein Paradies, es gab Mängel, die den Alltag erschwerten.‹ Oder: ›Jeder, der beim Versuch, die Grenze illegal zu überwinden, zu Tode kam, war einer zu viel.‹

Das klingt nach Selbstkritik und irgendwie ganz anders als noch vor einigen Jahren, als Sie u. a. im TV sagten: ›Die Menschen mussten ja nicht über die Mauer klettern.‹ Veränderte sich Ihre Sicht auf die Dinge der Geschichte? Sind Sie selbstkritisch geworden?

Jüngst starb Günter Schabowski. Er hat sich einst öffentlich für sein und das Handeln der DDR-Führung gegenüber der DDR-Bevölkerung entschuldigt. War das richtig? Würden auch Sie sich für bestimmte Dinge, die in der DDR liefen, heute entschuldigen?

Wie aus dem ANA-MPA-Interview zu erfahren ist, schreiben Ihnen viele Bürger der BRD und besuchen sie sogar in Chile. Wäre es andersrum für Sie vorstellbar, die Leute mal im vereinigten Deutschland zu besuchen? Also: Kommen Sie irgendwann noch mal nach Deutschland, so wie es Ihr Enkel ja schon getan hat?«

Ich werde ihm morgen absagen, wenn du damit einverstanden bist. Womit nicht auszuschließen ist, dass sie selbst aus der

Absage was machen werden. (Seine telefonische Nachfrage 17:30 Uhr nährt diesen Verdacht, dass sie es eilig haben). Sie werden einzelne Aussagen aus dem *jW*-Interview melden wollen und dann mit dem Zusatz garnieren: Auf kritische Nachfragen von *Bild* reagierte sie nicht. Aber darauf ist gehustet.

Hat dir Stefan H. mitgeteilt, dass ein Genosse aus New York das Gespräch ins Englische übersetzen will, um es dort zu verbreiten? Ich habe gesagt, dass er die griechische Quelle nennen, aber die deutsche Ausgabe zum Übersetzen nehmen soll. (Wäre doch blödsinnig, die ins Griechische übersetzte Vorlage dann erneut zu übertragen – wer weiß, was dabei rauskommt.)

Ich umarme dich
Frank

De:	Margot Feist <mfeist1@yahoo.es>
Enviado:	11. November 2015, 18:36
Asunto:	Grüße

Lieber Frank

dieser Ganove ist nicht nur frech, sondern auch dumm, sag ab, ich habe nicht das Bedürfnis, mit solch unseriösen Leuten, die sich Journalisten nennen, in Kontakt zu kommen. Er hat heute Abend versucht, mit Roberto Kontakt aufzunehmen. Roberto hat ihm nicht geantwortet.

Aus den Zuschriften von Genossen ist zu entnehmen, dass sie sehr einverstanden sind mit der klaren klassenmäßigen Einschätzung der Ereignisse. Da können wir zufrieden sein.

Herzlichst
Margot

Von:	Frank Schumann <verlag@edition-ost.berlin>
Datum:	15. November 2015, 11:29
Betreff:	Momentaufnahmen

Liebe Margot,

seit Freitagnacht läuft hier die Betroffenheitspropaganda auf allen Kanälen, seit in Paris diese Idioten mordeten. Natürlich macht die Hilflosigkeit wütend, die Trauer ist berechtigt, Anteilnahme selbstverständlich. Gleichwohl ist damit die Frage nicht aus der Welt: Woher kommt das? Könnte dies nicht die Folge jahrhundertelanger imperialer Politik sein? Die durchgeknallten Fanatiker sind die logische Konsequenz, ihre Berufung auf die Religion allenfalls Alibi für untaugliche Mittel des »Widerstands«.

Ich war gestern auf dem Pariser Platz, wo sich bereits die Blumen vor der französischen Botschaft türmten und die Kerzen flackerten. Die Menschen, die dort standen, waren angerührt – auch von sich selbst. Sie standen da, beteten und weinten, es war Eucharistie und gewiss ohne Arg, sie waren reinen Herzens und eben auch bar nüchternen Verstandes. Die Frage nach dem Warum und Wieso bleibt wie immer in solchen Fällen verabschiedet. Und gerade dann muss man sie doch stellen!

Seit heute Nacht gießt es wie aus Kannen, der Regen verwandelt das Blumenbeet in Kompost und dürfte schon bald von der Stadtreinigung beseitigt sein. Der Pariser Platz muss schließlich glänzen ...

Herzlichst
Frank

PS: Selbst auf der Russischen Botschaft wehte die Fahne auf Halbmast. Und davor, wie du auf dem Foto siehst, auf deinem früheren Dienstsitz auch die deutsche.

Von:	Frank Schumann <verlag@edition-ost.berlin>
Datum:	16. November 2015, 15:12
Betreff:	Bombenstimmung in Berlin

Liebe Margot,

bevor ich auf das alles überlagernde Thema eingehe, mal etwas Erfreuliches. Gestern lief im *MDR* ein hübscher Beitrag mit der Frau Schirmer, von der das Lied »Kleine weiße Friedenstaube« stammt. Vielleicht schaust du mal rein: Ich finde, dass Steimle das sehr ordentlich gemacht hat: *http://www.mdr.de/mediathek/suche/mediatheksuche102.html?q=steimle&x=9&y=5*

Die allgemeine Terroristen-Hysterie greift hier um sich: Vor zwei Stunden haben sie den ganzen Gendarmenmarkt gesperrt, dann rollte ein Kommando in Kosmonautenkluft an – vor unserem Haus hatte jemand eine Tasche vergessen, und schon wähnte man darin eine Bombe. Und so geht es nun weiter. Clever werden gleich die Geheimdienste aufgestockt.

Die andere Form der Aufgeregtheit bot Eberhard Aurich: Er schickte mir die Aufforderung, einen Appell zu unterzeichnen, in welchem Solidarität mit den Franzosen bekundet werden soll. Als Antwort erinnerte ich ihn an das Pariser Pogrom von 1961, als über 200 Algerier von Franzosen erschlagen, erschossen oder einfach in der Seine ertränkt worden waren. *(https://de.wikipedia.org/wiki/Massaker_von_Paris)*

Darauf antwortete er mit spitzer Lippe: Lieber Frank, es bedurfte nicht dieser Rückschau, es hätte gereicht, darauf zu verweisen, dass vor einigen Wochen das französische Militär mit Luftschlägen gegen eine Ausbildungsbasis des IS vorging. Oder: Die ersten, die in Libyen bombten, waren die Franzosen. – Ach, was ist unser Eberhard doch für ein ulkiger Dialektiker ...

Hatte ich dir übrigens geschrieben, dass Willie, was mein Zweiter ist, am 24. Oktober den Marler Medienpreis Menschenrechte für einen Sechs-Minuten-Film bekam?

Dreißig, zumeist aus Libyen abgeschobene Ghanaer, die damals unter Gaddafi dort arbeiteten, warten in Hamburg auf ihr Bleiberecht. Um bis zur Entscheidung nicht sinnlos herumzuhängen, haben sie den FC Lampedusa gegründet und spielen nun Fußball. Dabei werden sie vom FC St. Pauli unterstützt. Wie der Film zeigt, ist damit keineswegs ihr Asyl sicher, aber er wirft – jenseits der tradierten Berichterstattung über Flüchtlingsströme und Aufnahmelager – mal einen anderen Blick auf die Lage von Asylbewerbern hier.

Herzlichst
Frank

Von:	Frank Schumann <verlag@edition-ost.berlin>
Datum:	5. Dezember 2015, 09:06
Betreff:	'tschuldigung

Liebe Margot,

wie ich betrübt feststellte, bin ich mal wieder säumig bei der Korrespondenz. Nun, dir muss ich nicht erklären, was die Gründe sind. Es gibt zu viele Baustellen, auf denen ich gleichzeitig arbeiten muss.

Gestern hat nun der Bundestag nach 1999 zum zweiten Mal über einen Kriegseinsatz der Bundeswehr entschieden. Am Vorabend hatte ein Linksbündnis zu einer Kundgebung am Brandenburger Tor aufgerufen. Die Resonanz war angesichts des Themas eher bescheiden. Die Veranstalter sprachen von 3000, die Polizei von 1000 Teilnehmern – ich glaube, die Wahrheit lag wohl in der Mitte. Hauptrednerin war Sahra Wagenknecht, die sich von ihrem Übervater Gregor G. immer mehr abnabelt, sich geradezu freischwimmt. Sie hielt dort eine bemerkenswerte Rede, die sie im Wesentlichen am Freitag im Bundestag wiederholte. (Ich hänge ein paar Fotos vom Donnerstag mit an.)

Mein Jüngster ist seit voriger Woche in Beirut, um dort in Flüchtlingslagern zu fotografieren. Die Reise haben ihm zwei kirchliche Hilfsorganisationen gesponsert, Malteser und Johanniter, die von ihm dokumentiert haben wollen, wie segensreich ihr Wirken unter den Ärmsten der Armen ist. [...] Im Januar, aber das schrieb ich dir wohl bereits, wollen wir beide nach Uganda, um mal das Flüchtlingsproblem aus afrikanischer Perspektive zu beleuchten.

Das Echo auf dein Interview hält unvermindert an, ich vermute, das du die beiden Leserbriefseiten aus der *Jungen Welt* übermittelt bekommen hast. Dieser Tage meldete sich Alfred Kosing aus der Türkei, wo er seit Jahren lebt: »Übrigens fand ich das Interview von Margot sehr vernünftig. Offenbar hat sie inzwischen mehr analytisch als emotional nachgedacht, und das ergibt dann doch ein realistischeres Bild.« Nun ja, das ist der abgeklärte Philosoph mit einer etwas abgehobenen Haltung, aber immerhin.

In den nächsten Tagen gehen wieder einige Bücher auf die Reise. Ich hoffe, dass zumindest ein Teil trotz El Niño und anderer Ärgernisse dich erreicht.

Ich umarme dich
Frank

De:	Margot Feist <mfeist1@yahoo.es>
Enviado:	7. Dezember 2015, 13:40
Asunto:	Deutschland mal wieder im Krieg

Lieber Frank,

hab Dank für Information und Fotos. Das zu Ende gehende Jahr hat der Menschheit viel Unheil gebracht, die Zeichen stehen weiter auf Krieg und Faschismus. Der Wahlsieg der rechten Opposition in Venezuela ist ein harter Schlag gegen die progressive Bewegung in Lateinamerika, lange von der äußeren und inneren Reaktion vorbereitet. Mit dem Sinken des Ölpreises begannen die wirtschaftlichen Probleme, es folgte eine Provokation nach der anderen von außen. Es wird schwer werden für die linken Regierungen, sich zu halten, und Kuba bekommt noch Probleme. Dort wittert die Rechte auch schon Morgenluft. Wie wahr sind die Worte Lenins (du kennst sie): »Die Menschen waren in der Politik stets die einfältigen Opfer von Betrug und Selbstbetrug, und sie werden es immer sein, solange sie nicht lernen, hinter allen möglichen religiösen, politischen und sozialen Phrasen, Erklärungen und Versprechungen die Interessen dieser oder jener Klasse zu suchen.« Derzeit ist die Mehrheit der Menschheit noch weit entfernt von dieser Erkenntnis.

Du startest mit Fritz also zu einer Afrika-Reise. Ihr werdet sicher so manches mitbringen, das der Aufklärung der mit Rassismus vernebelten Köpfe dient.

Bei uns wird jetzt erst Sommer, El Niño hat uns ein langes und kaltes Frühjahr beschert.

Auf die angekündigten Bücher freue ich mich schon.

Herzlichst
Margot

Von:	Frank Schumann <verlag@edition-ost.berlin>
Datum:	24. Dezember 2015, 08:37
Betreff:	Frohe Weihnacht

Liebe Margot,

der Kalender zeigt Weihnachten, doch hier am Französischen Dom blüht der Ginster gelb und am Morgen singen die Amseln, wie sie es sonst im März nur tun. Daneben drängeln sich die Leute auf dem Weihnachtsmarkt und trinken Glühwein, als sei es bitter kalt. Und dabei zeigt das Thermometer um 15 Grad. Über Null. Die Welt ist völlig aus dem Takt und aus den Fugen – warum sollte sich die Natur anders verhalten? Es ist wirklich absurd.

Das Einzige, was der üblichen Gewohnheit folgt, sind die Todesmeldungen zu Weihnachten. Soeben habe ich mal wieder das Hinscheiden eines Genossen an *dpa* vermeldet.

Gestern verstarb Generalleutnant Manfred Hummitzsch, er war im Herbst 1989 Chef der Bezirksverwaltung des MfS in Leipzig, und das war er 23 Jahre lang. Hummitzsch kenne ich als ruhigen, bescheidenen Genossen, der kein Wort zu viel sagte, und dass in Leipzig damals kein Schuss fiel, ging auch auf seine Kappe. Daran sollte man die heutigen Jubelperser gelegentlich erinnern – wir hatten die Waffen, nicht sie, und wir waren nicht so töricht, sie gegen das eigene Volk zu richten, weil Kommunisten Humanisten waren und sind. Hummitzsch lag seit November, das Herz war zu schwach, das Wasser überschwemmte seine Organe. Er wurde 86.

Im Nachgang zu deinem Interview rief mich dieser Tage Antonys aus Athen an: Der deutsche Botschafter hatte die griechische Presse zur Weihnachtsfeier in ein deutsches Lokal geladen, mit dabei war auch ein Korrespondent von *Bild*. Antonys konnte es sich nicht verkneifen, ihn genüsslich auf die vertane Chance und das Erdbeben in der Berliner Redaktion hinzuweisen, was dieser bestritt. Natürlich. Wer gibt schon gern eine Niederlage zu?

Wie ich heute Morgen in den Nachrichten vernahm, hat die Forschungs- und Bildungsministerin Johanna Wanka (fast scheue ich mich zuzugeben, dass ich mit ihr zur selben Zeit die gleiche Schule besuchte und dass deren und meine Mutter heute behaupten, ich soll damals etwas mit ihr gehabt haben – woran ich mich wahrlich nicht erinnern kann und auch nicht erinnern will, es ist schon zu lange her), also diese Johanna Wanka, vormals Müller, will nun Adolfs »Mein Kampf« – natürlich in einer kritischen Ausgabe – zum Lehrstoff an den Schulen machen, nachdem der Schmarrn bis vor wenigen Tagen auf dem Index stand. Und dort stand er wohl weniger wegen des Inhalts, sondern weil der Freistaat Bayern als Erbe des Hitler-Nachlasses die Rechte an diesem Machwerk hielt und dafür Lizengebühren kassierte, wenn irgendwo auf der Welt irgendein rechter Drecksverlag das Buch veröffentlichte. Nun aber endete nach siebzig Jahren, so will es das deutsche Urheberrecht, der Rechtsanspruch – die Rechte an Adolf Hitlers Machwerk sind frei, ein Anspruch auf Vergütung besteht nicht mehr. Und schon soll es Lehrbuch werden. Natürlich in kritischer Form.

Da bleibt einem doch glatt die Spucke weg. Obgleich es einem so geht wie Max Liebermann am 30. Januar 1933: »Ich kann nicht so viel fressen, wie ich kotzen möchte.« Nun, es ist Weihnachten, wir hauen uns die Bäuche voll, da sollte es schon gehen ...

Zwischen den Jahren wird gearbeitet, was sonst. Da ist es im Haus ruhig und das Telefon bleibt stumm. Augenblicklich sitze ich gerade an den Briefen eines Wolfram Knöchel aus Halle, die dieser zwischen 1945 und 1947 aus französischer Kriegsgefangenschaft schrieb. Ein Feld, das noch nie bestellt wurde, und die Briefe des jungen Mannes vom Jahrgang 1926 sind auch inhaltlich sehr bemerkenswert. Wie er Krieg, Verantwortung und Schuld reflektiert, erstaunt. Er hat unter deiner Schirmherrschaft als Dr. päd. promoviert und war ab 1970 an den Unis in Rostock und Leipzig als Professor für Erwachsenenpädagogik tätig. Sagt dir der Name etwas: Wolfram Knöchel?

Weil es so üblich, wünsche ich dir ein ruhiges Fest (wobei die Weihnachtstage unter warmer Sonne gewiss so ausschauen wie alle Tage davor und danach), und nur weil der Kalender abgelaufen ist und ein neuer begonnen wird, braucht es dieser besonderen Erwähnung nicht. Doch weil es Brauch und es gewiss ein Wunsch ist, den wir beide teilen, soll es gesagt sein: Möge es uns nach Jahresfrist noch geben, halbwegs Frieden herrschen und wir ihn bei passabler Gesundheit genießen.

Ich umarme dich
Frank

De:	Margot Feist <mfeist1@yahoo.es>
Enviado:	25. Dezember 2015, 13:44
Asunto:	Alles Liebe

Lieber Frank,

ich wünsche dir ein paar ruhige Stunden und alles Gute für 2016, das weitere Gefahren für die Menschheit bereithält – und diese ist sich dessen noch nicht bewusst. Wochenlang wurde gekauft, gekauft, jetzt bereitet man sich auf die Silvesterknallerei vor, im Fernsehen kulturlose Sendungen. Eine erschreckende geistige Verarmung greift um sich. Sicher ist, dass es zunehmend härtere Kämpfe geben wird, denn die sozialen Probleme bleiben. Dort, wo Rechte gewählt wurden (Argentinien) gehen die Menschen schon wieder auf die Straße.

Im Januar werdet ihr nach Friedrichsfelde ziehen und du wirst mir sicher wieder ein paar schöne Fotos schicken.

Sei herzlich umarmt
Margot

Von:	Frank Schumann <verlag@edition-ost.berlin>
Datum:	26. Dezember 2015, 14:09
Betreff:	Geschafft

Liebe Margot,

Weihnachten ist vollendet, es ist mal wieder geschafft. Meine Taube und ich drehten wie immer nach der »Bescherung« (bestimmte Rituale sind unausrottbar) unsere Kanzleramtsrunde. Dort harrten drei Tapfere aus, sie stehen immer am Donnerstagabend dort und sahen nicht ein, so sagten sie mir, warum sie Heiligabend pausieren sollten. Nur weil dieses Datum auf einen Donnerstag fiele? Der Mond hing voll am Himmel und schaute auf sie und das Kanzleramt, das natürlich leerstand, nicht einmal das Wachpersonal kümmerte sich um die drei unverdrossenen Mahnwächter, die, wie sie voller

Stolz erklärten, bereits zum 748. Mal hier stünden. Da hat man sich offenkundig inzwischen aneinander gewöhnt und geht sich nicht an die Wäsche. Aber so läuft denn, nüchtern betrachtet, auch dieser ausdauernde Kriegs-Protest ins Leere: Sie sitzen das ganz einfach aus.

Die Frage – oft genug gestellt – lautet aber: Wie lange werden sie das noch tun? Es gibt einfach zu viele Baustellen, es knirscht in jeder Ecke, und vielerorts sind die sozialen Kämpfe bereits in militärische umgeschlagen. Die sind der Masse wegen kaum noch zu beherrschen. Viele Hunde sind des Hasen Tod, sagt der Volksmund. Und es scheinen mehr Hunde als Hasen unterwegs zu sein, weshalb sich dann die Hunde – wenn alle Hasen zur Strecke gebracht – selbst an die Gurgel gehen werden, und das wäre dann die absolute Katastrophe. Das ist alles unmarxistische Kaffeesatzleserei, ich weiß, aber Logik und Vernunft scheinen überall verabschiedet.

Nur noch die Abt. Propaganda im Bundeskanzleramt ist frohen Mutes. Wir schaffen das, trötet die Kanzlerin – was soll sie auch anderes sagen?

Wenn's nicht so viele Manuskripte gäbe, in die man die Nase versenken kann, um nichts anderes zu riechen, müsste man Trübsal blasen. Aber dazu bleibt keine Zeit. Gottlob oder wem immer man dafür danken muss.

Ich wünsche dir noch einen geruhsamen 2. Feiertag (gibt es den etwa auch in Chile?) und umarme dich
Frank

PS: Sind wenigstens ein paar Bücher in dieser Woche eingegangen? Ich hatte vor drei, vier Wochen einige auf den Weg gebracht.

PPS: Am Admiralspalast in der Friedrichstraße hängen nun die Spruchbänder von Paul, meinem Ältesten, der für die Distel Werbung macht: Demokratiehihi …

De:	Margot Feist <mfeist1@yahoo.es>
Enviado:	28. Dezember 2015, 13:14
Asunto:	Hoffen wir, 2016 zu überstehen

Lieber Frank,

»alle Jahre wieder« ist vorüber und du sitzt sicher in deinem Verlag. Ich sitze am Computer und beantworte gute Wünsche zum neuen Jahr. Hoffen wir, dass wir einigermaßen über die Runden kommen trotz aller Sorgen, die uns diese Zeit bereitet.

Ein Buch – der Bestseller von Wenzel – ist angekommen, die anderen werden sicher folgen.

Nochmals alles Gute und guten Rutsch in 2016

Herzlich
Margot

Von:	Frank Schumann <verlag@edition-ost.berlin>
Datum:	1. Januar 2016, 08:29
Betreff:	Ein gesundes Neues Jahr

Liebe Margot,

ich hatte gestern – im alten Jahr – vergessen, dir die Seite aus dem *Tagesspiegel* zu schicken mit dem Interview, welches der Chefredakteur der deutschsprachigen Postille in Chile gab. Wie nicht anders zu erwarten, spielst du darin auch eine Rolle.

Die Nachlieferung nehme ich auch gleich als Anlass, dir alles Gute zum soeben angebrochenen Jahr zu wünschen, wie es halt so Brauch ist. Ob nun ein Tag vorher oder nachher im Kalender: An der dramatischen Weltlage ändert sich nichts.

Wir waren wie alle Jahre auf der sogenannten Festmeile am Brandenburger Tor. Die behaupteten eine Million Besucher waren gewiss nicht dort, vielleicht ein Fünftel davon. Es lag vermutlich am Wetter, es war nass und kalt, und darum waren wohl mehrheitlich nur Touristen unterwegs, die eigens aus diesem Grunde nach Berlin gekommen waren. Außer den an solchen Tagen und Nächten üblichen Zwischenfällen ist nichts passiert, zwei Betrunkene fielen auf die Gleise und starben – aber das sind »Kollateralschäden«, über die man nicht spricht. Man stelle sich vor: In einer Neujahrsnacht wären in der DDR-Hauptstadt zwei Personen von der S- oder U-Bahn erfasst worden und gestorben. Das Geschrei in der Westpresse kann man sich ohne große Fantasie vorstellen.

Ich hoffe, dass wir auch zum nächsten Jahreswechsel noch gut beieinander sind und munter die Mails von Südamerika nach Europa fliegen ...

Bleib gesund, ich drücke dich
Frank

De:	Margot Feist <mfeist1@yahoo.es>
Enviado:	1. Januar 2016, 13:38
Asunto:	Deutschland mal wieder im Krieg

Lieber Frank,

ein möglichst gutes 2016 auch für dich. Du musst schon gesund bleiben, denn du wirst noch gebraucht.

Wir haben mit chilenischen Freunden zusammengesessen und geredet, na, worüber schon: natürlich über die schlechten Zeiten.

Aber die Hoffnung auf Lichtblicke bleibt.

Sei herzlich gegrüßt aus dem sehr warmen Santiago
Margot

De:	Margot Feist <mfeist1@yahoo.es>
Enviado:	11. Januar 2016, 12:43
Asunto:	Friedrichsfelde

Lieber Frank,

ich danke dir. Die Fotos mit deinen Komentaren vermitteln recht anschaulich, was in Berlin zu erleben war. Es ist wirklich bitter, dass die Linke nicht ist, was sie sein sollte. Es gibt ein paar gute Leute, du hast sie genannt. Es bleibt zu hoffen, dass sie vielleicht doch noch bewirken können, einen weniger angepassten Kurs zu steuern, der so bitter nötig wäre. Übrigens traf ich vor zwei Jahren Wolfgang Gehrcke, den ich von früher kannte, hier in Chile bei einer KP-Veranstaltung. Ich erkannte ihn nicht gleich wieder. Wir hatten ein angeregtes Gespräch. In der Friedenspolitik ist er in der Linken wohl einer der Konsequentesten.

Die Demo in Friedrichsfelde war ja offensichtlich stark von DKP und SDAJ geprägt mit richtigen Losungen. Die DKP fährt einen klaren Kurs, es bleibt zu hoffen, das sie Schritt um Schritt Einfluss gewinnt, vor allem in den Gewerkschaften und unter der Jugend. Patrik Köbele ist ein kluger Genosse und sehr sympathisch. Wir haben Kontakt. Nachdem er in Halle bei einer Veranstaltung meine Adresse bekam, hat er mich gleich angerufen.

Hier fand am vorigen Sonntag das traditionelle Jahrestreffen statt. Leider konnte ich diesmal nicht teilnehmen, mich hatte ein Sommer-Virus erwischt. Ist aber schon wieder behoben.

Mit Dank und herzlichen Grüßen
Margot

PS: Das Buch von Wekwerth ist eingetroffen.

De:	Margot Feist <mfeist1@yahoo.es>
Enviado:	17. Februar 2016, 13:12
Asunto:	Re: Zurück aus Uganda

Lieber Frank,

ich grüße den Heimgekehrten. Nun hat dich der Alltag wieder, mich auch nach ein paar Ferientagen mit Tochter.

Fritz hat sehr schöne Fotos gemacht, die gefallen mir sehr. Wann wird man das Buch über die Uganda-Abenteuer lesen können?

Herzlichst
Margot

Das war die letzte Mail von Margot. Als sich Anfang März in Berlin-Buch einige Hundert ehemalige Jugendfreunde zum 70. Geburtstag der FDJ trafen und viele die Handys zückten, um im fernen Chile die einstige Pioniervorsitzende und nachmalige Volksbildungsministerin mit Bildern zu grüßen, blieben alle Nachrichten unbeantwortet. Zu ihrem 89. Geburtstag im April nahm sie noch einmal den Hörer ab. Der schwachen Rede fehlte die sonst so bestechende Klarheit und Kontrolle. Man musste mit dem Schlimmsten rechnen.

FSC
www.fsc.org
MIX
Papier aus verantwortungsvollen Quellen
FSC® C014496

ISBN 978-3-360-01879-3

Umschlaggestaltung: Buchgut, Berlin,
unter Verwendung eines Motivs von Frank Schumann
Fotos: Frank Schumann
Druck und Bindung: GGP Media GmbH, Pößneck

Die Bücher der edition ost und des Verlags Das Neue Berlin erscheinen in der Eulenspiegel Verlagsgruppe.

www.eulenspiegel.com